エル・ミラドールへ、そのさらに彼方へ

メソアメリカ遺跡紀行

著 土方美雄

社会評論社

2

1

3

❶エル・ミラドール遺跡全景（空撮）
❷エスクイントラの先住民の子供たち
❸エル・ミラドールのダンタ基壇に残る神のマスク
❹ユカタン半島のセノーテ
❺アグアテカ遺跡の石碑

6

7

8

9

10

❻エル・バウル博物館の石彫
❼トニナーの大神殿
❽ティカルの（左から）1、2、3号神殿
❾エル・ミラドールのダンタ・ピラミッド
❿マヤ石碑に残る精緻なレリーフ

12

11

13

⓫エル・ミラドールのジャガーの爪神殿
⓬タカリク・アバフのモニュメント93
⓭アンティグア市街
⓮コパン遺跡
⓯トニナー遺跡全景
⓰アンティグアの民芸品市場

⑰イサパ遺跡
⑱ピエドラス・ネグラスの遺構
⑲ボナンパックの壁画

エル・ミラドールへ、そのさらに彼方へ──メソアメリカ遺跡紀行──＊目次

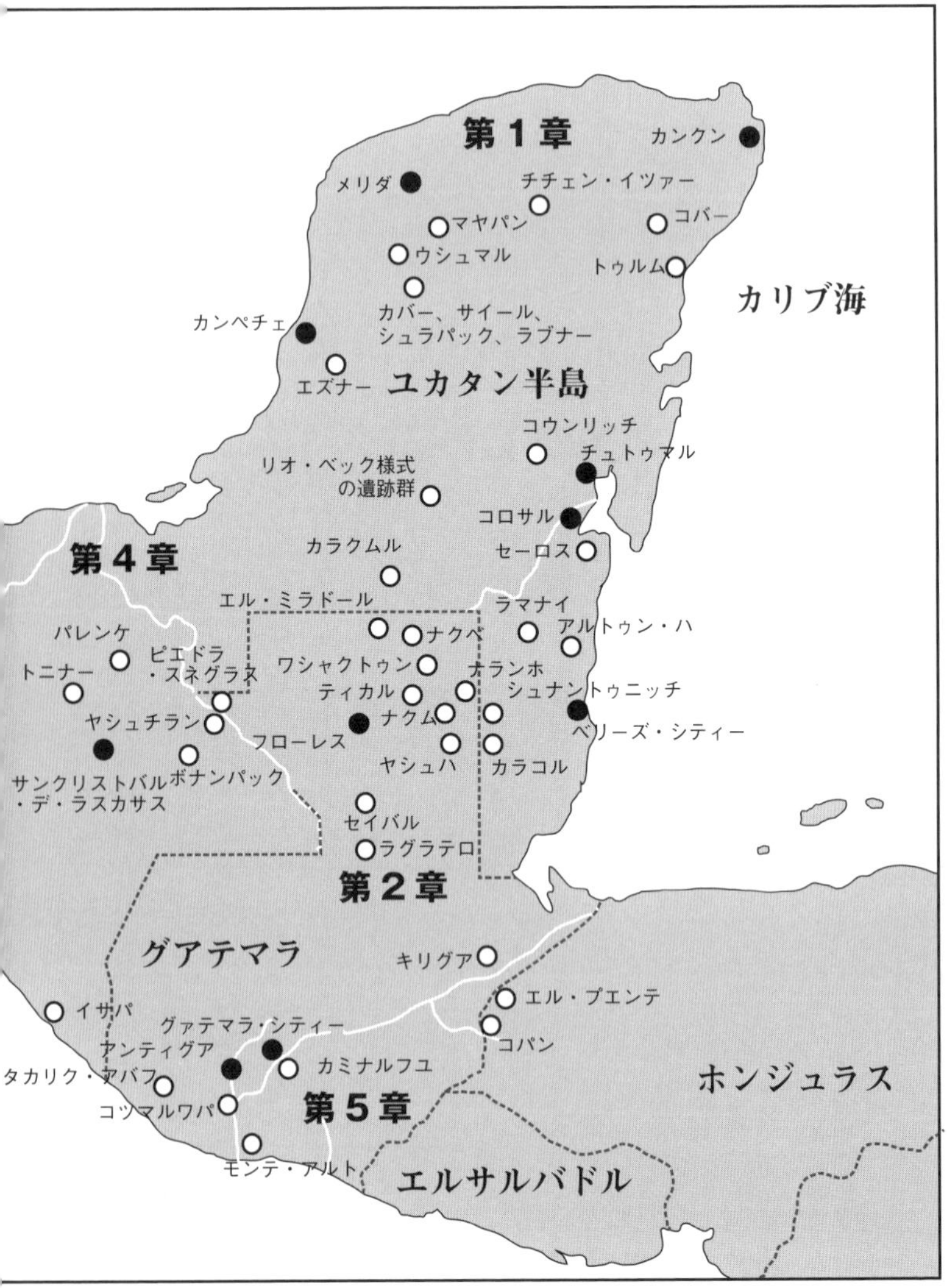
第1章
カンクン
メリダ
チチェン・イツァー
マヤパン
コバー
ウシュマル
トゥルム
カリブ海
カバー、サイール、
シュラパック、ラブナー
カンペチェ
エズナー
ユカタン半島
コウンリッチ
チュトゥマル
リオ・ベック様式
の遺跡群
コロサル
第4章
カラクムル
セーロス
エル・ミラドール
ラマナイ
ナクベ
アルトゥン・ハ
パレンケ
ピエドラ
・スネグラス
ワシャクトゥン
ナランホ
トニナー
ティカル
シュナントゥニッチ
ヤシュチラン
ナクム
フローレス
ベリーズ・シティー
ヤシュハ
カラコル
サンクリストバル
・デ・ラスカサス
ボナンパック
セイバル
ラグラテロ
第2章
グアテマラ
キリグア
イサパ
エル・プエンテ
グァテマラ・シティー
コパン
アンティグア
カミナルフユ
タカリク・アバフ
ホンジュラス
第5章
コツマルワパ
モンテ・アルト
エルサルバドル

古代メソアメリカの主要遺跡

第1章　ふりだしの地への旅

——ユカタン半島からメキシコ中央高原へ——

ある「遺跡オタク」の半生

一九九一年、私は生まれて初めての、長期休暇を取って、メキシコ（スペイン語の発音に従って、正確に記せば、メヒコだが、ここでは従来通り、英語読みだが、一般的に使われている「メキシコ」と、表記することにする）に向かった。その旅に出る経緯に関しては、すでに、社会評論社から上梓した『アンコールに惹かれて 国境を越える旅人』の中でも、詳細に、記した。それから二十年以上が経過した今も、メキシコには、何度も、通い続けている。

二〇〇四年には有志で、「メキシコ学勉強会（現在は、エリアを拡げ、「ラテンアメリカ探訪」に改称）」という集まりを月一ペースで始め、当初は、まぁ、一、二年続けばいいやという程度の、軽い気持ちで始めたのだが、勉強会はすでに一〇〇回以上も、回を重ねて、私のライフ・ワークのひとつに、なりつつある。

その間、メキシコやメソアメリカ（の遺跡）に関する本を、四冊書き、さらには縁あって『中南米マガジン』のスタッフになり、古代アメリカ学会やメキシコ-日本アミーゴ会等の会員にもなって、今では、一見、スッカリ、メキシコ漬けの生活を送っている。

どうして、こんなことになってしまったんだろうと、つくづく、そう、思うことがある。私はメキシコという国が好きか嫌いかと聞かれれば、もちろん、少なくとも嫌いではないが、とび抜けて好き、というわけでもなく、同じメソアメリカ文化圏（スペイン人による征服以前に、先住民の文化が栄えたメキシコ・中米の文化圏）でいえば、人口密度の極めて稀薄なベリーズの方がはるかに、滞在していて気楽だし、好きだ。

こんなことを書くと、メキシコ好きの方の怒りを大いに買いそうだが、有り体にいえば、メキシコには階級社会の片鱗が、そこかしこに見え隠れして、それが何となく、気詰まりで、どーも、居心地が悪いのだ。

それでも、私がメキシコに、足繁く理由は、私がハッキリいって、「遺跡オタク」であるからである。高名なマヤ文明の中心地は、メキシコというよりは、むしろグアテマラやベリーズであるが、メキシコ各地には、テオティワカンやアステカ、サポテカ、湾岸オルメカ等々の古代文明が、まさに百花繚乱のように、花開いた。文字通り、メキシコ抜きに、メソアメリカの古代文明を語ることなど、出来はしないのである。

私の遺跡好きは、実は、子供のころからのことである。最初に、夢中になったのは、遺跡好きの誰もが、一度は通過する、エジプトの古代文明であったが、次第に、マヤを始めとするメソアメリカの古代文明や、カンボジアのアンコール文明へと、関心が移っていった。その両者の共通点は、おそらく「深い密林の中に眠る、神秘的な古代文明」という点であろうが、実は、その神秘性は、もっぱら欧米人によって、つくられた（もしくは、強調された）イメージであるに過ぎないのだが、そんなことは、もちろん、当時の私には、わかるハズもなかった。

以下、しばらくは、『アンコールに惹かれて』の記述とも、少し、重複するのだが、同書を読まれていない方もいるだろうし、話を先に進めるためにも、なるべく簡潔に、触れておきたい。

一九七〇年、一浪して、大学に入った私は、希望の史学科には在籍したものの、当時、高揚していた学生運動の波に、瞬く間に飲み込まれ、やがて、授業へ出ることも、研究室に通うことも、なくなってしまった。やったことといえば、ゲバ棒や鉄パイプを担いで、学内や街頭、はたまた三里塚を、駆けずり回り、「革命前夜」情勢（本気でそう、思っていた）の中で、研究などしているのはもってのほかだという思いで、古代文明への関心などは、無理矢理、心の奥深くに、封じ込めた。

大学を、半ば放校同然に、卒業（試験も受けず、レポートも提出しなかったのに、何故か、単位がすべて、取れていた。厄介払い？）した後も、定職に就かなかったというか、就けなかった私は、とりあえず、すでにプロの漫画家として活躍し始めていた、高校時代の友人のつてで、食うために、ライターの仕事を始めた。

「フリーランスのライター」などといえば、聞こえはいいが、要は「失業者予備群」。来た仕事は、たとえ意に染まぬものであっても、引き受けなければ、待っているのは間違いなく、本当の失業者への道である。

「フリー」といっても、全然、フリーではない生活。三流以下の雑誌の、雑文書きから、インチキ記事の粗製濫造、時には漫画の原作を書いたり、食うためとはいえ、ゴースト・ライターまでして、文字通り、心身共にボロボロになった。

一丁前に、物書きの原点を見つめ直したいなどと思って、新日本文学会の運営する、東中野の日本文学学校へ入り、そこでA子に出会った。つきあい始め、やがて結婚という段になって、彼女が条件として持ちだしたのが、「定職」に就くということだった。フリーのライターでは、将来が不安で、とてもやっていけない、というのである。

とはいうものの、大学を出てから一度も定職に就いたことのない私には、就職活動はハードルが高く、ようやく見つけた仕事は、フリーのライターと五十歩百歩の、某業界紙の記者であった。それでも、とにもかくにも毎月、決まった収入があるという生活に、A子は単純に、喜んだ。

生活が多少は安定すると、何とも現金なもので、心の奥底に封じ込めていた、マヤやアンコール等々、古代文明への関心が、少しずつ、よみがえってきた。そうしたジャンルの本を書店で見つけると、買って来て読んだり、東京やその近郊で展覧会が開かれると、仕事の合間に、何とか時間をつくって、会場に足を運んだ。もちろん、そうした古代遺跡を、直に自分の目で見たいという思いは、なかったといえば嘘になるが、仕事の関係上、長い休みを取ることは難しく、それより何より、私の安月給とA子のバイト代では、生活をするのがやっとで、海外に行く費用を捻出することなどは、到底、不可能だった。

しかし、そんな二人の生活にも、あれこれあって、次第に、亀裂が拡がっていった。別れは、突然、彼女から切り出された。その時、二人の間には娘がいたので、彼女の今後の生活を考え、また、彼女自身もそう望んだので、娘は私が引き取ることにした。引き取るといっても、不規則な仕事の私に幼い娘を育てることは到底、無理で、しばらくの間、私の両親の元に、預けることになった。

家庭の崩壊で自暴自棄になった私は、定職に就いたのが、彼女の要望であったこともあり、半ば仕事はもうやめてもいいやと思い、会社に長期休暇を申請した。

メキシコかカンボジアのどちらかに、行くつもりだったが、一九九一年の段階ではカンボジアの政情はまだ不透明な要素が多く、旅の初心者（私はそれまで、海外にはたった一度、仕事で、アメリカに行ったことがあるだけだった）であった私には少々、荷が重く、結局のところ、メキシコに行くことにした。

日本からアメリカ（合州国）経由で、メキシコ・シティーまで飛んで、メキシコ・シティーにしばらく滞在した後、次にユカタン半島を目指した。今、考えれば、何のことはない、初めてのメキシコ旅行の、お決まりの定番コースである。

それは、メキシコ・シティーではアステカの遺構や、古代遺跡・テオティワカン、国立人類学博物館等を訪ね、ユカタン半島ではウシュマルやチチェン・イツァー等々、古典期後期から後古典期の、代表的なマヤ遺跡を訪ねる旅だった。スペイン語をまったく話せぬひとり旅は、トラブルの連続だったが、写真集を眺めているだけではわからない、遺跡群の壮大なスケールと、独自の装飾美に、文字通り、圧倒された。

こうして、私は以降、メキシコを中心に、グアテマラやベリーズ、ホンジュラスといった、メソアメリカ文化圏への旅を、何かに憑かれたように、ほぼ毎年、続けるようになったのである。

仕事は、その時は、結局のところ、やめずにすんだが、数年後に、経営者とぶつかり、やめることになり、私は再び、めでたく、フリーランスのライターという、「失業者予備群」の仲間入りをした。

二〇〇八年、再びふりだしの地へ

かくして、再び、フリーランスのライターに戻った私だが、正直、ろくな仕事はなかった。長いブランクで、編集者へのつてはなくなり、新たに売り込みに行っても、何の実績もなく、しかも、もうすぐ四〇代という年齢のライターを、使ってくれるところは、あまり、なかった。

しばらくは赤貧生活を続けていたが、以前、務めていた業界紙の経営者一族のひとりが、独立し、新たな業界紙を立ち上げるので、一緒にやらないかと、ありがたくも声を掛けてくれたので、渡りに舟と、ライターと業界紙の編集者という、「二足のわらじ」を履くことになった。これでようやく、生活も安定し、親元に預けていた娘を引き取った。

旅には、メソアメリカとカンボジアに、交互に、年に二回ほど、一週間から一〇日ほどの公休を取って、出掛けた。せめて旅の記録を残しておこうと、自費で小冊子をつくり、友人や知人に配るというか、読んでくれと、無理矢理、押しつけていた。たまたま、それを読んで下さった新評論の編集者の薦めで、同社から『アンコールへの長い旅』『マヤ終焉　メソアメリカを歩く』『北のベトナム、南のチャンパ　ベトナム・遠い過去への旅』という、三冊の本を出すことになった。

メソアメリカ関係では、さらに三冊の本を、雷鳥社と新紀元社から出すことも、出来た。まぁ、恵まれた人生だったと、今、ふり返れば、そういえるのかも、しれない。

しかし、無茶をずっと続けていたツケが、確実に回ってきた。身体的にガタガタで、肺野には腫瘍という時限爆弾を抱え、このまま、一体、どこまで走り続けられるんだろう……と思うことが、年々、多くなった。

二〇〇八年の初夏のこと、一本の電話が私の携帯に入った。旅行関係では大手の、某出版社の編集者のKさんからで、私の書いたメソアメリカ関連の本を読んだという。つきましては、当社が編集を引き受けている雑誌の特集で、メキシコに行ってもらいたいんですが……と、彼女は切り出した。ライターの私とは別に、カメラマンも同行し、取材期間は七月の終わりから八月の初めにかけてである、という。

カメラマンの名前を聞くと、面識はなかったが、写真家として何冊も本を出されている、私と違って、超高名な方であった。彼の写真&エッセーの載っている、とある雑誌の、同じ号に、たまたま、私も原稿を書いたこともあった。

実は、私は同時期に、別の旅行に行く予定を立てており、すでに往復の航空券も確保済みだったのだが、これはもう、行くしかないと、取ってあった航空券を、即キャンセルした。

その取材旅行は、主にメキシコ・シティーおよびその近郊と、ユカタン半島のマヤ遺跡を巡るもので、ハッキリいって、新鮮みには欠けるものの、私の初めてのメキシコ旅行と、奇しくも、ほぼ同じコース（逆回り）であった。つまり、「旅人」としての私にとっての、ふりだしの地への旅なのである。これもまた、何かの縁であろう。

一九九一年の旅のことを正確に思い出すのは、今となっては、難しい。当時は、将来、本を出そうなどということは、これっぽっちも考えてはいなかったので、旅の記録を、まったく、残していない。撮ったアナログ写真も、いつの間にか、アルバムごと、どこかに行ってしまった。別に保管してあった当時の、スッカリ退色した写真が、多少残ってはいるものの、ネガもない状態だ。

ただ、覚えているのは、メキシコ・シティーから飛行機で着いたメリダの空港の、ねっとりと肌にまとわりつくような熱気と、ドアのない車がごく自然に走っているのを目撃した時の、カルチャー・ショックである（あくまで、一九九一年当時の話）。

また、世界遺産にも登録されているマヤ遺跡、ウシュマルやチチェン・イッツァーの、壮麗さに度肝を抜かれると共に、登ったはいいが、ウシュマルの「魔法使いのピラミッド」の階段の、あまりにもの急勾配さに、思わず足がすくんで、降りられなくなってしまい、しばらく、ピラミッドの頂上で固まっていたこと（私は、実は、高所恐怖症なのだ）。メキシコ・シティーで行った国立人類学博物館で観た、コアトリクエ等々、古代の神々たちの彫像の、身震いがするほどの異形さ。それから、何の脈絡もないが、メキシコ・シティーのガリバルディ広場で聴いた、マリアッチ演奏での「ベサメ・ムーチョ」等メキシコ歌謡の、すばらしさ等々で、あろうか。

メキシコにはその後、何度も足を運んでいるので、それ以外は、記憶がどうも、ごっちゃになってしまっているのである。

二〇〇八年の旅では、カメラマンと編集者は、一足先にバンクーバー経由でメキシコ・シティー入りし、市内での取材や撮影等を行い、私はどうしても抜けられない用事もあったので、少し遅れて、アメリカ（合州国）のヒューストン経由で、ダイレクトにメリダに入り、そこで彼らと合流することになっていた。

ちなみに、メリダとはユカタン州の州都で、ユカタン半島のマヤ遺跡を巡る旅の、拠点となる街である。ソカロと呼ばれる中央広場と、その前にそびえ立つカテドラル（大聖堂）を中心に、碁盤の目のように整備された、美しい街並みが特徴の、典型的なスペイン植民地時代のコロニアル都市である。

一九九一年にこの街を初めて訪れた時、どこに泊まったのか、生憎、まったく記憶にないが、少なくとも、私は当時から、「貧乏旅行」を思想信条とするバックパッカーではなかったので、安宿ではなかった筈だ。確か、美しい中庭を取り囲むように、ロの字型に部屋が並んでいた、そんな記憶が、おぼろげに、残っている。

しかし、今回、泊まるのは、メリダの郊外にある、高級ホテルのハイアット・リージェンシー・メリダである。聞くところによると、知人のSさんも、ほぼ同時期に、某有名ガイドブックの取材で、メキシコに来ているらしいが、ギリギリの予算で、泊まっているところは、多分、安宿の筈だ。別に、ホテルを手配してくれたのは出版社だから、何も私が「罪の意識」なぞを感じる必要はないのだが、この境遇の差は、いささか、気が引ける。

着いたメリダの国際空港は、二十年近くの歳月が経過しているので、まぁ、当たり前といえば当たり前のことだが、初めて来た時の、いかにもローカル空港然とした面影など、それこそまったくない、超近代的な建物に生まれ変わり、空調の効いた到着ロビーには、ねっとりと肌にまとわりつくような熱気など、忍び込んで来る余地もない。

しかし、そんな感傷に浸る時間もなく、空港まで迎えに来て下さった、現地コーディネーターの吉田さんの運転する車で、ホテルに向かった。ホテルのロビーでは、編集者のＫさんが待っていて、早速、翌日の取材の打ち合わせに入った。

ユカタン半島のマヤ遺跡と、謎の建設者たち

マヤ文明の起源は、紀元前一〇〇〇年ごろまで、遡ることが出来る。最初にマヤの古代都市が建設され始めたのは、グアテマラやベリーズ北部の「中部低地」で、なかでもグアテマラの、メキシコとの国境近くで発見された巨大都市遺構エル・ミラドールは、未だその大部分が未発掘とはいえ、その中心部は一六平方キロメートルにもおよび、最大のダンタ建造物複合は、基壇からピラミッド頂部までの高さが、実に七〇メートルにも達している。隣接して建てられた、同じく巨大な基壇を持つエル・ティグレ・ピラミッドも、こちらもその高さは、五五メートル。紀元前四〇〇年ころにその建設が始まったと考えられている都市が、すでに、一般的にマヤ文明の最盛期といわれている、「古典期（西暦二五〇年ころから九〇〇年ごろまで）」に造られた、各地の巨大都市遺構に匹敵するか、むしろ、それを上回る規模を、有しているのである。

こうした、古典期に先立つ時代＝「先古典期」に、中部低地で、すでに巨大な神殿都市が成立していたという、厳然たる事実は、今日、私たちのマヤ文明に関する歴史認識を、文字通り、大きく塗り替えるものとなっている。

ところで、ユカタン半島にマヤの都市国家が建設され始めたのは、七世紀初頭のころであり、そ

の最盛期は、九世紀の末から一〇世紀にかけてのことと、いわれている。これは既成の歴史区分では、古典期の終わりに位置し、たとえばエル・ミラドールに、初期の都市国家が建設されてから、実に一〇〇〇年以上もの、長い年月が経過している。その長い年月の間に、マヤ文明は一体、どのように変化を遂げたのであろうか。

その前提として、マヤ文明とは、そもそも、一体、どのような文明なのか？

その担い手であるマヤ人とは、今から一万年以上も前に、当時はまだ地続きであったベーリング海を渡って、ユーラシア大陸からアメリカ大陸へとやって来たモンゴロイド系の先住民で、実は、ひとつの民族ではなく、三〇以上もの言語を話す人々の総称である。

マヤの文化圏は、メキシコのチアパス州からユカタン半島、グアテマラとベリーズの全域、そして、ホンジュラスとエルサルバドルの一部におよぶ、実に広大なエリアで、発達したマヤ文字の体系、三六五日の「太陽暦」と二六〇日の「祭祀暦」、そして、ある日（紀元前三一一四年八月一三日といわれている）を起点に、その日から何日目と数える「長期暦」という三つの暦の併用と、その複雑な組み合わせ、高度な天文学の知識と「八百万の神」的な多神教、それに関連した「生け贄の儀式」や、宗教儀礼としての「球技」、神殿ピラミッドを核とした石造都市の建設、主食であるトウモロコシや豆・唐辛子等の栽培を軸とした農耕生活等々が、その共通する特徴である。

マヤの石造都市は、それ自体がひとつの都市国家で、有力な都市国家が他の都市をその支配下に置いたり、いくつかの都市国家が同盟を結んで、共通の敵に対抗したことなどはあっても、マヤ全域を統治する強力な統一勢力が、生まれることはなかった。つまり、日本の歴史に置き換えるのであれば、群雄割拠の戦国時代が最後の最後まで続き、織田信長や豊臣秀吉による天下統一は、ついになかったというような、ものである。

マヤの各都市国家の中心には、戦士のリーダーであり、また、宗教的な指導者でもある王がいて、古典期は特に、その王の権威が、かつてなく増大した時代であった。したがって、たとえば他の都市国家との抗争で、王が捕らえられてしまうなど、その権威が著しく失墜すると、それがたちまち、都市国家そのものの存亡にも、直結した。

マヤの社会は、その高度な天文学の知識等から、考古学者や歴史家によって、昔は極度に理想化されて考えられていたこともあったが、皮肉なことに、神殿の前などに建てられ、王の事績をマヤ文字で記した石碑の解読が進むと、他の都市国家との戦争が頻繁に行われ、また、都市国家内でも、王位継承を巡るドロドロの骨肉の争いに明け暮れ、生け贄の儀式が日常茶飯事の、まさに血塗られた社会であったことが、わかってきた。

高度な知識と、残酷な儀式が決して矛盾することなく共存する社会というのは、昨今（二〇〇九年）のイスラエルによるガザへの無差別攻撃などを見るにつけ、あるいは、今も昔も変わらない、人間の「性」なのかもしれないと、そう思う。

さて、そろそろ、話を元に戻すことにしよう。

前述したように、ユカタン半島において、マヤの都市国家が築かれ、その繁栄のピークに達した九世紀の末から一〇世紀にかけては、マヤ文明の中心地であった中部低地において、ティカル、カラクムル、カラコル、コパン、パレンケ等々の有力都市国家が、次々と終焉の時を迎えつつある、まさにその時だった。つまり、マヤ文明の中心地が、何故か、中部低地から北部のユカタン半島に、移ったのである。

そうして、成立したウシュマルや、チチェン・イッツァーに代表される、ユカタン半島の巨大マヤ都市国家は、やがてスペイン人によって征服されることになるマヤ文明の、いわば、最期の輝きとなった。

ユカタン半島のマヤ遺跡と、それ以前のマヤの有力都市との違いは、一言でいうならば、古典期マヤの象徴とでもいうべき、王の事績を記した石碑が、ユカタン半島では、ほとんど、建てられなくなってしまったという、ことである（もちろん、皆無というわけでは、ない）。つまりは、石碑に刻まれたマヤ文字の解読によって、マヤの各都市国家の王朝史を再現することが出来ず、それがユカタン半島のマヤ都市国家の実体解明を、極めて困難なものにしているのである。

ユカタン半島のマヤ都市のもうひとつの特徴は、神殿の壁面などに施されるレリーフの図像が、極めて、抽象的なことである。古典期マヤの神殿にも、もちろん、精緻な外壁装飾が施されているが、それは神々や、「現人神」としての王の、具体的な姿であることが、比較的、多い。それに対し、ユカタン半島の遺跡の外壁装飾は、雷紋などの幾何学紋様の連続であったり、雨の神＝チャックの仮面であったり、抽象化された蛇やフクロウ等のモチーフであったりすることが、多い。つまり、その装飾には、王の権威を誇示する図像が、ほとんど、見られないのである。これは果たして、何を意味しているのか。

そんなことを、私は常日頃、考えてきた。そんなことより、もっと現実的に、考えなければならないことは、他にあるだろうと、あるいは読者の方々はいうかもしれないが、それは所詮、パーソナリティーの違いというものである。

そのことに関する仮説（もちろん、私が唱えたものではない）は、これまで書いた何冊かの本の中にも、記してきた。それは、「プトゥン・マヤ」と呼ばれるマヤ人の集団が、果たした役割についてである。

「プトゥン・マヤ」と呼ばれる人々は、もちろん、ひとつの部族ではなく、様々な部族の寄せ集めの、貿易商の集団で、メキシコ湾岸のカンペチェなどの港湾都市を支配、メキシコ中央高原とユカタン半島とを結ぶ、船による交易ルートを開拓し、そのことで巨万の富を築いた人々であると、考えられている。

この新しい海上交易ルートの開拓こそが、中部低地経由の、中小河川を利用した既存の交易ルートを廃れさせ、もちろん、そのことだけが要因ではないにしても、それが先古典期から古典期にかけて栄えた、中部低地のマヤ都市国家の衰亡の一因にもなったと考えるのが、一番自然な考え方ではないだろうかと、私はそう、考えている。

ウシュマルを支配していたという「シウ族」や、チチェン・イツァーを支配した「イツァー族」が、こうしたプトゥン・マヤの流れを組む人々で、彼らがいわば「新参者」として、その豊富な財力に物をいわせて、これらの都市の実権を把握していったのだとしたら、彼らがその都市運営に、合議制（もちろん、それは一部の有力者だけのものではあるが）を取り入れようとしたことは、よく理解出来る。ウシュマルやチチェン・イツァーに王がいたのかどうかは、わからないが、多分、いたであろう。しかし、その権力は限りなく限定的で、おそらく、「王を中心に世界が回っている」（中村誠一、マヤ考古学者）という古典期マヤの王が持つ、絶大な権力とは無縁の存在であったに違いない。

今回の取材中では、ウシュマルやチチェン・イッアーにおいて、現地の考古学者の方に何人か、お会いすることになっていたので、そうした考え方の妥当性の可否を、出来ればぶつけてみたいと、私は密かに、そう考えていた。

二つの巨大都市、ウシュマルとチチェン・イッアー

さて、ウシュマルやチチェン・イッアーでの、私たち取材陣の日課は、朝が早く、夜が遅い。つまり、ユカタン半島のマヤ遺跡はどこも、よく整備された遺跡公園になっていて、中でも、ウシュマルやチチェン・イッアーは、ユネスコの世界遺産にも登録されていて、知名度が極めて高いため、遺跡公園の開園時間は、多くの観光客が、遺跡内を闊歩する。とてもではないが、プロのカメラマンが、写真撮影など、出来る環境ではないのである。

だから、撮影は主に、遺跡公園が開園する八時前か、閉園後の五時以降となる。したがって、私たちは、まだ夜の明けぬ五時ごろに起き出して、遺跡に向かい、人のいない早朝に、撮影を済ませ、夕刻からの撮影は、時に、夜の一〇時ごろまで、続くことになる。

とにかく、何としても、いい写真を撮りたいというカメラマンのプロ根性は凄まじく、たとえば、

ウシュマルでは、満点の星を背景に、遺跡のシルエットを撮ろうと主張して、深夜まで、ひたすら、シャッター・チャンスを待ち続ける。そうなると、こちらはすることがまったくないので、神殿の基壇の上にでも寝転がって、ぼんやりと、夜空を眺め続けるしかない。あまり遅くまで粘り過ぎて、夕食を食い損ねたこともある。遺跡からの帰りに、レストラン等を探したが、もう開いている店が、ただの一軒もなかったのだ。

昼は昼で、市場などの取材や、レストランの取材が入る。まぁ、仕事で来ているのだから、しかたがないが、自由時間などは、まったく、ない。

チチェン・イツアーは、ユカタン半島最大の都市遺構で、メリダからは車で、二時間とちょっとの、距離にある。もちろん、メリダからの日帰り観光が可能だが、遺跡の敷地内に、「マヤ・ランド」や「アシエンダ・チチェン」等の高級ホテルが建てられているので、もし、予算（部屋のグレードにもよるが、一泊だいたい、一一〇～三〇〇USドル程度）が許すのであれば、そこに滞在して、ゆっくりと、遺跡散策を楽しむという手もある。

そのチチェン・イツァーでは、その遺跡公園の管理事務所に勤め、遺跡の発掘と、その保存・修復に従事している、考古学者のフランシスコ・ペレス氏に取材する機会があった。ちょうどいい機会なので、プトゥン・マヤについて、前述のような、日頃考えていることを、ぶつけてみた。

「ハイ、私もウシュマルをつくったシウ族や、チチェン・イツァーの実権を握ったイツァー族は、いずれもプトゥン・マヤであると、考えています」と、ペレス氏は語る。「彼らはこの地に船でやって来て、おそらく、その豊富な財力によって、次第に都市の実権を、握っていったのです。一説では、イツァー族は、メキシコ湾岸地方のタバスコ州からやって来たとも、いわれています」

ペレス氏へのインタビューは、通訳を介して、延々、二時間も続いたが、誌面に制約のある雑誌では、当然のことながら、そのごく、ほんの一部しか、紹介することが出来なかった。

チチェン・イツァーの遺跡エリアには、「プウク様式」と呼ばれる様式の建造物と、「トルテカ・マヤ」様式とよばれる建造物とが、混在している。前者を代表する建造物が、カラコル（天文台）や尼僧院、高僧の墓等、また、後者を代表するそれは、ククルカンのピラミッドや戦士の神殿、ジャガーの神殿、ツォンパントリ（骸骨の祭壇）等々である。

プウク様式とは、神殿の外壁上部を、幾何学紋様などの精緻なレリーフで埋め尽くす美術様式で、この地方がかつてマヤの人々によって、「プウク（丘）」と呼ばれていたことから、名づけられた。ウシュマルを始め、この地方の建造物のほとんどが、このプウク様式の建造物である。

それに対し、トルテカ・マヤ様式とは、この地方にメキシコ中央高原の「トルテカ」と呼ばれる人々が攻めてきて、同地を征服した証であるとされ、今でも、ガイドブックや、マヤ関係の概説書等には、そう書かれているものが、多い。その征服者＝トルテカの影響を色濃く残した建物だから、それをトルテカ・マヤ様式と呼ぶのである。

メキシコの中央高原では、巨大都市国家テオティワカンが、西暦六五〇年以降、遅くとも、七〇〇年以前に滅びると、しばらく、いくつかの都市の分立状態が続いたが、やがて、一〇世紀の終わりごろになると、好戦的な「北方の蛮族」であるトルテカ人が侵入し、次々にポスト・テオティワカン都市を攻略して、「トルテカ帝国」なるものを建設したと考える研究者がいて、その帝国の首都が、イダルゴ州にある「トゥーラ」という遺跡だと、考えられた。そのトゥーラ遺跡の「ピラミッドB」と、チチェン・イツアーの「戦士の神殿」が、極めて、様式的に酷似しているところから、こうしたトルテカによるチチェン・イツアー征服説が、生まれたのである。

しかし、そうした「定説」は、実際には、すでに過去のものとなりつつある、といって、いい。第一に、両様式の建物は混在して建てられているのであって、プウク様式の建物を壊して、トルテカ・マヤ様式のそれが建てられたという、事実はない。また、それぞれの建造物から出土した土器などの年代測定でも、両者はその製造時期が、重なっている。つまり、両者は一定の期間、平和的に共存していたのである。

「チチェン・イツァーが征服されたという証拠は、まったくありません」と、先のペレス氏もいう。

これもまた、プトゥン・マヤによるメキシコ中央高原とユカタン半島を結ぶ、海上交易がもたらしたものであると考えれば、その双方に、他方の文化の影響が現れたとしても、それは、全然、不思議なことではないのである。

事実、メキシコ中央高原のカカシトラという遺跡には、マヤ風の壁画が描かれているが、これをマヤによるメキシコ中央高原征服の結果であるなどと、もし、私が主張したら、やがてアステカ「帝国」に至る、メキシコ中央高原の政治力・軍事力の方がより優位だったと考える、大方の研究者によって、そんなバカな……と、笑い者になること、まず間違いなしである。

まぁ、それはさておき、そのことをもっても、両者の類似性を、一方的な征服の結果と考える必要は、必ずしも、ないのである。

チチェン・イッアーの象徴ともいえる、高さ二三メートルほどの「ククルカンのピラミッド（エル・カスティージョともいわれる）」は、その端正な容姿と、四方に設けられた石の階段に施された、ある仕掛け（毎年、春分の日と秋分の日の午後になると、その階段の蛇の形をした欄干が、陽光によって、あたかも、光の蛇が降臨するように、光り輝く）によって、よく、知られている。そうした仕掛けは、もちろん、当時のマヤ人たちが、日々の地道な天体観測の結果、天文学の知識に精通していたからこそ、初めて、可能だったのだ。

しかしながら、栄枯盛衰は歴史の常。ユカタン半島の都市国家の繁栄もまた永続せず、ウシュマルは一一世紀までに、その活動を停止し、チチェン・イッァーもまた、一二世紀末か一三世紀の初頭には、放棄される。

都市国家の繁栄は、それに伴う人口の急増を生み、都市化による生態系の破壊もまた、急速に、進行した。自然は回復力を失い、旱魃等の異常気象や疫病の流行なども、それに拍車をかけ、飢餓が横行し、生き残りをかけて、都市国家の抗争が、かつてなく、激化した。おそらく、王位の剝奪を狙ったクーデターなども、続発することになったのではないだろうか。そうした複合要素が、都市崩壊の要因となった。

その後、イッァー族の流れを組む「ココム家」によって、マヤパン（このマヤパンという名が、マヤという呼び名の由来になったという説もある）という、軍事色の強い都市国家が興隆するが、一五世紀の半ばに、内部抗争によって崩壊。以降、ユカタン半島は、小さな都市が乱立する状態になる。

チェチェン・イツアーのククルカンのピラミッド

トルテカ様式？　といわれる戦士の神殿

そして、そうした混迷期に、たまたま、スペイン人がやって来たのである。

カリブ海を望む断崖絶壁に建てられた、トゥルムという都市遺構は、一六世紀の初頭、船でやって来たスペイン人が、おそらく、一番最初に目にしたマヤの都市であったのではないかと、いわれている。マヤ人の抵抗は一七世紀の末ごろまで、その後もしぶとく続くが、やがて、完全制覇される。スペイン人の武力による制圧と虐殺、過酷な強制労働、そして、彼らが持ち込んだ疫病の蔓延によって、マヤ人の数は、見る見る、激減していくことになる。

ウシュマルは、チチェン・イツアーと並ぶ、ユカタン半島を代表する、マヤの巨大都市遺構のひとつで、メリダからの所要時間は、一時半ほどである。

ウシュマルでは、遺跡のメイン・ゲートのすぐ近くにある、「アシエンダ・ウシュマル」というホテルに泊まった。ウシュマルはメリダからも十分、日帰り観光出来るが、遺跡に隣接して、あるいは、遺跡を間近に眺望できる距離に、「アシエンダ・ウシュマル」同様、いくつかの高級ホテルや中級ホテルが、点在している。

いずれも、ジャングルの中にあり、メリダにある中め高級ホテルのような、快適な環境は期待できないが、遺跡公園閉園（午後五時閉園）後、冬季は午後七時、夏季は午後八時から開催される、「光と音のショー」を見た後、すぐにホテルに戻ることが出来るなどという、メリットはある。

私も以前、「アシエンダ・ウシュマル」からは少し距離の離れた、「ミシオン・ウシュマル・パーク・イン」という中級ホテルに、泊まったことがある。ホテルのベランダから眺める、朝焼けの遺跡は、何者にも変えがたいくらい、神々しく、美しかった。

ウシュマルに初めて来た時、そのシンボルといえる、高さ三八メートルあまりの「魔法使いのピラミッド」に登ったが、登ったはいいが、あまりの急勾配に、足がすくんで降りられなくなってしまったという話は、前述した（もっとも、いくら待っても、一人旅の悲しさ、誰も助けてくれないので、しばらくしてから、一段また一段と、そろそろと、時間をかけて、自力で降りた）。しかし、今は遺跡保存の観点から、登頂禁止になっていて、誰も登ることは出来なくなっている。

しかし、その魔法使いのピラミッドを始め、プウク様式の壁面装飾の美しい、尼僧院や総督の館等を、眼下に眺望できる絶景スポットである、高さ三二メートルの大ピラミッドは、こちらは登頂禁止になってはいないので、是非是非、頑張って、登っていただきたい。

登ると、一気に視界が開け、深い緑のジャングルに、半ば埋もれるようにして存在する白い神殿群の、垂直と水平への拡がりの絶妙なバランスは、見る者を必ず、感動させるだろう。ウシュマルは、まさに、美の殿堂である。

ウシュマル遺跡の周辺には、ラブナー、サイール、シュラパック、カバーといった、同じプウク様式の遺跡が、点在している。比較的規模の小さな遺跡が多いので、やや駆け足ながら、ウシュマルと合わせて、一日で、見て回ることが出来る。そのすべてを一日で回る周遊バスも、メリダから一日一便出ているが、自分のペースで回りたければ、やはり、車をチャーターした方がいいだろう。

また、マヤパンや、トゥルムは、ユカタン半島におけるマヤ文明の、最後の残照ともいうべき遺跡で、一見の価値があるが、今回の取材では行かなかった。もっとも、これらの遺跡もまた、その観光化が進んでいて、いかにも遺跡然とした、往年の面影は、今はない。

ウシュマルの魔法使いのピラミッド

総督の館

メリダから早朝、国内線のフライトで、メキシコの首都、メキシコ・シティーに向かった。二時間ほどのフライト。かつて来たコースを、逆巻きに辿る旅である。

しかし、どうやら、私の席（もちろん、エコノミー）だけが、オーバー・ブッキングになってしまったようで、他のメンバーとは別に、ビジネス・クラスの席に案内された。オーバー・ブッキングは嫌だけど、こういうオーバー・ブッキングは、もちろん、大歓迎だ。

メキシコ・シティーにて

その日は月曜日で、ちょうど、メキシコ人類学博物館の休館日なので、館内の撮影と、フェリッペ・ソリス館長のインタビューがある日である。ソリス館長は、いわゆる「超大物」なので、万一、失礼があってはならないと、機内で、あらかじめ、作成しておいた質問事項を、くり返し、読み直した。

メキシコ・シティーのベニート・フアレス国際空港は、ターミナル1とターミナル2に分かれていて、二〇〇三年に完成し、二〇〇八年にリニューアル・オープンしたターミナル2は、現在はアエロメヒコの専用ターミナルになっている。つまり、日本から週に三便、直行便のあるアエロメヒコを利用すれば、同じターミナルでアエロメヒコの国内線に乗り継ぐことが出来て、大変、便利だ。

二〇〇八年当時、メキシコ最大の航空会社は、メヒカーナ航空だったが、二〇一〇年に、突然、倒産してしまった。その再建の話もあるが、現時点で、メキシコほぼ全土の各都市を結ぶ航空網を誇っているのは、アエロメヒコだけである。

空港から市街までの足は、私は通常、チケット制でぼられることのない、エアポート・タクシーを使うが、ターミナル1のすぐ近くに地下鉄五号線のテルミナル・アエレア駅があるので、途中で一号線などに乗り換えれば、市街地に出ることが出来る。地下鉄はどこまで行っても、一回三ペソ（一ペソ約七円、二〇一三年現在）なので、めちゃくちゃ安いし、市内観光には便利な乗り物だが、目的地によっては、途中、何度も乗り換えねばならず、重い荷物を持っての移動は、結構、大変だ。

メキシコ・シティーの中心は、多くのスペイン人の建設したコロニアル都市がそうであるように、ソカロ（中央広場）と、それに隣接したカテドラル（大聖堂）だが、メキシコ・シティーの場合は、町が外に向かって、ドンドン、膨張し続けた結果、その中に、完全に埋没してしまった感がある。

むしろ、レフォルマ大通りとインスルヘンテス通り、チャプルテペック通りに囲まれた、ソナ・ロッサ地区の方が、ホテルやレストラン、ショッピングセンター等々が立ち並ぶ、繁華街らしい繁華街といえる。その他、巨大なチャプルテペック公園に隣接するポランコ地区なども、高級ホテルやショッピングセンター、各国大使館などが林立する、ハイグレードなエリアである。

私がいつも定宿にしているのは、利便性という点で、繁華街のソナ・ロッサに近い、日本大使館の裏手にあるカーサ・インで、一泊一二〇USドル前後と、このエリアのホテルの中では、料金も手頃だ。近くには、有名な老舗高級ホテルのシェラトン・マリア・イザベルもあるが、こちらは最低でも、一泊二〇〇ドル近くするので、もっぱら、そのロビーで、人との待ち合わせる時に、使っている。

しかし、今回は取材で来ているので、宿は出版社任せ。一度も聞いたことのない名前のホテルで、『地球の歩き方』等にも、その名は載っていなかった。まぁ、今回は町歩きの時間など、なさそうだったので、ホテルがどこにあろうと、構わない。

空港から車は、時間の関係で、真っ直ぐ、チャプルテペック公園内にある、国立人類学博物館に向かう。

メキシコの国立人類学博物館は、大英博物館やルーブル美術館、メトロポリタン美術館、北京と台北の故宮博物院等々に、文字通り、匹敵する、世界有数の規模と、充実した展示内容を、誇っている。スペイン人による征服以前のメキシコの歴史と先住民文化のすべてが、ここに詰まっているといって、過言ではない、巨大な美の殿堂である。私も、メキシコ・シティーに来る度に、通い続けているが、何度来ても、飽きることがない。

一階の考古学フロアは、地域別・年代別に一二の部屋に分けられ、同館の所蔵する膨大な量の美術品から、選りすぐりの美術品のみが、展示されている。それでも、駆け足で見ても、二〜三時間はかかるという、充実ぶりである（二階は、民族学フロア）。

今回は、その休館日に、写真撮影が許され、そればかりか、ソリス館長へのインタビューも出来るというのであるから、さすが、日本を代表する、一流出版社の威光である。

しかし、そこはそれ、ここは何事もアバウトな、メキシコという国。指定の時間ピッタリに博物館に行くと、館長はいなかった。秘書の話では、今日は来ないし、インタビューの予定は、まったく、聞いていないので、取材は明日にでも……という。明日も、明後日も、すでに取材予定がびっしり、入っているんですぅと、Kさんが、必死に、食い下がるが、しかし、いないんだから、しょうがないじゃない……と、秘書はのたまった。

それでも、何度も、しつこく食い下がるKさんに根負けしたのか、じゃあ、一応、館長に連絡を入れてみますね、ということになり、とりあえず、先に館内の撮影を始める。

そうこうしている内に、館長が急にやって来て、また、すぐに出掛けるけれども、三〇分だけなら、インタビューに応じましょうという、次第になった。質問事項は、一時間のインタビューを想定してつくったもので、通訳の人に、すでにスペイン語訳にしてもらってあったが、急遽、質問をいくつかに、絞る。しかし、三〇分だけという制限時間を、当のソリス館長は、まったく、気にされていないようで、情熱的に、しゃべりにしゃべり、結果的には、当初の予定通り、一時間近い、インタビュー時間になった。

予定が猫の目のように、クルクル変わり、もしくは、アポを入れた時間に、相手が全然、現れず、電話を入れると、あっ、忘れてた、でも、今日はもう、どこそこにいるので、ごめん……とか、まったく、悪びれずにいわれて、大混乱に陥るが、最終的には何となく、帳尻が合って、結果オーライになってしまうというのが、メキシコという国の、実に奥の深さ(?)である。

ソリス館長のお話を、ここに再現することは、出来ない(何せ、某大手出版社のお仕事としての、インタビューなので)。しかし、館長は同館が「メキシコ人の誇り」であると何度もくり返し、「将来的には、現在の二倍くらいのキャパシティーを有したものに拡充していきたい」という夢を、身振り手振りを交えて、極めて熱く、語られた。その、極めてお元気に見えた、ソリス館長の突然の死を知ったのは、帰国後、そんなに長い時間が経過してもいないころの、ことだった。人の人生とは、かくも儚きものなのか。合掌。

その後、数日かけて、テンプロ・マヨールやテオティワカンを取材し、音楽の殿堂＝ガリバルディ広場では、メキシコ歌謡・ランチェーラの超大物歌手であるローラ・ベルトラン像の前で、マリアッチ楽団に、彼女のヒット曲「ククルークク－・パローマ」を演奏してもらうという、酔狂にして、無駄な努力（没になった）もして、文字通り、へとへとに、なった。

一四世紀の初頭、それがどこか、未だ明らかになっていない、故郷の「アストラン」を出発して、長い旅の末、現在、メキシコ・シティーのある、テスココ湖の湖畔に到達したアステカの人々は、この巨大な湖の中心部を埋め立てて、のちに彼らの王都となる、水上都市「テノチティトラン」を建設した。

一一世紀の半ばから、メキシコ中央高原には、「チチメカ（犬の眷属）」と呼ばれる北方の狩猟民族が侵入し、多くのポスト・テオティワカン都市を武力で征服し、おそらくは一種の見栄から、自ら、「トルテカ人（都市の民）」と名乗っていた。一番、遅れてやって来たチチメカ人の集団であるアステカ人は、湖の上くらいにしか、安住の地を見いだせなかったのだ。

しかし、アステカの人々は、チチメカの強国「テパネカ」の傭兵となることで、見る見る頭角を現し、やがて、そのテパネカと対立する「テスココ」「トラコパン」と同盟を結んで、テパネカを倒した。アステカは、テスココ、トラコパンとの「三市同盟」を基礎に、その、いわばリーダーとして、メキシコ中央高原の覇者に、のし上がっていくのである。

アステカの台頭と共に、その王都であるテノチティトランもまた、空前絶後の規模の、水上都市として、発展していった。のちに、この地に征服者としてやって来たスペイン人の年代記作家、ベルナル・ディアス・デル・カスティリョは、初めてテノチティトランを見た時の驚きを、率直に、次のように、つづっている。

「我々は、広い堤道に着き、イスタパラパの道を進んだ。湖上にある多くの市や町、メヒコ（テノチティトラン）へとまっすぐ水平に走っている堤道を見て、感嘆した。湖上にそびえるすべての石造りの巨大な楼閣、神殿、建造物に対して、我々はアマデウス（当時、スペインで大流行していた幻想的な騎士譚）の本に記されている幻の世界のようだと話し合った。兵士の中には、いま目の辺りにしているものは、夢の中のでき事ではないだろうか、という者すらいた」（邦訳は、『メキシコ征服記』全三巻、岩波書店）

そして、スペイン人はこの地を征服すると、テノチティトランを徹底的に破壊して、その瓦礫の上に、自らの力を誇示するかのように、コロニアル都市を建設した。それが現在の、メキシコ・シティーなのである。

一九一三年、市の中心部にあるソカロの、カテドラル（大聖堂）の裏手で、ビルの建設工事中に、アステカの遺構と思われるものが見つかり、発掘調査の結果、それがテノチティトランの中心部にそびえ立っていた、アステカ中央大神殿の基壇部分であることが判明し、そっくりそのまま、保存されることになった。その遺構が「テンプロ・マヨール」であり、隣接して、出土物を展示する博物館も建てられ、一般公開されている。

テンプロ・マヨール

骸骨の祭壇

「この大神殿を中心とする神域には、約七八の建造物があったことがわかっていますが、現在はその上に新しい建物が建っていて、それもまた、重要な文化遺産なので、大規模な発掘作業は出来ないのが、現状です」と語るのは、博物館の学芸員、ペドロ・マヨールさんだ。そんな困難な状況下でも、発掘は少しずつ、続けられており、その成果である新しい収蔵品も、年々、増えているという。

アステカ人がこの地にやって来る、ずっと前に、メキシコ中央高原の覇権を握っていたのは、巨大都市国家テオティワカンである。テオティワカンで都市の建設が始まったのは、おそらく紀元前後のことで、紀元前一〇〇年以前に、この地に都市が建設されていたという事実は、ない。これはマヤの地では、巨大都市が、遅くとも紀元前五〇〇年前後には、すでに出現していたことを考えると、極めて遅咲きだが、その後、わずか一五〇年ほどの短期間で、都市は見る見る巨大化、最盛期にはその規模、二三・五平方キロメートルにも達し、一二万五〇〇〇～二〇万人もの人口を有する、文字通り、メソアメリカ最大の都市国家にまで、成長を遂げた。

都市の中央をほぼ南北に貫く「死者の大通り」沿いに、基壇だけでも高さ六五メートルの「太陽のピラミッド」や、同じく、基壇の高さ四五メートルの「月のピラミッド」等々の、無数の巨大建造物が整然と、計画的に立ち並ぶ様は、まさに壮観そのものである。

しかし、その見た目の壮観さに比べて、テオティワカンの王朝史などは、ほとんど、何もわかっていないというのが、現状だ。というのも、テオティワカンでも文字は発見されているが、マヤ文字のような体系化されたものではなく、また、発見された文字数も極めて少なく、解読が困難なためである。それどころか、テオティワカンの人々が、一体、何語を話していた人たちなのかさえも、トトナカ語、ナワ語、オトミ語等、諸説があって、ハッキリ、わかってはいないのである。

テオティワカンの影響は、広く、同時代のメソアメリカ各地に現れているので、テオティワカンを軍事的な「帝国」であったと考える研究者もいれば、テオティワカンがメソアメリカ全体に張り巡らせたのは、実際には交易網で、メソアメリカ各地への軍事的な侵略は、そのごく一部の、あくまで例外的なものであっただろうと、推測する研究者もいて、その「帝国」の実態も、極めて曖昧なのである。

巨大都市国家テオティワカンが滅びたのは、これはほぼ、西暦六五〇~七〇〇年前後のことである。現存する都市遺構には、火をかけられたり、破壊されたりした痕跡が残っているので、テオティワカンの最後が、平穏なものではなかったことだけは、ハッキリしているが、それが侵略によるものなのか、内乱によるものなのかは、不明である。

ただ、テオティワカン滅亡後、メキシコ中央高原で栄えた、ショチカルコ、カカシトラ、テオテナンゴ、チョルーラといった、いわばポスト・テオティワカン都市は、いずれも周囲に、防御用の石垣を何重にも張り巡らせた城塞都市で、これは、各都市間の争いが、かつてなく激化していたことの、証左であるといえる。

私がテオテイワカンに初めて行ったのは、前述のように一九九一年のことで、その後、何度か、再訪している。テオティワカンはメキシコ・シティーからは一時間から、せいぜい、一時間半ほどの距離で、要は、簡単に行くことが、出来る。地下鉄五号線の北バスターミナル駅で降りると、そこから「ピラミッド」行きのバスが、ほぼ一五分おきに出ているので、それに乗ればＯＫ。また、初めて行く人は、不安ならば、いろいろな旅行社が、テオティワカンのみの半日ツアーや、他の市内観光とセットの、一日ツアーなどを、毎日、催行しているので、それに参加するものよいだろう。

私たちは、今回、テオティワカン遺跡そのものを取材すると共に、各地から集められた職人がそこで暮らし、働いていた工房跡「ベンテイーヤ」遺跡を取材することも、出来た。ここでは四八のテオティワカン文字が、発見されている。その未公開の遺跡を、発掘責任者の考古学者、ハイメ・デルガドさんの案内で見て回ることも出来て、それは、大変、貴重な体験だった。

チョルーラの大ピラミッド

メキシコ・シティーでの取材を終えて、最期に行くことになっていたのは、チョルーラの大ピラミッドである。ここには何としても行きたいという、私には、強い思いがあった。

現在のチョルーラは、メキシコ・シティーから車で二時間ほどの距離の、小さな街である。日帰りも可能だが、近くに、プエブラという大きな町があり、ここの郷土料理は有名なので、そこに泊まって、バスかタクシーで遺跡へ……というコースも、いいだろう。

メキシコ中央高原の覇者、アステカの王都＝テノチティトランへの進軍を開始したスペイン軍が、一五一九年、このチョルーラに到達した時、チョルーラの王は、スペイン軍への恭順の意を示し、その王都に、スペイン人を、進んで、迎え入れた。しかし、それはチョルーラの王が、同盟国・ア

月のピラミッドから眺めたテオティワカンの光景

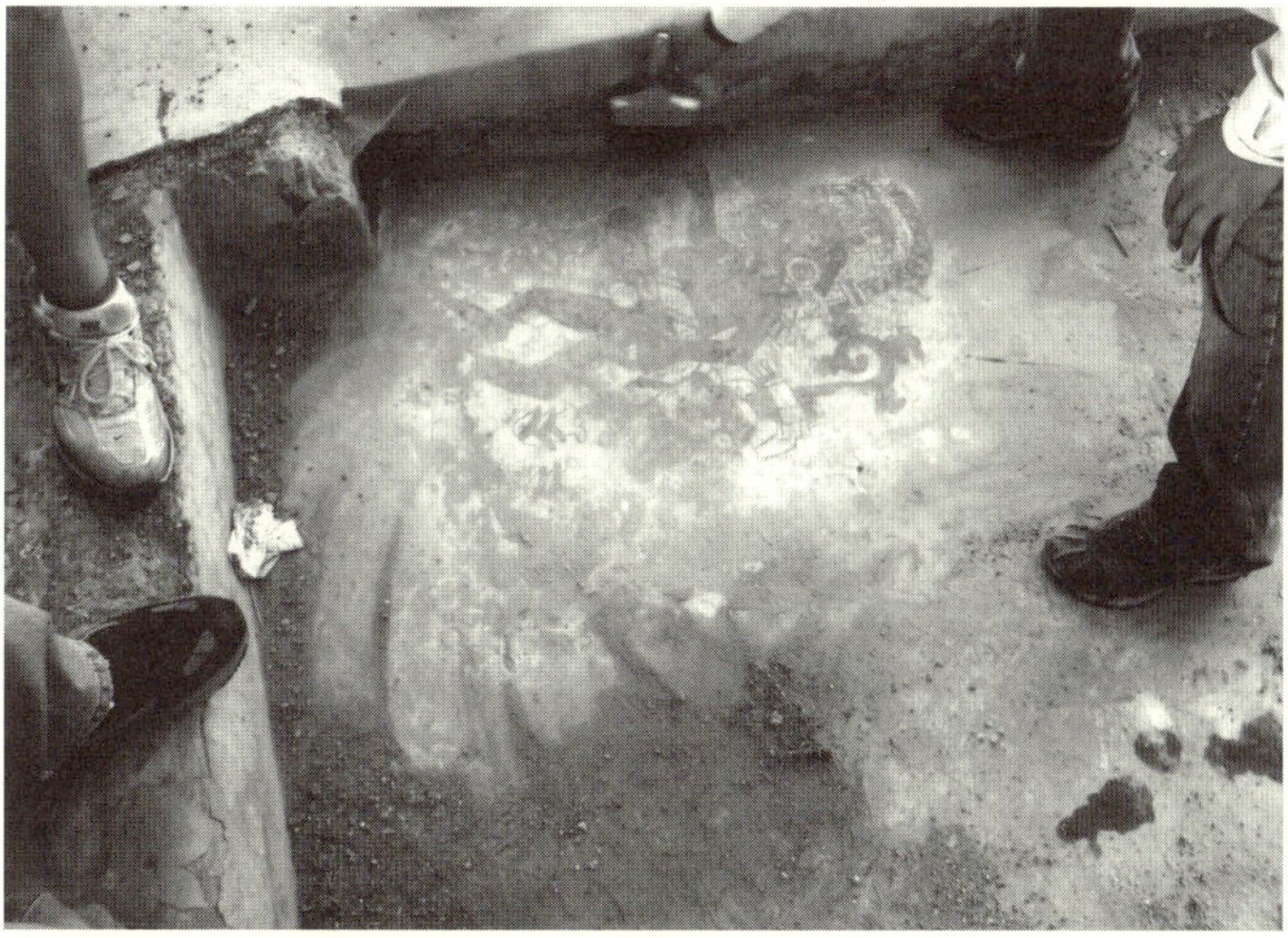

ベンティーヤ遺跡の床にかかれた神の姿

ステカと謀った陰謀ではないかと邪推したスペイン軍の司令官エルナン・コルテスは、チョルーラの王侯貴族や戦士たちを一網打尽にして、皆殺しにしてしまうのである。

このチョルーラの大虐殺は、敵対する者は容赦なく皆殺しにするという、コルテスの強い決意を改めて内外に示したもので、近隣のアステカの同盟国の間に、瞬く間に、動揺が拡がったのである。

現在のチョルーラの街のソカロからは、小高い丘の上に、赤とクリーム色の美しい教会が建っているのが、見える。しかし、実はその小高い丘自体が、にわかには信じられないことだが、巨大な人工のピラミッドなのである。高さにして、六六メートルほど。これはテオティワカンの「太陽のピラミッド」の六五メートルを、ごくわずかではあれ、上回る高さであり、その規模において、現存するメキシコ最大級の、神殿建築である。

チョルーラ遺跡の発掘と修復に従事している考古学者のマルティン・クルス・サンチェスさんによれば、この地に最初に神殿が築かれのは紀元前二〇〇年ころのことで、その後、古い神殿を覆う形で新しい神殿が築かれ、そうした神殿更新を何度もくり返し、現在の形になったのは八〇〇年ころのことであるという。

その内部には調査のため、現在、全長八キロものトンネルが掘られ、一部が一般公開されている。そのトンネルを歩くと、何層にも、神殿が重なっている様子を、実際に、見ることが出来る。

このチョルーラの大ピラミッドを築いた人々は、しかし、コルテスによって虐殺された、当時のチョルーラの人々と、イコールではない。彼らはかつてテオティワカンの同盟国として栄えたが、テオティワカンの滅亡後、八五〇年前後に滅び、一一世紀になってこの地に進入してきた、アステ

山ではなくチョルーラの大ピラミッド

メキシコ・シティー

カ人と同じチチメカ系の先住民によって、新たな都市が築かれたのである。

つまり、スペイン人が直接、チョルーラの大ピラミッドを破壊した訳ではないが、そこが「神聖な場所」と、当時の住民によって考えられていたからこそ、その丘の上に教会が建てられたのであろう。かくして、先住民の神は「悪魔」になり、人々の上に、イエス・キリストという新しい神が、君臨することになったのである。

チョルーラの大虐殺のあった年、コルテス率いるスペイン軍は、アステカの王都への無血入城を果たす。アステカの王、モテクソマは捕らえられ、おそらくは、殺される。その後、ようやく目覚めたアステカ軍の猛攻で、コルテスは一時的な退却を強いられるが、態勢を立て直して、一五二一年に再び、王都を包囲した。三カ月もの大激戦の末、王都は陥落。住民に対する、凄惨な虐殺と略奪がくり返され、王都＝テノチティトランは、文字通り、灰燼に帰してしまうのである。

その跡につくられたスペイン人の街が、いうまでもなく、現在のメキシコ・シティーである。人々の怨念が、その大地にはたっぷり、染み込んでいる。

チョルーラの丘の上の教会へと続く、急勾配な階段を、信者や観光客と共に、あえぎあえぎ、登る。丘の上に立つと、眼下にはコロニアル風のチョルーラの美しい街並みが拡がる。次に、丘を下って、そのふもとに行ってみる。神殿の基壇部分の一部が発掘され、剝き出しになっている。それが自然の丘ではなく、人工のピラミッドであることが、ハッキリとわかる光景である。

チョルーラの丘のふもとには、小さな博物館もあって、大ピラミッドからの出土品が、こじんまりと、並べられている。

これにて、私たちの取材は終わり。あとは、再び、メキシコ・シティーに戻るだけだ。ここからは、マヤ風の壁画の残るカカシトラ遺跡もさほど遠くないので、もし、これが気ままな一人旅であれば、プエブラに一泊して、是非、行ってみたいところである

その日の夜、私たち取材班は、メキシコ・シティーの、とあるタコス屋で、最後の食事を共にした。

タコスは、トウモロコシの粉を丸くのばして、焼いた、トルティージャの上に、肉や様々な具を乗せて、辛いサルサ・ソースをかけ、くるっと巻いて食べる、いわばメキシコ風のファースト・フードである。とにかく、安くて、美味い。これをちゃんとした食事とは思っていない、コーディネーターの吉田さんは嫌がるが、日本に帰る前夜、メキシコで最後に食べる食事としてはもっともふさわしいと、私が提案したのである。

日本ではどうして、こんなに美味くて安いタコス屋（日本でも、メキシコ料理店などでタコスは食べられるが、結構、高い）がもっと出来ないんだろうかなどと、話していたら、その店が日本にではないが、台湾など、アジアに進出するという話が出た。へぇ、結構、やるもんだ。

こうして、取材旅行は終わり、翌朝、私たちは別々に、日本に戻った。私以外は、バンクーバー経由で、私は来た時同様、アメリカのヒューストン経由で。ヒューストンでは、ただのトランジットなのに、いちいち、入国審査（指紋押捺と顔写真撮影）があり、厳重な身体検査を受けて、時間ギリギリで日本行きの飛行機に飛び乗った。

本当に、アメリカは、嫌な国だ。もっとも、日本も最近は、外国人に対し、指紋押捺と顔写真撮

影を義務づけているので、同じ穴の狢である。

ふりだしの地への旅を終えて、私の胸の内には、再び、メソアメリカを巡る旅を再開する、強い思いがわいてきた。

次は、エル・ミラドールだ。必ず、エル・ミラドールに行く。そう思い続けながら、私は日本での日々の生活に、戻った。

第2章　エル・ミラドールとその周辺

――グアテマラ・ペテン低地――

まだ見ぬエル・ミラドールへの思い

エル・ミラドールへ行きたい、ずっと、そう思っていた。

今となっては、もう記憶が定かでないが、確か、一九九一年のことであったと思う。テレビ朝日系列で、『緑の迷宮　マヤ文明・ユカタン半島幻想紀行』という特番が放映され、それを観たのである。

その特番は、作家の夢枕漠さんが、主にユカタン半島のマヤ遺跡を巡り、それを取り巻く自然環境や、マヤの末裔たちの、現在の暮らしぶりをレポートしていくという、それ自体は、特段、めずらしいものではなかったが、実はその特番の「目玉」となっていたのが、未だ一度もTVクルーが入ったことがないという、メキシコとの国境の近く、隣国のグアテマラ側にある、幻の大遺跡、エル・ミラドールへの旅だったのである。

エル・ミラドール遺跡の存在が、メソアメリカの考古学ファンの間で、広く知られるようになったのは、一九七〇年に、初の試掘が実施され、発見された土器の実に九割近くが先古典期のものであったことから、エル・ミラドールは、それまでマヤ文明の「黄金期」と思われていた古典期に先立つ、先古典期の都市遺構である可能性が高いことが、明らかになってからのことである。

それまでは、文明の形成期であるに過ぎないと思われていた先古典期に、古典期最大の都市遺構であるティカルを、その規模で上回るような、巨大都市がすでに建設されていたという事実は、多くの考古学者や考古学ファンに、文字通り、大きな衝撃を与えたのである。

もっとも、エル・ミラドールに行くことが難しいのは、それが秘境にあるというよりは、主に、それが広大な「マヤ生物圏保護区」内にあるからである。「保護区」内では、道路等の建設が一切、禁止されているため、遺跡に行くためには、馬やロバに機材や食料を積んで、キャラバンを組み、まさに道なき道を、数日かけて行くしかなく、事実、その特番でも、夢枕さんやTVクールの旅も、そのような、実に過酷なものとなった。

しかも、そうまでして、ようやくたどり着いたエル・ミラドールの都市遺構は、深いジャングルに、完全に埋もれたままで、その巨大なピラミッド群も、TVカメラを通して見たそれは、どう見ても、ただの自然の小山としか見えず、残念ながら、制作者サイドの並々ならぬ意気込みは、所詮、見た目がすべてのTVにとって、完全な肩すかしのまま、終わってしまった感もある。

それに加えて、おそらく、特番の制作者が正直だったからであろう、番組内で、エル・ミラドールへは、実はヘリコプターを使って、行き来することも出来ることを、明かしている。これではせっかくの秘境感も、台無しじゃん……ということで、その後、同種の番組で、エル・ミラドールを取り上げたところは、私の知る限り、どこもなかった。

しかし、私の頭の中では、その日以来、エル・ミラドールへ行きたいという気持ちが、日増しに膨らむばかりだった。グアテマラには、一九九二年に、初めて行ったが、エル・ミラドールへ行きたいなどという、私の馬鹿げた願望は、旅行社の担当者に、けんもほろろに、一蹴された。

行くにはキャラバンを組むしかないし、それには膨大な費用がかかって、個人ではとてもムリ、えっ、ヘリ？　ムリムリ、たかが一般の観光客が、（グアテマラでは）貴重なヘリなんか、使えるわけないでしょう……というのである。

その後、二〇〇〇年には、グアテマラで、凄惨な日本人観光客殺害事件が起きて、グアテマラへ行く観光客そのものが、しばらくの間、激減することになった。

ところが、数年前、グアテマラではヘリコプターをチャーターしての、エル・ミラドール観光が行われるようになり、裕福な欧米人がヘリで、エル・ミラドールへ大勢、行っているという話を、確か、ネットか何かの情報で、知った。

米国人の夫を持ち、マヤ遺跡探訪が趣味という、マクドナルド清子さんという方が書かれた、二〇〇七年刊行の『マヤの国へ　グアテマラ遺跡紀行』（文園社）という本にも、ヘリでエル・ミラドールへ行った話が、載っている。

あれから二〇年近くがたって、私も、もうすぐ、六〇歳になる。体力の低下は目を覆うばかりで、今、行っておかないと、もう永遠に、行くことが出来ないかもしれないと思って、思い切って、二〇一〇年、メキシコ観光（旅行社）に連絡を入れた。

同社のIさんの話では、ヘリをチャーターして、エル・ミラドールへ行くことは可能ですが、費用がおおよそ、五〇〇〇USドルくらいかかります、とのことであった。五〇〇〇ドルといえば、日本円に換算すれば、四〇万～四五万円（当時）というお値段。フローレスから、トレッキングで、四泊五日かけて行くツアーもあるというが、体力面でも、また、日程的にも、私にはきつく、ここは清水の舞台からというか、我が家の一三階のベランダから、飛び降りるくらいの決意（あくまで決意だが）で、ヘリをチャーターするしかないなぁと思い、旅行の計画を立てたが、この時は、諸般の事情で、結局のところ、旅を断念するしか、なかった。

そして、改めて、翌二〇一一年の四月から五月にかけて、満を持して、そのエル・ミラドールを含め、グアテマラへ行く旅行計画を立てた。

ところが、三月一一日の東日本大震災で、東京ではたった震度五強だったというのに、高層階の我が家は、結構、甚大な被害を被った。しかも、福島第一原発のメルトダウン事故と、余震も依然、頻繁に続く中で、娘の冷たい視線を浴びつつ、淡々と、旅の準備をして、そして、出掛けた。

グアテマラへ、フローレスへ

グアテマラについては、拙著『マヤ終焉』等の中で、すでに何度も、詳細に書いた。ここでそれをくり返すつもりはないが、ただ、やはり、最低限、以下のことは、記しておくしかないだろう。

グアテマラは旅行者にとって、とても魅力的な国である。多彩で、豊かな自然。壮麗なピラミッド神殿が密林の中にそびえ立つ、古代マヤの都市遺構の数々。そして、約一四〇〇万の人口の過半数を占める、マヤ系先住民の存在とその文化が、今も色濃く残る、美しい街並み。先住民がつくる美しい織物や、民芸品の数々は、お土産として、大変、人気が高く、日本でも、それを扱う専門店が、何軒もあるほどである。

しかし、昔も今も、多くの旅人の心を惹きつけてやまない、その美しい風土の裏には、実は、ひと握りのスペイン系白人と、その白人と先住民の混血である一部の富裕層が、この国の富を独占的に支配する構造と、先住民への差別と人権侵害の、長い歴史が、潜んでいるのである。

とりわけ、長い内戦下での、軍部とその手先「自警団」による、先住民への弾圧は、過酷を極めた。それは、グアテマラの人々の間に、なかなか、解消することの出来ぬ、深くて暗い、溝をつくり出し、民主化と国民和解への道を歩み始めた今も、この国の支配構造が、実のところ、さほど、変わったわけでもないという、現実もある。

グアテマラ観光の目玉は、いうまでもなく、先住民の築いた遺跡と、今も残る先住民の文化である。それをいわば、売り物にしながら、観光客の落としたお金が、先住民に還元されることなど、果たして、どれほどあるのだろうか。そう考えると、旅人という存在もまた、罪深いものだ。

しかし、そんなことを、たとえ頭の片隅にでも、多少でも置いて、私たちは、旅を続けるしかない。私たちは、所詮、旅人。出来ることなど、実のところ、ほとんど、ないのである。

現在、日本からグアテマラへの直行便は、ない。カナダ経由や、メキシコ経由で行く方法もないわけではないが、アメリカ（合州国）の各都市を経由して、行くのが、便数も一番多く、また、航空会社の競合が多い分、料金的にも安く、一般的である。

私も今回、渋々、アメリカのヒューストンを経由する、コンチネンタル航空の便で、行くことにした。単なるトランジットに過ぎないのに、経由地で、いちいち、入国審査を受けさせられ、指紋押捺と顔写真を撮られて、文字通り、身ぐるみ剝がされるような、身体検査までされなければならないのは、いかにも業腹だが、料金のことや、便数の多さを考えると、他に妙案がないのだから、仕方がない。

日本からヒューストンまでは、一二時間あまり。午後四時に成田を離陸、ヒューストン空港にて、五時間待ちで、グアテマラ・シティー行きに乗り継ぎ、グアテマラ・シティーのラ・アウロラ国際空港に到着したのは、時差の関係で、その日の午後九時過ぎのことである。

空港近くのホテルで一泊し、翌日の早朝、グアテマラの国内線で、フローレスに飛んだ。一時間ほどの、フライトである。

フローレスは、古典期マヤ最大の都市遺構で、ユネスコ世界遺産、ティカルの観光拠点となる町である。ペテン・イッツァ湖に浮かぶ小さな島、フローレス島と、その湖畔の街、サンタ・エレーナからなり、空港は、フローレス島にではなく、サンタ・エレーナの郊外にある。

私は、以前、来た時はサンタ・エレーナ側に泊まったので、今回はフローレス島に泊まりたいと、旅行社にリクエストを入れておいた。フローレス島のホテルは、概して、規模が小さく、落ち着いている。安宿はたいてい、サンタ・エレーナ側にあり、規模の大きな高級ホテルもまた、サンタ・エレーナの、こちらは郊外にあることが、多い。以前泊まったホテル（ヴィラ・マヤ）も、その手の高級ホテルで、もちろん、ホテルの設備は十分に満足出来るものだったが、如何せん、立地が郊外すぎて、食事等もすべて、ホテル内で、すませねばならなかった。

フローレス島は、本当に小さな島で、あるのはホテルと、レストランと、お土産物屋さんくらいと、徹底した、観光産業の島である。昼間は観光客が出払っているので、通りには、まったく、人気がない。島が賑わうのは、観光客が宿に戻って、夕食や息抜きに、くり出す、夕刻以降である。

私が泊まったホテルは、その名もズバリ、イスラ・デ・フローレス（フローレス島）といい、一泊四〇ドルほどの中級ホテルだ。ホテルにレストランがないのが、玉に瑕だが、ホテルの周辺には、徒歩数分の距離に、数軒、レストランがあり、また、観光客向けに、食料品や飲料、日用品等を商う、コンビニ風の店もあって、とりあえず、困ることはない。設備的にも、熱いお湯のシャワーも出て、エアコンもあり、滞在には何の問題もない、快適なホテルである。

しかも朝は、あまり早い時間には、近くのレストランがまだ開業していないこともあって、ホテルのロビーに、毎朝、宿泊客の人数に合わせて、テーブルと椅子を出して、朝食を出してくれ、その料金は宿泊代に含まれている。

その日は、着後、ホテルに荷物を置いて、セイバルという遺跡へ行き、翌日の早朝、送迎車でホテルを出て、ガイドの菊川さんと共に、ヘリポートのあるマヤ・インターナショナルという、対岸のホテルへ向かった。

ここから、エル・ミラドール行きのヘリに乗るのだが、天候の関係で、ヘリが飛ばない日もあるのだという。もちろん、今回の旅はエル・ミラドールに行くことが主たる目的なので、そのための予備日も設けてあったが、霧は出ていたものの、三〇分ほど車内で待機していると、幸い、飛行可能な視界になり、無事、出発することが出来た。

ヘリは四人乗り。操縦席の隣に、私が座ったので、後部座席に座っているのは、ガイドの菊川さんのみである。

菊川明子さんは、アンティグア在住の日本人女性で、元々は、グアテマラの織物に惹かれて、この地に居住されたのだが、その後、生計を立てるため、難関といわれるガイドの資格を、頑張って取られて、地元の旅行社に所属する日本語ガイドとして、活躍されている方だ。エル・ミラドールにも一度、トレッキングで行かれたことがあるという。それで、私のエル・ミラドールへのガイドを、担当して下さることになったのだ。

ヘリは、もの凄い轟音と共に、空に舞い上がり、見る見る内に、高度を上げていく。

眼下に、ペテン・イツァ湖と湖畔の街が、小さく見える。やがて、緑のジャングルが、眼下に目一杯、拡がり、それ以外には何も見えなくなってしまう。それでも、しばらくの間は、そのジャングルの中に、頼りない、細い道や人家を、所々で、垣間見ることが出来たが、それもなくなって、眼下に拡がるのは、ただただ、緑の絨毯のような、深く密集した、森のみである。

トレッキングでは、その深い森の中を、片道二日かけて、延々と、歩くのである。もちろん、今も、エル・ミラドールに向かって歩いている人々がいるのかもしれないが、もちろん、確かめるすべもない、濃密なジャングルである。

飛び始めてから三〇分ほどで、ヘリは結構、あっけなく、エル・ミラドールに着いた。ヘリの操縦者が指さす方向を見ると、小さく、白い屋根が見える。簡易な屋根をかけたり、ビニール・シートで覆われているのは、間違いなく、考古学チームによって、現在、発掘が行われている現場である。

ヘリはその上を、ゆっくりと旋回しながら、高度を下げ始めた。

エル・ミラドールの「神域」を歩く

森林を、そこだけ、丸く切り開いて、ヘリポートが造られていた。我々のヘリの到着とほぼ同時に、もう一機、黒いヘリが飛んできて、近くに降りた。裕福そうな白人のカップルと、ガイドが、そのヘリから降り立ち、ジャングルの中に消えて行った。

ヘリは一機だけではなく、どうやら、何機も飛んでいるようだ。私たちを運んできたヘリも、これからフローレスに戻って、もう一組の観光客を、また運んで来るのだという。

遺跡内では、トレッキング・ツアーに参加してやって来たという、少数の白人のグループとも、遭遇した。いったん、門が開かれれば、当然のこととはいえ、エル・ミラドールは急速に、その秘境色を失いつつある。

私たちもまた、先行の三人からはだいぶ遅れて、ジャングルの中の道を歩く。私たちというのは、遺跡の案内人に、ガイドの菊川さん、それに私の、三人である。遺跡内には、もちろん、レストランなどはないので、クーラー・ボックスに、水とサンドイッチ等を入れて、持って来た。それを片手に、ついでに、私のリックまで、ひったくるようにして、背負って、現地の案内人は、勝手知ったる我が家の庭という感じで、錯綜するジャングルの道を、飄々と歩いていく。

ガイドの菊川さんにしたところで、エル・ミラドールには一度来ただけなので、現地の地理に習熟した彼が、頼りなのだ。

やがて、考古学チームのベース・キャンプに、到着した。屋根を架けた、吹き抜けの食堂と、こちらは自家発電で電気もつく、山小屋風の研究室、それを核にして、周辺にはテントがいくつも張られている。水は、雨水をため、ろ過して飲み水等として、使っているのだという。そのため、発掘作業は、雨季の始めの三カ月間くらいしか、出来ず、乾季の今はクローズされている。その食堂にクーラー・ボックス等を置いて、身軽になって、出発する。

ここで、エル・ミラドール遺跡の概要について、以下、出来るだけ簡潔に、書いておこう。

遺跡は、ティカルから北西に約一〇五キロメートル、メキシコとの国境からは、わずか七キロほどの、グアテマラ・ペテン地方の熱帯雨林の中にあり、遺跡の中心部は約一六平方キロメートル。大きくいえば、ダンタ・ピラミッド複合を中心にする東のグループと、エル・ティグレやモノといったピラミッド神殿の林立する、西の中央アクロポリスとに、わかれている。後者の西のグループは、その周囲が城壁と環濠によって、囲まれていたことも、調査によって、わかっている。

西のグループで、もっとも高い神殿は、高さ五五メートルのエル・ティグレ・ピラミッドで、古典期マヤ最大の都市遺構、ティカルでもっとも高い、高さ七〇メートルの四号神殿の、約六倍の底面積を有している。その大きさは、やはり、古典期マヤの、ティカルと並ぶ有力都市であったコパンの、アクロポリス全体と、ほぼ同じであるというから、その桁外れのスケールが、よくわかる。

一方、東のダンタ・ピラミッド複合は、自然の丘の斜面を利用して、ピラミッド複合の基壇が造られているが、その基壇からピラミッドの頂点までの高さは、実に七〇メートルもあり、これは文字通り、現在発見されているものの中では、マヤ最大の建造物である。

遠くの小山がダンタ・ピラミッド

考古学者のキャンプ

エル・ミラドールのピラミッドの特徴は、ひとつのピラミッド基壇の上に、ひとつの巨大な神殿と、ふたつの小さな神殿が、基壇の三つの辺を囲んで配置されるという、三方配置パターンで、これは古典期の建造物にはあまり見られない、先古典期特有の建築様式である。

こんな空前絶後の巨大神殿都市が築かれ始めたのは、紀元前四〇〇年ころのこと。また、その最盛期は、紀元前一五〇年～紀元前後のことと、考えられているが、そのエル・ミラドールとサクベ（堤道）で結ばれている、ナクベという都市遺構では、紀元前八〇〇年ころには、早くも都市の建設が始まっていたことも発掘調査によって、明らかになっている。

そのナクベへは、エル・ミラドールから、さらに徒歩で悪路を、片道三時間半から四時間かけて行くしかないとのことで、今回は行くことが出来なかったが、ここのピラミッドもまた、最大のものは高さ四五メートルという、実に壮大なものである。また、このナクベ以外にも、エル・ミラドールの周辺には、いくつもの未発掘の都市遺構が存在しているという話もあり、この地が、メキシコ側のカラクムルと並ぶ、先古典期文化の中心地のひとつであったことは、もはや、疑うことは出来ない事実だろう。

エル・ミラドールの遺構からは、たとえば、メキシコ中央高原産の黒曜石等も、出土している。それはとりもなおさず、エル・ミラドールが、こんな僻地にあって、しかも、先古典期の段階で、メソアメリカ各地との広範な交易を行っていたことを、示している。

そして、もうひとつ、つけ加えるのであれば、そうした各地との交易網を確立していたにもかかわらず、メソアメリカの「母なる文化」と呼ばれる、オルメカ文化の影響が、エル・ミラドールには、ほとんど見られないという、ことである。このことは、オルメカ＝メソアメリカの「母なる文化」説に疑義を呈するものともなっているのだが、しかし、この点については、ここではこれ以上、深入りすることはよそう。いったん書き始めたら、何枚書いても、止まらなくなるからである。

しかし、先古典期マヤの覇者であるエル・ミラドールは、先古典期から古典期（西暦二五〇年ないし三〇〇年〜九〇〇年ごろまで）への移行期を、いかなる理由からか、生き延びることは出来なかった。都市は放棄され、ジャングルの中に埋もれ、そして、その一方で、古典期マヤの覇者、ティカルの興隆が始まるのである。

ヘリポートは、西のグループのすぐ近くに造られていたが、まずはジャングルの道を、東のダンタ・ピラミッド複合に向かって、歩く。ちなみに、西と東のグループの距離は、歩いて、最短で三〇分くらい。ゆっくり歩けば、もう少し、時間がかかる。もともとは、両者はサクベで結ばれていたが、今は、ジャングルの中の、道なき道である。

ダンタの基壇の一部は発掘されていて、元の石の階段が露出している部分もあるが、それがなければ、ただの小山である。何層にも積み重ねられた、基壇の斜面を、登る。難所にはちゃんと、石の階段と木の手すりが、観光客用につくられているので、登るのは極めて楽だ。

巨大な基壇の各層には、いくつかの神殿が築かれているが、いずれも未発掘のままで、要は、ただの木の生えた小山である。基壇の最後の層の上にそそり立つ、ピラミッド神殿のみ、それを覆う土をほぼ完全にどけて、石積みが剝き出しになっている。つまり、そこだけが、いかにもピラミッドという、感じである。その壁面には巨大な神のマスクも、それとハッキリ認識できる形で、残っている個所もある。

最後のピラミッドの背面に回ると、そこに、観光客がその頂上に上がれるように、しっかりとした、木の階段が出来ていた。それを使えば、驚くほど容易に、登ることが出来る。

頂上に登ると、四方グルリと、見渡す限りのジャングルが、眺望出来る。兎に角、潔いほどに、何もない。人間の営為の痕跡など、まさにどこにもないが、こんなところに、紀元前四〇〇年のマヤ人たちは、ピラミッド神殿の林立する石造都市を建築したのだ。それは本当に、凄いことである。

人工のものなど何もないと書いたが、実は、ダンタ・ピラミッド複合の真っ正面、遙か遠くに見える緑の小山は、エル・ティグレ・ピラミッドの、変わり果てた姿である。ふたつの巨大神殿が、東と西に、相対して、そそり立っている。この光景を見るためだけにでも、グアテマラに来てよかったと、心底、そう思った。

ダンタから降りて、先程来た道を戻る。そのもうひとつの小山、エル・ディグレを、見るためにである。

途中、エル・ティグレ・ピラミッドのすぐ近くにある、小ぶりな神殿、その名も「ジャガーのかぎ爪神殿」に寄る。発掘途上の神殿には、屋根が架けられ、ああ、ここが空から見た、白い屋根の場所だなとわかる。神殿の階段の一部に、神の顔の浮き彫りが、鮮やかに残っている。ジャガーのかぎ爪神殿という名前がつけられているくらいだから、ジャガーのかぎ爪のレリーフも、どこかに残っているのかもしれない。

最後に、エル・ティグレ・ピラミッドの登り口に行くが、ダンタとは違って、こちらは土と木で、一応、階段らしきものがつくられていることはつくられているのだが、途中でグズグズに崩れて、登るのは困難なように、思われる。長い時間歩いて、相当、疲れていたので、私はパスするよと、菊川さんにいう。

実は、私は告白すると、相当な高所恐怖症で、本当はピラミッドになど登るのは、心底、嫌なのだ。それでも無理して登るのは、それが遺跡だからであって、神殿は上からの眺望が大切だと、思うからである。一度は登らずして、人に説明することも、原稿に書くことも出来ないと思うから、嫌々であれ、何であれ、登るのである。でも、今回はダンタに登ったので、まぁ、もういいかという気持ちに、なっていた。

実は、私より年上（失礼ッ）の菊川さんは、ここまで来たので、私は登りますと、断固、そういうので、上の写真を、撮って来てもらうことにした。私は、二人が登山道の彼方に姿を消してから、近くの木の切り株に、腰を下ろして、しばしの休息。本当に疲れていたので、いつの間にか、うとうと、していた。

かなりたって、戻ってきた菊川さんに撮った写真を見せてもらうと、ダンタの上から撮った写真と、まるで瓜二つである。ただ、今度の真っ正面、遙か遠くの小山が、エル・ティグレではなく、ダンタなだけ。あとは、遮るものひとつない、緑の地平線が、ただただ、拡がっているばかりである。

途中、ほぼ垂直な崖を、上からぶら下がったロープにつかまって登るような個所もありましたと、菊川さんはいうので、登らなくてよかったと、心底、そう思う。

午後二時には、迎えのヘリが来ることになっていたので、そろそろ、遺跡の見学を切り上げて、クーラー・ボックスを置いてきた考古学チームの食堂に戻って、昼食にする。でっかいサンドイッチと、サラダに果物、スナック菓子、缶入りの飲み物と、いろいろ入っていて、菊川さんと二人では、とても食べきれないので、案内人の人にも、お裾分けする。

考古学チームの研究者たちも、一緒に働く作業員の人たちも、フローレスその他から、二日かけて歩いて、発掘現場にやって来て、仕事が終わると、また、歩いて帰って行くのだと、案内人のおじさんは話す。

彼自身も、何週間か、ここでガイドとして働くと、また、歩いて、住んでいる街に戻り、休暇が終わると、また、歩いて、ここに戻って来るのだという。

これは菊川さんから、グアテマラ政府が、二〇二三年をメドに、フローレスからエル・ミラドールまで、電気列車を走らせ、一日一〇〇人を定員に、観光客を運ぶという、実に壮大な計画を立てているのだという話を、聞いた。もちろん、グアテマラ政府には、そんなお金はないので、すべてが外国の援助頼みで、日本政府にも援助を申し出て、断られたのだとか……。まぁ、ほぼ確実に、絵に描いた餅に終わるような、杜撰にして、途方もない計画だが、もし、万が一、実現するようなことがあったら、また、ここに、その電気列車とやらで、やって来ることにしよう。

昼食後、森を丸く切り開いたヘリポートまで戻り、そこでヘリを待った。ヘリは私たちを乗せてフローレスまで戻ると、再び、Ｕターンして、もう一組の観光客を乗せるため、再び、戻ってこなければならないので、私たちの出発時間も、やや早めの二時になった。日が暮れれば、ヘリを飛ばすことは、出来ないからだ。

菊川さんは、エル・ミラドールでもう一泊して、遺跡をじっくり見て回るコースもありますというが、その一泊というのは、ここに宿泊施設など、ある訳がないので、当然、テントでの宿泊となるのだろう。それはごめんだし、それに、エル・ミラドールがいかに広大でも、その大半は未だ未発掘エリアで、つまり、ただの山歩きと変わらない。

日本に戻ってから、ブログに簡単な報告を書くと、エル・ミラドールから、さらにナクベまで、歩いて行ったという方からのメールを、いただいた。タフだなぁと、つくづく、嘆息する。三〇代、四〇代のころなら、ともかく、もうすぐ六〇になる私には、そのタフさが、心底、羨ましい。

ヘリに乗って、フローレスに戻ると、フローレスでは、かなり激しく、雨が降っていた。その翌日は、アグアテカ遺跡に行ったが、朝から雨で、道はぬかるみ、泥まみれになった。まさに、絶妙のタイミングで、エル・ミラドールに行けたことに、感謝している。

セイバルとアグアテカ

歯を食いしばり、あえぎながら、一歩、また、一歩と、登る。それは断じて、坂道なんていうものではなく、瓦礫の散乱する急斜面だ。しかし、この急斜面を登らねば、セイバル遺跡には到達することが出来ないのだった。

それは、エル・ミラドールへ行く、前日のこと。フローレスに到着した私は、ホテルに荷物を置いて、身軽になると、ガイドの菊川さんと共に、車で一時間ほどの、サヤスチェに向かった。サヤスチェは小さな町ながら、パシオン川に面した、水上交通の要衝で、セイバル遺跡に行くのにも、アグアテカ遺跡に行くのにも、ここから船に乗る。船といっても、エンジン付きの小さなボートで、乾季の今は、水量が少なく、小さなボートでなければ、遺跡にはとても行くことが出来ないのだ。

一時間ほどで、セイバル遺跡の船着き場に着いた。セイバルの都市センターは、川沿いの、高さ約一〇〇メートルほどの断崖の上に、築かれている。この場所に初めて、都市センターが築かれたのは、紀元前一〇〇〇年ごろ、先古典期の前期のことだが、その最盛期と考えられているのは、ずっと後の九世紀、すなわち、古典期後期になってからのことだ。その最盛期には、都市の規模は一二平方キロメートル以上にも拡がり、人口は一万人にも達したと、考えられている。

先日、同遺跡の発掘調査の中心人物のおひとり、猪俣健アリゾナ大学教授のお話を、たまたま、聞く機会があったが、それによれば、セイバルの歴史は、当初、考えていたより、ずっと古く、その先古典期前期の遺物の発掘がさらに進展すれば、メソアメリカ文明の起源を湾岸オルメカに求めるのではなく、マヤにはマヤ独自の発展があったこと、そして、そうしたメソアメリカ各地の文化が交流し、互いに、その影響を受け合うことで、それがメソアメリカ文明の核を形成してきたのだということを立証する上で、極めて重要な資料を提供するものに、必ずやなるだろうという、ことであった。

そして、その後、猪俣教授らは、アメリカの科学誌『サイエンス』誌上で、セイバル遺跡で彼らが発掘した最古の建造物が、出土品の放射性炭素年代測定の結果、紀元前一〇〇〇年前後のものであることが明らかになったとして、マヤ文明の起源が従来の定説より、さらに早まる可能性があると、発表され、これは日本でも、大きく、報道された。

しかし、実際に目にするセイバル遺跡そのものは、ほとんど、未発掘状態で、都市の規模を知ることが出来るのは、主に、発見された五六もの、石碑によってである。古典期のマヤ文明では、すべての政治的・経済的・宗教的権威が、たったひとりの王に集中していたため、その王の輝かしい事績を記した、巨大な石碑を数多く建てることが、いわば都市のステイタスであった。

そう、古典期とは、「石碑の時代」なのだ。もっとも、多くの石碑を建てたカラクムルでも、発見された石碑の数は一一七あまり。五六もの石碑を建てることが出来たセイバルの実力は、見た目以上に、相当なものであったことが、このことからも、よくわかる。

セイバルの都市センターは、グループA、グループC、グループDの三つのエリアからなるが、その内、完全に復元されているのは、グループA内の、A3と呼ばれている、四方に階段のある、小さな神殿と、グループC内の、C79と呼ばれる、これまた小さな、円形の建造物の、ふたつのみである。あとは、風化し、崩れた石積みに木が覆い茂り、神殿は自然の小山へと、帰りつつある。

石碑も、以前は二二の石碑で、そのマヤ文字の碑文を判読可能で、事実、記録も残されているが、簡単な屋根が架けられているだけの現状では、今は一段と風化が進み、文字やレリーフの判読が難しくなっているものも、残念ながら、多い。

途中で、何度も休憩を取り、汗まみれになって、息も絶え絶えに、登った遺跡の現状が、これである。セイバルは蚊が多く、要注意といわれていたので、万全の装備もしてきたが、私が行った時は、まだ大量発生には至っておらず、虫除けスプレーだけで、十分、対応出来た。それより何より、問題はその暑さである。ダラダラと流れ落ちる汗が目に入って、痛くて、目をあけていられないほどだ。

私には、判読不能だが、復元されたＡ３神殿の近くにある、比較的、保存状態のよい、石碑10には、西暦八四九年の日付と、共に、古典期最大級の都市センターである、ティカルとカラクムルの名前が残っていたと、複数の書に、そう記されている。セイバルは、八世紀ごろに、ティカル王家の傍系であるドス・ピラスの傘下に入ったとの、見方もある。しかし、いずれにしても、セイバルの繁栄は、その後、そう長くは、続かなかった。一〇世紀には衰退し、歴史の表舞台からは、完全にその姿を消すのである。

グループＡエリアを出て、完全に自然に戻った、グループＣの球技場跡を通って、少し離れた場所にあるＣ79神殿まで、足を伸ばせば、あとは特段、見るものがない。あの瓦礫の急斜面を降りねばならないと考えると、実に気が重かったが、降りなければ、船着き場まで、戻ることは出来ないのだ。ふぅと、大きく息をついて、私は立ち上がった。

翌日は、前述の通り、それが今回の旅の主な目的のエル・ミラドールへ行き、翌々日、今度はアグアテカ遺跡へ、行った。

その日は、朝からすでに雨が降っていて、多難な一日の始まりを思わせた。サヤスチェから船に乗って、セイバルとは反対方向に、約二時間あまり。何故、そんなに時間がかかるのかというと、今は乾季で、川の水量が少なく、そもそも、スピードが出せない上に、途中で何度も、ボートが川

セイバルの遺跡のA3神殿と石碑10

アグアテカのメイン・プラザ

底に接触しそうになる場面もあって、その度、船頭はエンジンを止めて、オールで船を漕ぐからである。

アグアテカ遺跡は、一九九八年以来、前述の、アリゾナ大学の猪俣健教授を団長とする、国際的な考古学チームによる発掘調査が行われている。パシオン川の支流、ペテシュバトン川沿いの高さ九〇メートルの断崖絶壁の上に築かれた、砦のような都市で、ティカル王家の傍系であるバラフ・チャン・カウイール王が、西暦六五〇年ごろ、そのティカルから独立して興した都市センターであるドス・ピラスが、七六一年、カウイール・チャン・キニチ王の治世に、タマリンディートという都市との戦争に敗北、アグアテカに逃れて、そこに新たに王都を築いたのである。つまり、アグアテカが断崖絶壁の上に築かれた、防衛的な要素の強い城砦都市なのは、そういう理由からである。

ドス・ピラスが独立した時代、ティカルは五六二年に、カラクムル・カラコル連合との戦争に決定的な敗北を喫し、以降、一三〇年もの長きにわたって、石碑の建立が途絶えている。その、いわば「暗黒時代」のティカルから独立したバラフ・チャン・カウイール王は、六四八年に建立した石碑の中で、自らをカラクムルの臣下であると、述べている。つまり、ドス・ピラス＝アグアテカは、ティカルの宿敵・カラクムルの後ろ盾により独立した国家である可能性が大だ。

しかし、アグアテカの都市センターは、八一〇年、何者かの奇襲を受け、壊滅した。猪俣調査団の発掘調査では、王宮や貴族の住居跡等から、大量の使用可能な所持品や武器が出土し、彼らがすべてを残して、あわてて逃亡を図ったことが、明らかになっている。果たして、どれだけの王侯貴族が、アグアテカから無事、脱出できたのか、あるいは、逃げ遅れて、捕虜になり、その後、処刑された者も、多かったのではないだろうか。まさしく、栄枯盛衰は人の世の習いである。

アグアテカは、セイバル同様、崖の上の要塞都市であると知っていたので、降り続く雨の中、遅々として進まないボートの上で、雨に打たれながら、私は憂鬱だった。ようやく、辿り着いたアグアテカは、私の予想に反して、崖の上に向かって、観光客用に木の階段が架けられていて、一見、登るのはセイバルとは比べられないほど、楽なようだった。

ただ、問題は船着き場から崖の下の階段までの道が雨で泥沼状態で、歩くと、自らの重みで、膝下くらいまでズブズブ沈み、はまってしまって、とてもではないが、歩くこと自体が、困難である。船頭が、どこからか、太い木の枝を見つけてきてくれたので、それを杖代わりにして、一歩、また一歩と、泥まみれになりつつ、進む。もう、最悪である。なりふり構っていられないので、年上の、菊川さんの手助けも借りた。

ようやくのことで、崖下の木の階段のところまで、辿り着くが、遠目には安全に見えた階段も、所々で、横木が朽ちてなくなっていたり、手すりが壊れてない個所もあって、おまけに、ツルツルと滑りやすく、登るのは見た目ほど、楽ではない。それでも、登らねば遺跡には行けないので、何とか、ひぃひぃいいつつ、登る。まったくもって、情けないジイサンだ。

階段を登り切ったところにあったビジター・センターで、しばし休憩しつつ、同センター所属の地元ガイドを交え、ガイドの菊川さんと、これからの作戦を立てる。その結果、遺跡のエリア内も、降り続く雨で、相当、ぬかるんでいるだろうから、安全そうなところだけを、エリア内に精通した、地元ガイドに案内してもらって回る、ということになった。

アグアテカの遺跡は、自然に出来た大地の裂け目によって、大きく、ふたつのエリアに、分けられている。ひとつは、メイン・プラザと呼ばれる広場と、それを囲むように建てられた神殿群、もうひとつは、王宮と貴族の家を中心とする、かなり建物が密集したエリアである。後者の方が、見どころはたくさんあるが、ぬかるみがひどく、滑りやすいというので、メイン・プラザの方を見ることにした。こちらは確かに、広大で、しかも、平坦な道が延々と、続く。建物は基壇のみ残っているものが、多い。石碑もたくさん、建っているが、精緻な浮き彫りが、鮮やかに残っているものは、屋根も架けられておらず、一見して、レプリカとわかるものである。

途中からは、一時的にせよ、雨も上がり、広々としたメイン・プラザとその周辺は、歩いていて、大変、気持ちがいい。しかし、実際には、この都市センターは、突然の襲撃によって、見るも無惨に、灰燼に帰したのである。

ビジター・センターに戻り、ソファーをお借りして、持参したサンドイッチ等のお弁当を、食べる。どこからか猫がやって来て、そばに座って、じっと見ているので、サンドイッチをちぎって、投げてやると、ペロリとすべて食べた。少しずつ、猫に餌をやりつつ、一時間ほど休憩してから、戻ることにした。

しかし、船着き場までの、あの最悪のぬかるみのことを考えると、戻る気力も萎えるので、ビジター・センターの警備員に、チップを渡し、手助けを借りることにした。再び、二時間かけて、ボートでサヤスチェまで戻る途中、また、雨が降り始めた。まだ、乾季だというのに、今日は一日中、雨に呪われている。これが、エル・ミラドールへ行った昨日でなくてよかったと、つくづく、そう思った。

ティカルからワシャクトゥンへ向かう

ティカル遺跡公園の広大な敷地に隣接して、三つのホテルが建っている。ひとつは、高級ホテルのジャングル・ロッジ、もうひとつは、それよりはランクは、若干、下がるものの、結構、お高い、中の上クラスのティカル・イン、そして、一泊四〇ドルと、安いが、設備的には、かなりイマイチの、ジャガー・インの、三つである。

さぁ、あなたなら、どこに泊まりますか？　私が泊まったのは、最低ランクのジャガー・インでしたが、正直、後悔しました。やはり、お金は、使うべきところで、使わねばなりません。それは、ともかくとして……

次の日、フローレスのホテルから、車で一時間ほどの距離の、ジャガー・インへと、移動した。古典期マヤの覇者、ティカルと、その近くにあるワシャクトゥンという遺跡に行くためのベースを、ここに定めたのである。ワシャクトゥンまでは、ジャガー・インのあるティカル遺跡公園からは、距離にして、約二四キロ、車で四〇分ほどの距離である。

ジャガー・インは、旅人が泊まるのは、敷地内に点在する、藁葺きの小さなコテージで、入り口にある、宿泊客でなくとも利用可能なレストランが、そのフロントを兼ねている。電気は自家発電だが、一応、一日中使えるが、ただ、シャワーだけは、午後六時～九時の三時間しか使えないので、注意するよう、フロントの人からいわれる。まぁ、周囲にあるのは、ジャングルと、その間に点在する遺跡だけなので、夜になってから出掛けるようなところは、どこにもなさそうだ。

　ワシャクトゥンは、一九二六年から一九三七年にかけて、アメリカ（合州国）のカーネギー研究所による発掘調査が行われ、エル・ミラドールなどと同様、先古典期中期に建設された都市センターであったことが、わかっている。しかし、エル・ミラドールが滅びた後も、ワシャクトゥンは引き続き、繁栄を続け、古典期後期の、西暦八八九年の日付のある石碑の建立を最後に、都市の記録が途絶えている。

　ワシャクトゥンの名を、もうひとつ、歴史上、有名なものにしているのは、そのB13と呼ばれている神殿から、メキシコ中央高原のものと見られる衣装を身にまとった戦士の前で、服従のポーズを取るワシャクトゥン王の姿を描いたレリーフが、発見されたことである。このB13神殿にも行ってみたが、残念ながら、今はレリーフは残っていなかった。ガイドによれば、破壊された、とのことである。

　少し、長くなるが、このことが何を意味するかについて、なるべく、簡潔に説明しよう。ワシャクトゥンに近いティカルでは、西暦三七八年、シヤフ・カックという人物がティカルに到来し、それと同時に、当時、絶大な権勢をふるっていたティカルの王、チャク・トク・イチャーク一世が死亡するという事件が起こったことが、碑文の解読によって、わかっている。

　そのシヤフ・カックという謎の人物が、一体、誰だったのかについては、ティカルから出土した、その当時の土器に描かれていた絵が、大きなヒントになる。そこには、先のワシャクトゥンのレリーフ同様、明らかにメキシコ中央高原のものと見られる衣装を身にまとった人物像が描かれていたのである。

また、ティカルの「失われた世界」エリアにある、高さ三〇メートルほどのピラミッドには、「タルー・タブレロ様式」と呼ばれる、当時のメキシコ中央高原の覇者、テオティワカンで使われた建築様式が、採用されている。

これらのことを総合すると、わかることは、三七八年に、ティカルにやって来たシヤフ・カックという人物は、テオティワカンから派遣された集団の長で、ティカルやワシャクトゥンの王は、その前で、テオティワカンへの服従を誓わされたのではないか、ということである。絶頂期のティカルのチャク・トク・イチャーク一世の、あまりにもの突然の死は、テオティワカン集団との戦闘の結果とも、考えられる。

しかし、たとえ、軍事的な衝突がそこにあったとしても、テオティワカンは直接、ティカルやワシャクトゥンの植民地化を図ったわけではなかった。というのも、その後も、ティカルやワシャクトゥンの王位継承は順調に行われ、ティカルやワシャクトゥンの文化が、テオティワカン色一色に染まるということも、決して、なかったからである。

ワシャクトゥンの遺跡は、今は使われていない、飛行機の滑走路沿いにある、ごく普通の寒村である、ワシャクトゥン村の中にあり、秘境という感じでは、まったく、ない。村の西側に、グループAとBが、また、東側にグループDとEが、わかれて、残っている。神殿は、残っているのは基壇部分だけのものが多いが、少数ながら、上部構造を含め、残っているものもある。

ワシャクトゥンの村

ワシャクトゥン遺跡

ただし、ワシャクトゥンでは、古典期になっても、引き続き、神殿の増改築が行われたので、先古典期の建造物は、スッカリ、それに覆われて、私たちが直接、それを見ることは出来ない。ただ、E7神殿の下層には、一八もの、神々のマスクの漆喰彫刻が残っていて、これが先古典期のものであることが、わかっている。

遺跡内は、訪れる人もなく、閑散としていた。近くの人が放したのだろう、馬が思い思いに散らばって、草を食んでいるだけである。グループBには、小ぶりだが、球技場も残っていた。私は敷地内を行ったり来たりしながら、写真を撮り続けたが、最後の最後まで、誰にも会わなかった。

もう、いいよといって、村に戻ろうとすると、小さな子供たちが数人、手に民芸品のようなものを持って、駆け寄って来た。でも、私たちの少し前で、立ち止まってしまい、おずおずと、お土産品を差し出しながら、こちらをじっと、見ているだけだ。それでは、まず、売れないよ……と、声を掛けてやりたかったが、声を掛ければ、買わずにはいられなくなる。ごめん。

我先にと、押しかけ、取り囲んで、「あなたはさっき、私から買うといった（いって、ないけど）。確かに、そういった」「違う、私から買うのッ」「ずるいッ、私が先」などと、自己主張し続ける、たくましいカンボジアの子供たちのことを思い出し、微笑ましくなった。

でも、無視して、その前を通り過ぎると、あっという間に、後ろから私たちを追い越して、笑い合い、じゃれ合いながら、村へと駆け戻っていった。親が行ってこいというから、一応は、行った。ハイ、ノルマ終わりッ!!　みたいな、感じ。

再訪のティカル

車に乗り、来た道を戻って、ティカルへ。ティカルは以前も、来ているので、今回は半日だけ、駆け足で、遺跡内を散策することにした。規模が大きく、本来は丸一日かけないと、見て回ることの出来ない遺跡である。ただ、今回は、遺跡に隣接したホテルを取ってあるので、午後六時の閉園時間ギリギリまで、粘ることも出来る。

古典期マヤの覇者、ティカルに関しては、拙著『マヤ終焉』や『ミステリー&ファンタジーツアー　マヤ／アステカ』の中で、詳細に、書いた。それを読んでいただければ……と思うので、ここでは出来る限り、簡潔な記述を、心がけたい。

ティカルの都市センターの建設が始まったのは、実は、紀元前三五〇年ころのことである。しかし、先古典期のティカルは、エル・ミラドールなどと比べれば、まったく小さな、取るに足りない中小規模の都市センターに過ぎず、その急速な膨張と繁栄とが始まるのは、エル・ミラドールが滅びた、古典期に入ってからのことである。

その古典期には、三三人の王の名が、石碑等に記録されて、残っている。この内、一番古い王名は、ヤシュ・エーブ・ショークで、その即位は、おそらく、西暦九〇年ごろと、考えられている。そして、その王から数えて、第一四代目の王が、西暦三六〇年に即位した、チャク・トク・イチャーク一世である。

古典期に入り、見る見る頭角を現したティカルだが、その繁栄も、実に、山あり谷ありで、前述の通り、西暦三七八年には、テオティワカン集団の到来と、それに伴う、チャク・トク・イチャーク一世の死亡という、空前絶後の大事件が起きた。

しかしながら、おそらくは実権を握ったテオティワカン集団のリーダーであるシャフ・カックは、自ら王位につくことはなく、チャク・トク・イチャーク一世の息子と見られる、ヤシュ・ヌーン・アイーン一世が、翌三七九年に即位し、ティカルの王統それ自体は、途絶えることはなかった。ただ、同王の石碑には、二度にわたって、シャフ・カックの名が、その後見人として記されており、テオティワカンは、どうやら、ティカルの間接支配をもくろんだようである。

ティカルが、一体、いつ、そのテオティワカンの影響下から脱したのかは、不明だが、しかし、ヤシュ・ヌーン・アイーン一世の後継者であり、四一一年に即位したシャフ・チャン・カウィール二世の治世になると、再び、石碑のレリーフに描かれた王の姿に、伝統的なマヤ様式の装飾が、復活する。これは、ティカルが次第に、テオティワカンの影響下から脱しようとしていたことの、おそらく、証左であろう。

ところが、復興に向かっていたティカルは、五六二年、これも前述の通り、第二一代の王、ワク・チャン・カウィール（通称ダブル・バード王）の治世に、カラクムル・カラコル連合との戦いに、決定的な敗北を喫し、その後、実に一三〇年にもおよぶ、停滞期というか、暗黒時代が、続くことになるのである。

ティカルの本格的な復興が始まるのは、六八二年に、ハサウ・チャン・カウィールが、第二六代の王として、即位してからのことである。同王と、彼の息子、第二七代イキン・チャン・カウィール王の二代で、名実共に、ティカルは古典期マヤ最大の都市センターに成長し、長年のライバルであったカラクムルとの戦争にも、最終的に勝利し、まさに向かうところ敵なしという、絶頂期を迎えることになる。

しかし、そのティカルの繁栄もまた、八八九年の日付のある石碑を最後に、石碑の建立が途絶え、衰退への道を辿ることになる。その最後が、一体、どのようなものであったかについては、まったく、わかっていない。

ティカル遺跡の素晴らしさを、ひとことでいうならば、緑の地平線を突き破って、まるで、天に届け!!　とばかりに、その高さを競う、ピラミッド神殿群の偉容……であろうか。

お互いに向き合う、高さ五一メートルの一号神殿と、高さ三八メートルの二号神殿、その二号神殿の背後にそびえる三号神殿は、高さ五五メートル。実に七〇メートルと、ティカル最大の高さを誇るのが四号神殿で、五号神殿もまた、高さ五七メートルに達し、いずれも、横への拡がりではなく、ひたすら垂直観を重視した、造りになっている。まさに、天に向かって、一直線に伸びる、神々の世界への階段、いってみればそれが、ティカルの神殿群である。

こうした神殿群は、いずれも、前述の、ハサウ・チャン・カウィール王およびその息子、イキン・チャン・カウィール王によって、築かれたものである。

今回は、半日で、出来るだけ多くのエリアを回ることが出来るよう、東の正面ゲートから入れば、一番、西端の、四号神殿前まで、直接、車を乗り入れることの出来る許可を、取っていた（普通は、

ティカルの３号神殿

「失われた世界」のピラミッド

全行程、歩いて回るのが原則)。ここで車を降りて、ガイドの菊川さんと二人で、歩き始める。

まずは、目の前の、最大の四号神殿に、登る。もちろん、登るといっても、今は木の階段が側面に架けられているので、途中で下を見ると、足がすくむものの、わりと容易に、上まで登ることが出来る。

一番上のテラスに登って、周囲を見回すと、緑のジャングルの中に、突き出た一号神殿と二号神殿、そして、その背後の三号神殿を、ひとつのフレームにおさめることが出来る。この眺望の素晴らしさは、何者にも換えがたいものがあるので、ここは是非、何としても、頑張って、登っていただきたい。

四号神殿から降りて、次に「失われた世界」と呼ばれているエリアに向かう。ここには、テオティワカン様式の、高さ三〇メートルのピラミッドがあるということは、前述した。ここから「七つの神殿の広場」に向かう途中で、異様に屋根飾りの長いピラミッドを、木々の間に、垣間見ることが出来るが、これが三号神殿である。三号神殿は登頂出来ないので、遠くから眺めれば、それでよし。

「七つの神殿の広場」は、その名の通り、小ぶりな七つの神殿が、並んでいる。広大な広場には、ベンチもあるので、ここで、ひと休憩するのも、よいかもしれない。

次に向かうのは、五号神殿。ここも、四号神殿同様、木の階段が架けられているので、登頂は可能だが、階段は四号神殿のそれより急で、一直線。途中に、踊り場なども、まったくないので、登るのは、結構というか、相当、怖い。

次は、ティカル遺跡最大の見どころ、一号神殿と二号神殿である。また、その互いに向き合うふたつの神殿を取り囲むように、ノース・アクロポリスやセントラル・アクロポリス、サウス・アクロポリス等が立ち並び、その意匠の壮大さは、どこのマヤ遺跡をも、上回る。ティカルの偉大さを、文字通り、実感できる、エリアである。

二号神殿には、側面に木の階段が架けられているので、かなり急だが、ここは何とか、登ってみよう。以前は、正面の石の階段を登ることも出来たが、今は登頂禁止になっている。かつて、私が一九九二年に来た時は登ることも出来た、一号神殿への登頂も、同様に、禁止である。

また、このふたつの神殿と、北と中央、南のアクロポリスに囲まれた広場を、「グラン・プラザ」とも、呼んでいる。その全体を、二号神殿の一番上のテラスから、眺望できる。

ここまで回れば、一般的なティカル観光は終了だが、実はティカルにはもうひとつ、六号神殿と呼ばれている、高さ一二メートルほどの神殿がある。

ただ、グラン・プラザから歩いて、片道三〇分以上かかるのと、その割に見栄えのしない神殿なので、行く人はあまりいない。私も、その六号神殿には行ったことがないので、今回は、行ってみることにした。

六号神殿へ向かう道は、メンデス通りと呼ばれていて、遠いが、ほぼ一本道だし、随所に標識も建てられているので、まず、迷うことはない。その途中には、グループGと呼ばれている、かなり崩壊の激しい、神殿コンプレックスもある。

それを通り過ぎて、鬱蒼とした林の中の道をどこまでも歩いていくと、本当にこの道でいいのかと、不安で胸が一杯になったころに、ようやく、六号神殿に到達する。

六号神殿は、壮大な一～五号神殿を見てきた者には、何だ、これは……と、思わず、嘆息してしまうほど、小ぶりで、貧相なものだ。私が生まれた一九五一年に発見され、近年、修復も終了し、公開された。七六六年の日付を刻んだ碑文が、同神殿から、発見されている。

六号神殿を見て、来た道を再び、グラン・プラザ方向に、引き返す。グループGを過ぎたあたりで、分かれ道に入って、ビジター・センターのある遺跡公園の入り口へと、向かう。ビジター・センターは、石碑博物館を兼ねている。近くにはそれとは別に、別料金のティカル博物館もあるが、遺跡公園より一足早く、午後五時で閉館になってしまうので、今回も見ることは出来なかった。

ビジター・センター前のロータリーには、レストランが数軒と、高級ホテルのジャングル・ロッジがあり、フローレス行きのミニバス乗り場も、ここにある。

さらに少し離れて、私の泊まるジャガー・インと、ティカル・インの、ふたつのホテルがある。ホテルに戻り、荷物を部屋に放り込んでから、菊川さんと一緒に、夕食を取りに、近くのレストランに行った。ホテルにもレストランはあるが、外のレストランの方が、あるいは多少、安いのでは……と思ったのだが、どこも観光客目当ての店で、大して安くはなかった。

食事もソコソコに、ホテルに戻る。九時で、シャワーが使えなくなってしまうからだ。ホテルの部屋はシンプルだが、清潔ではあった。しかし、夜になると、見事に想像通り、室内の明かりに引き寄せられるように、ありとあらゆる虫が登場、虫嫌いの私には、とても楽しい一夜になった。まぁ、嫌だが、ここはジャングルの真っ只中、仕方がないといえば仕方がない。

ヤシュハ、ナクムへ向かう

ティカルのホテル、ジャガー・インを、やって来た4WDで早朝に出発し、ヤシュハ（スペイン語風に読めば、ヤシャ）とナクム遺跡に、向かう。

ヤシュハ遺跡からナクム遺跡に向かう道と、その翌日、ヤシュハから、ベリーズとの国境近くにあるナランホ遺跡へ向かう道は、いずれも、地元の旅行社やガイドの菊川さんの話によれば、何でも、想像を絶する悪路だとのことで、たとえ4WDでも、乾季以外には行くことが不可能、とのことだった。

ヤシュハ遺跡の近くには、ソンブレロン・ロッジという、確か、イタリア人だったかが経営する、コテージ式のホテルがあり、ヤシュハ周辺では唯一のホテルとのことだったので、そこに宿泊することにして、あらかじめ、予約を入れてあった。まず、そのソンブレロン・ロッジに向かい、そこで、大きな荷物などは預けて、なるべく身軽になってから、ナクム遺跡に行くことにする。

ティカルからヤシュハまでの道は、ちゃんと舗装されたよい道で、車で一時間くらいの距離。ただし、公共の交通手段は、ベリーズとの国境の町、メルチョル・デ・メンコス行きのバスくらいで、しかも、一番近くのバス停（ラ・マキナ）からでも、徒歩で一キロくらい、歩かなければならないとのことで、個人で行く場合は、車をチャーターするか、予算の関係で、それが無理なら、フローレスからヤシュハへの日帰りツアーに参加するのが、ベストだろう。ただし、ヤシュハ遺跡へ行く日帰りツアーが、毎日、催行されているのか、どうかはわからないので、フローレスの旅行社で、尋ねてみて下さい。

車は舗装道を快適に飛ばし、途中、何のトラブルもなく、予定通りの時間で、ヤシュハ遺跡のすぐ近くにある、ソンブレロン・ロッジに着いた。

藁葺き屋根の、オープン・テラスのレストランがあって、そこのバー・カウンターが、ホテルのフロント・デスクを兼ねている。電気は自家発電で、夜の六時にならなければつかないとのことだ。しかも、一〇時には消灯とのことで、つまり、明かりがつくのは、正味四時間あまりなので、その間に、大急ぎで夕食をとって、シャワーを浴びたり、洗濯をしたり、携帯を充電したり、しなければならない。宿泊するコテージは、上り下りの激しい、山の斜面に、点在しているので、明かりが消えてしまえば、周囲は完全な闇に閉ざされ、フロント・デスクのあるレストラン棟に行くことも、難しいだろう。

私が泊まることになっているコテージにも案内してもらうが、藁葺き屋根の小さな小屋で、内部はシンプルだが、一応、清潔に整えられている。ただし、窓には金網は張られているものの、隙間だらけで、虫は侵入し放題という感じ。昨夜の、ティカルのジャングル・ロッジの惨状を思い起こして、憂鬱な気分になった。事実、その通りの結果になり、しかも、消灯後は、トイレに行くのにも、懐中電灯が頼り。明かりをつければ、たちまち、ぶぁーッと、虫が集まって来る。朝も明かりはつかないので、どんなに眠れなくとも、外が明るくなるまで、本も読めない。結論的にいえば、ここに泊まったのは、完全な失敗。少なくとも、終日、明かりだけはつく、ティカルまで戻って、宿泊することを、私としては、強く、お薦めする。

まぁ、それはさておいて、ヤシュハからナクム遺跡へ向かう道は、完全な上り坂。未舗装の道は、もの凄い、でこぼこの悪路で、確かに、4WDでなければ、登ることは不可能だろう。しかも、所々に、木が倒れて、進路をふさいでいたりして、その度、ドライバーは車を止めて降り、その木を鉈のようなもので切断して、どけて、車が通ることが出来るだけの、スペースをつくる。私は車内から眺めているだけだから、楽なものだが、本当にご苦労様なことだ。ドライバーは、きっと、何で、好きこのんで、こんなところまでやって来るんだ、この日本人は……と、思っているんだろうなぁ。

道をふさいでいる障害物の多さを見ても、ナクム遺跡にやって来る観光客がほとんどいないことが、一目瞭然である。

しかし、ほかには大してアクシデントもなく、登り初めて、約一時間で、ナクム遺跡に着いた。遺跡は大きくわけて、北のグループと南のグループからなり、北のグループに関しては、ほとんど未発掘のままだ。かなり広い広場を囲むようにして、いくつもの小山が連なっているが、もちろん、そのすべてが、未発掘のピラミッドである。

それに対し、南のグループは発掘がかなり進んでいて、小山状のピラミッドの上には、高い屋根飾りのある神殿が、ほぼ完全な形で残っている。

その崖のような斜面を、息を切らせながら、登って、神殿の上に立つと、一挙に視界が開けて、小ぶりだが、壮麗な石造りのアクロポリスが、眼下に飛び込んできた。基壇を残すのみの建物もあるが、修復作業が済み、藁葺きの屋根をかけられた、往時の姿をとどめた建造物もかなりあって、見応えは十分だ。いくつかの建物には、はしごがかけられ、ちょうど昼時で、作業員はいないものの、清掃作業等が、細々と、行われているようだった。

宮殿など、現存する建物は、いずれも七世紀から八世紀にかけてのものということで、古典期のもの。王朝の起源が、どこまで遡れるかは不明、とのことだった。いずれにせよ、ナクムは規模が小さく、同時期に栄えたヤシュハの王朝との関係は、必ずしも対等なものではなかったのかも、しれない。

来た道を再び戻って、ヤシュハ遺跡に向かう。今度は下り坂だし、道を遮る倒れた木などは、行きにのけてあるので、帰りは楽。ただし、でこぼこの悪路で、車は揺れに揺れ、注意していても、何度も、車の天井に頭を、ぶつけてしまった。確かに、聞きしにまさる悪路だなぁなどと考えていたが、こんなのが悪路の内には、全然、入らないことを、翌日、いやというほど、思い知らされることになった。

ヤシュハ遺跡で沈む夕日を見る

一般的にはスペイン語読みで「ヤシャ遺跡」と呼ばれているヤシュハ遺跡は、当時のマヤ語での都市の名前がわかっている、数少ない例で、ヤシュハとは「青緑色の水」という意味である。その名の通り、青緑色の水をたたえたヤシュハ湖の畔にある大規模な都市遺構で、その対岸の島には、

ナクム遺跡

ヤシュハの赤い手の神殿

トポシュテという、もうひとつの都市遺構もある。ボートでそこに行くことも出来るが、今回は時間の関係で、割愛した。

ヤシュハは、先古典中期に都市の建設が始まり、最盛期の古典期には、文字通り、ペテン地方ではティカルに次ぐ規模の都市センターになった。先古典期から古典期を通して見ても、エル・ミラドール、ティカルに次ぐ、第三の巨大都市遺構である。

しかも、他の都市センターが没落したのちも、ヤシュハの繁栄は、古典期の終末期まで続き、四つのアクロポリスを有し、五〇〇以上の建造物と、四一もの石碑が、建立されている。

グアテマラ政府は、このヤシュハを、どうやらナクムやナランホと共に、国立公園として整備し、観光誘致を図る胸算用のようで、あとの二カ所の遺跡へのルートはともかくとして、ヤシュハに至る道路の整備を進めた結果、ティカルからでも、フローレスからでも、比較的、容易に行くことが出来るようになって、事実、ヤシュハ遺跡の近くに出来た、真新しいレストランなどは、結構、観光客で賑わっていた（私もここで、食事をした）。

しかし、そのことが逆に、皮肉にも、私が泊まったソンブレロン・ロッジの宿泊客激減につながっているようにも、思われた。道路が整備され、フローレス等からの日帰りが可能になれば、誰もソンブレロン・ロッジのような、劣悪な環境のホテルには、泊まらないからである。

遺跡の入り口（料金所）は、東のアクロポリスの近くにあり、東のアクロポリスには「赤い手の神殿（建造物２１６）」と呼ばれる、ヤシュハでは最大の、高さ三七メートルの巨大なピラミッドが、そびえ立っている。

だが、まずは、駐車場で車を降りたら、広場Cを抜け、さらに、長いサクベ（堤道）を通って、南のアクロポリスに、向かうことにしよう。ここは「王家の宮殿」とも呼ばれていて、隣接して、球技場もある。また、その近くから、ヤシュハ湖に続く堤道が長く伸びていて、その先はどうやら、今は船着き場になっているようだ。トポシュテに行くボートが、そこから出ているのだろうか。

しかし、そちらには向かわず、私たちは、真っ直ぐ、北進して、北のアクロポリスへと向かう。北のアクロポリスは、向かい合う三つのピラミッドが、圧巻だ。しかし、北のアクロポリスの先には、さらに北に続くサクベがあり、辿っていくと、その先には、「マーラー・グループ」と呼ばれている、神殿複合がある。ここは比較的最近、整備されたエリアのようである。

「マーラー・グループ」を見たら、来た道を再び、北のアクロポリス方向に戻ると、北のアクロポリスの裏手に、もうひとつの、別のアクロポリスがあり、「北東のアクロポリス」と呼ばれている。

そこを見たら、今度は東方向に向かう、長い堤道を歩いて行くと、やがて、前述の、東のアクロポリスに到着する。

以上で、だいたい、広大な遺跡エリアを、ほぼ一周したことになるが、東のアクロポリスに隣接する、「双子ピラミッド複合」と呼ばれる、ふたつの向き合うピラミッドの前には、西暦七九六年の日付が刻まれた石碑13が建っていて、これがヤシュハで発見された、一番最後の、日付となっている。

また、先に、ヤシュハ遺跡からは四一の石碑が発見されたと書いたが、建立された年代がわかっているものの中で、もっとも最古のものは、西暦三五七年の日付が刻まれた石碑5で、やはり、東のアクロポリスの近くにある、広場Cから発見されている。

さらに、東のアクロポリスに隣接する広場Bからは、メキシコ中央高原の雨の神トラロックにも似た、ゴーグル状の目飾りを着装した人物像（もしくは、神像）のレリーフが刻まれた、石碑11が、発見されていて、必見だ。この石碑の建てられた年代は、わかっていないが、おそらく古典期前期のものと、考えられているようである。ここにも、テオティワカンの集団が到来していたのか、どうかは、不明である。

ヤシュハ遺跡は、確かに広大だが、各エリアを結ぶサクベが、よく整備され、また、高低差もほとんどなく、容易に、遺跡歩きを楽しむことが、出来る。しかし、あまりにも広大なエリアなので、初めて行った場合は、やはり、ガイドと共に回った方がよいだろう。

ヤシュハと、ほぼ同時期に繁栄した、ペテン地方の覇者＝ティカルとの関係は、一体、どのようなものだったのだろうか。ティカルと、対等な立場で平和共存していたのか、あるいは、ティカルの後見下に置かれていたのか。そのへんの事情はよくわからないが、両者が激しく争ったという記録もまた、残っていない。

ただ、ヤシュハとナランホとの間で、激しい抗争がくり広げられたという記録は、残っており、七一〇年にヤシュハとの戦争に勝利したことを記した石碑が、ナランホ遺跡から、発見されている。

もっとも、ヤシュハでは、その後も石碑建立が絶えることはなく、前述のように、七九六年の日付の石碑も発見されているので、ナランホの勝利も、一時的なものだったようである。

遺跡内を一巡したのち、最後に、東のアクロポリスにそびえる、「赤い手の神殿」に登って、そこからヤシュハ湖を眺望するつもりだったが、到着した時は、すでに疲れ果てて、もうそんな気力が、スッカリ萎えていた。巨大な神殿を眼前に臨む位置で休憩し、沈む夕日が、神殿を赤く染めていくのを、ただただ、眺め続けた。

こうして、一日が終わり、宿泊先のソンブレロン・ロッジに戻って、長い長い、夜が始まった。自家発電で、六時にはつくはずだった明かりが、なかなか、つかない。六時半を回ってもつかないので、フロントのあるレストラン棟に様子を見に行くが、従業員はもう少し待てと、いうばかり。しかたがないので、レストランの椅子に腰掛け、しばらく待っていると、ようやく、発電機が動いたのか、明かりがついた。自分のコテージに戻って、大急ぎで、ほとんど水のシャワーを浴びるが、菊川さんと待ち合わせた夕食の時間が迫っていたので、洗濯等は後回しにして、再び、レストラン棟に向かう。あたりはスッカリ闇に包まれ、懐中電灯をつけないと、歩けないほどだ。

スパゲッティを注文するが、経営者は確かイタリア人（それ自体、不確かな情報）と聞いていたのに、メキシコでも、グアテマラでも、毎度お馴染みの、アルデンテまったくゼロの、超茹で過ぎブヨブヨ麺。まぁ、経営者はたとえイタリア人でも、調理するのはグアテマラ人のコックだろうから、当たり前か。食べている内にも、蚊の猛攻を受けて、半ズボンだったため、足はたちまち、ボコボコになった。

部屋に戻って、明かりをつけて本を読んでいると、今度は虫の猛攻。蚊取り線香はつけたが、効くのは蚊に対してだけらしい。あっ、携帯を充電しなっきゃ……と、思い出して、変圧器につなぐが、充電が終わる前に、突然、ブツッと、すべての明かりが消えた。まったくの、真っ暗闇の世界。もう、消灯時間の一〇時なのか、だいぶ、前のような気もするが、気のせいか。

結局、明かりは、翌朝まで、つくことはなかった。そういえば、宿泊客って、私と菊川さんだけだったのかも……。でも、ここって、確か、四〇ドル近く、取るんだよなぁ。

なかなか、寝つけず、しかし、トイレに行くのにも、懐中電灯の明かりが頼り。虫は嫌だが、気にしたところで、どうにもならない。朝、ようやく、周囲が明るくなって来ると、ベッドの上は、文字通り、小さな羽虫から、何だかよくわからん形状の虫まで、虫の死骸でほぼ、埋まっていた。こんなベッドで眠っていたのかと思うと、まぁ、見えなくて、よかった。

朝、朝食を食べに、レストラン棟に行くと、ホテルの経営者の女性が、従業員に給仕させて、優雅に朝食を取っていた。私も別のテーブルで、トーストに卵料理、フルーツにコーヒーという、典型的なアメリカン・ブレックファーストを、食す。でも、テーブルにポンポンと、料理をテーブルに並べていっただけで、私には給仕はつかないらしい。宿泊客よりも、ご主人様が何よりも大切という、ここは植民地か。

やがて、菊川さんがやって来て、車が到着しました、という。聞けば、ドライバーは、ティカルだか、フローレスだかに、いったん戻っていたのだという。もう、あとの祭りだが、私も、昨夜、フローレスか、ティカルに、戻りたかった。

ナランホへの長い道

今回の旅も、これから向かうナランホ遺跡が、最後の目的地となった。ナランホ遺跡は、ベリーズとの国境の町、メルチョル・デ・メンコスの郊外にあり、一九〇五年に、オーストリアの探検者、テオベルト・マーラーにより、発見された。ただし、これまで発掘調査がほとんど行われてこなかったこともあって、神殿等の遺構は森の中に埋もれて、目に見えるような姿では、何も残っていないよと、行く前からいわれ、それはわかっていた。

けれども、遺跡からは碑文を判読出来る、大変、よい状態の石碑が多数発見され、その王朝史をある程度再現することは、可能だ。

ナランホは地理的に、ペテン地方の覇者＝ティカルを始め、ベリーズのカラコルや、そのカラコルと同盟を結んで、ティカルと対抗した、国境を挟んで、メキシコ側にある巨大都市＝カラクムルといった、古典期マヤのいわば超大国に挟まれたエリアに位置し、その覇権争いに巻き込まれることも多く、三五〇年あまりのナランホの歴史は、残念ながら、戦争の連続といってもよく、小国故の悲哀を味わうことも、多かったようだ。

ということで、しばらく、石碑に、その王朝史を語らせてみよう。

それによれば、ナランホの建国は、西暦四〇〇年前後のことで、ナーツ・チャン・アーク、キニチ・タハル・チャークという、初期の二人の王の名が石碑に残っているが、その即位の年や、主な事績などは、まったく、わかっていない。

確実に、その即位の年代がわかっているのは、アフ・ウォサルという王で、この王は五四六年に即位し、その後、六九年もの長きにわたって、ナランホを統治している。しかし、同王の即位は、同時に、カラクムルの王の後見下で行われたとの記載があり、ナランホはカラクムルの支配下にある小国として、その繁栄の道を歩み始めたのである。

ところが、アフ・ウォサル王が死去すると、その両者の良好な関係は失われ、どうやら、戦争状態に突入したようである。六二五年、ナランホはカラクムルと同盟を組むカラコルのカン二世に敗北したことが、また、六三一年には、直接、カラクムルの侵攻を受け、ナランホの王が殺害されたことが、それぞれ、相手国側の石碑に記載され、わかっている。

こうして、完全に王統が断絶し、滅びたと見られていたナランホは、しかし、六八二年、ドス・ピラスの創始者であるバラフ・チャン・カウィール王の娘である「六の空」女王によって、再建されることになる。ドス・ピラスは、ティカルから分離・独立した都市センターで、独立の際、カラクムルの庇護を受けていたことが、わかっている。

六九三年には、その「六の空」女王の息子とみられる、カック・ティリウ・チャン・チャーク王が、即位する。この王の治世に、ナランホはもっとも繁栄し、軍事的な拡張も積極的に図っていくが、その陰にはカラクムルの後ろ盾があったことは、まず、間違いのない事実であろう。このカック・ティリウ・チャン・チャーク王の治世下の七一〇年、ナランホはヤシュハとの戦争に勝利し、ヤシュハの王を生け贄に捧げたとの記述も、残っている。

しかし、カック・ティリウ・チャン・チャーク王が死去すると、ナランホの繁栄もまた、急速に、終焉に向かう。後ろ盾だったカラクムルが、ティカルとの戦争に敗北したことが、その背景にはあるのだろう。

七四四年、ナランホは、そのティカルとの戦争に敗北したようで、ティカルに残る石碑5に、ティカル王の足下に縛り上げられた捕虜の姿が描かれているが、この捕虜がおそらく、ナランホの王、ヤシュ・マユイ・チャン・チャークであろうと、考えられている。

ところが、七八四年、イツァムナーフ・カウィールという王が、ナランホで即位すると、再び、ナランホでは石碑が盛んに建立されるようになる。この王の母はヤシュハの王女であったらしいが、王は、母の国であるヤシュハへの攻撃を、たびたび、くり返し、石碑35には、七九九年に、そのヤシュハとの戦争に勝利したとの、記述がある。ヤシュハではそれ以降に建てられた石碑が残っていないので、このナランホとの戦いでの敗北が、かなり決定的なものとなった可能性も、ある。

八一四年、ナランホのおそらく最後の王となる、ワシャクラフーン・ウバーフ・カウィールが、即位する。この王の事績は、不明だ。また、ナランホから一三キロほど離れた、ベリーズのシュナントゥニッチという都市センターの石碑には、ナランホの紋章が刻まれたものがあり、シュナントゥニッチがナランホの衛星都市であったか、そうでなくとも、ナランホと深い関わりのある都市であった、可能性がある。

しかし、ナランホにおける石碑の建立は、八二〇年以降絶え、また、シュナントゥニッチにおけるそれも、八三〇年以降、絶えている。

ナランホ王朝の最後が、一体、どのようなものであったかは、少なくとも碑文の解読からは、わかっていない。

ヤシュハからナランホまでは、車で最低、二時間はかかる。道路事情によっては、もっとかかることもあるという。それでも、しばらくは舗装された道路が続いていたが、車はやがて、舗装道かられて、未舗装の横道に入り、そこからが大変なことになった。

たとえ、でこぼこの悪路でも、道らしきものがあったのは、途中までのこと。そこから先は、両サイドから樹木がせり出し、覆いかぶさり、道にも雑草がかなりの高さまではえているという、文字通り、道なき道である。

本当に、この道でいいのか、ここしばらく、車など通った痕跡は、どう見ても皆無の道路事情に、不安で一杯になるが、ドライバーはやけに自信たっぷりに、車を走らせているので、あまり深く、考えないことにした。

所々で、木が倒れて、もはや、到底、道とはいえない道をふさいでおり、その度に、ドライバーは車から降りて、鉈をふるって、木を切断し、車が通れるスペースをつくる。

しかし、どこまで行っても、道なき道が果てしなく、続いている。当然、対向車など通らず、それればかりか、まったく、人家も見かけない。こんなところで、車が故障したら、それこそ、完全に、アウトであろう。

二時間近くが過ぎ、もうそろそろ、ナランホに着く時間になって来たが、道路事情は相変わらずだ。しかし、時々、人家なども見かけるようになって来たので、少なくとも、人の住んでいるところに近づいてはいるんだと、少し、安心する。

と、突然、ドライバーが車を止め、そうした人家のひとつに向かって、小走りで駆け寄って行った。そこの家人と何かを話しているが、どうやら、道を尋ねているようだ。しばらくして、戻って来たので、何を話していたのか聞くと、大丈夫、道は間違っていないという。ドライバーも、本当にこの道でいいのか、自信がなかったようだ。

さらに、三〇分あまりが経過、車はようやく、ナランホ遺跡に着いた。遺跡といっても、すべてが深い森の中で、巨大な神殿ピラミッドがそびえ立っているなどということは、もちろん、ない。車を降りたところは、グループBと呼ばれているエリアで、ナランホの都市センターの中心部、中央アクロポリスがあったところだという。

いくつもの小山が連なっているが、もちろん、すべて人工の構築物、つまり、神殿ピラミッドのなれの果てである。そのBグループの中心部にある小山には、「絵文字の階段の神殿（B18）」との表記がある。その背後には、さらに、ひときわ高い小山がそびえていて、「マスクの神殿」と表記された看板が立っている。

一カ所だけ、発掘調査が行われている現場があったので、訪ねてみることにした。今は、発掘のシーズンではないのか、まったく、現場に人影はない。

山の片方の斜面が削られ、白っぽい石積みが剝き出しになっている。その背後に回り込むと、鉄柱で補強され、一部にはブルーシートや、藁葺き屋根がかけられた、神殿の内部を、見ることが出来た。外からは、本当に、ただの小山にしか見えないが、こうして内部を見ると、それが見事な石積みの神殿であることが、ハッキリと、実感出来る。

グループBを起点に、森の中を、グループC（東の広場）、グループD（北のアクロポリス）、グループA（西のアクロポリス）の順で、回る。小山の上には、ごく一部だが、基壇の上の神殿の上部構造のみが、復元されたものも、ある。石碑も、その一部が今も遺跡内に残っていて、屋根を架けて保存されていたが、そうした石碑は、一様に風化がひどく、その石面に刻まれたレリーフやマヤ文字などは、残念ながら、完全に消えてしまっているのが現状だ。

高い南国の木々によって、陽光が遮られて、案外、歩きやすい遺跡のエリア内を、ただただ、黙々と、歩く。その片手に持った、遺跡の立派な復元地図とは、頭の中では、なかなか、一致しないものの、その都市遺構の広さだけは、こうして歩けば、足で、実感出来る。

一巡して、再び、グループB＝中央アクロポリスに、戻ってきた。この日は、フローレスの空港から、午後六時半の飛行機で、グアテマラ・シティまで戻らねばならないので、そろそろ、引き上げることにする。

また、来た道を戻らねばならないのかと思うと、それだけでうんざりだったが、何でもドライバーは、遺跡の管理者から、別の道を聞いたとかで、帰りはわずか一時間半で、ヤシュハ遺跡の近くまで、戻って来ることが出来た。道の状態も、行きの道に比べれば、断然、いい。こちらの方が、一見、遠回りにはなるんだけどねぇ……と、ドライバーはいっていたが、次にナランホに行く人のために、こちらの道を覚えて下さい、是非是非。

フローレスの空港には、予定より少し早く着いたが、ここでトラブルが発生、予定時刻の午後九時五五分をだいぶ過ぎても、飛行機が飛ぶ気配は、一向に、ない。そうこうしている内に、アナウンスがあり、このタカ航空七九七三便に乗るお客は、全員、空港近くのホテルに案内されることになった。どうやら、飛行機の到着が大幅に遅れているので、タカ航空のおごりで、ホテルで夕食でも……という話のようだ。

まぁ、私は、その日はグアテマラ・シティで一泊し、翌朝の飛行機で、ヒューストン経由で日本に戻る予定だったので、あわてることもなく冷静でいられたが、もし、その日の内に、国際線に乗り継ぎだったら……と考えると、ちょっと、冷や汗も。結局のところ、飛行機が飛んだのは、深夜のことだった。

こうして、結構、駆け足だった今回の旅は終わり、菊川さんと翌年の再会を約束して、翌朝、無事、機内の人となった。

今回の旅では、長年の念願だった、エル・ミラドールを始め、予定していた遺跡をすべて、見ることが出来た。菊川さんという、大変優秀なガイドと出会ったことも、大きな収穫だった。

ただし、あまりにも駆け足での移動であったため、グアテマラの町を、気ままに散策したりする余裕は一切なく、人々の暮らしぶりの変化なども、ついに感じ取ることも、出来ずじまいだった。もう少し、日程的に余裕のある旅が出来るようになりたいものだと、切実に、そう思った。

第3章　オアハカ時間——遺跡と街と人々と——

たとえば、こんなふうに、この物語を書き始めることにしよう。

私は、ある日の午後、オアハカのソカロ（中央広場）に面して建てられたホテル・マルケス・デル・バジェの一階にある、オープン・テラスのカフェにいて、小振りのカップで、濃厚なエスプレッソ・コーヒーを飲んでいる。

私の座っているその席からは、終日、オアハカに住む人々と観光客の憩いの場になっているソカロのほぼ全体を、見渡すことが出来る。緑の木陰のベンチで、ただぼんやりと行き交う人々を見つめている人もいれば、マリンバを演奏したり、トランペットを吹いたりして、観光客から落ちるごく僅かなお金を生業にしているらしい、人もいる。

寡黙に、仕事に精を出す靴磨きの男。その前を、頭に大きな荷物を載せて、先住民の衣装を着けた老婆が、通り過ぎていく。制服の男女の学生が集団で、笑いころげながら現れて、木陰やベンチで、思い思いにサンドイッチのようなものを頬張ったり、ジュースを飲んだり、あるいは、大袈裟に抱擁して、また、手を振りながら、四方へ散っていく。

そんな穏やかな午後。ここでは時間もまた、永遠の昼寝をしているかのようである。

そんな、いわばオアハカ時間にどっぷりと浸りたくて、私は、また、この街にやって来た。同行のKさんと、Sさんもまた、古都・オアハカのおそらくどこかで、それぞれの、かけがえのない時間を、過ごしている筈である。

出来ることならば、いつまでもこうしていたいが、そろそろ、サントドミンゴ教会から一ブロック離れた閑静な住宅街にある、宿に戻らねばならない時間が迫っている。

美しいオアハカの街並

ミシュテカ人の黄金の装飾品（オアハカ文化博物館）

その日の午後四時に、ある人が宿を訪ねて来ることになっていたからだ。私は店の女性に手をあげて、コーヒー代を支払い、チップとして小銭をテーブルに残して、立ち上がる。再び、こうして、止まっていた時間が、動き始める。

モンテ・アルバン遺跡へ

ここオアハカは、メキシコ・オアハカ州の州都で、メキシコ・シティーからは、飛行機ならば、約一時間ほどの距離。バスでも六～一〇時間ほどで、着く。街はソカロと、隣接するカテドラル（大聖堂）を中心に、碁盤の目のように規則正しく、道路が張り巡らされ、青やグリーン、赤茶色、ピンク、クリーム色、白等々、色鮮やかに塗り分けられた石造りの家が、建ち並んでいる。

メキシコでおそらく、もっとも美しいコロニアル都市で、その街並み全体が、郊外にある先住民・サポテカ人の残した巨大都市遺構であるモンテ・アルバン遺跡と共に、ユネスコの世界遺産に登録されている。

オアハカはまた、隣接するチアパス州と共に、その人口に先住民の占める比率がもっとも高い州で、事実、街を歩いていても、精緻な刺繍の施された先住民の民族衣装を身につけた女性たちの姿を、よく目にするし、ソカロ近くのベニート・ファレス市場を始め、街の至る所にあるメルカード（市場）では、そうした民族衣装や、時間をかけて丹念に織られた敷物やショール等の織物、極彩色を施された木工品等々、先住民文化の影響を色濃く残す民芸品が、文字通り、所狭しと店頭に並べられ、道行く人（主に観光客）の目を、楽しませている。

しかし、オアハカはまた、そうした先住民の文化をも含めて、完全に観光化された都市であることも事実であり、たとえば、チアパス州の事実上の州都といっていい、サンクリストバル・デ・ラスカサス（サパティスタ蜂起の地）などからやって来た人の中には、ここには先住民文化の残滓しかないなどと、毒づく人もいないわけではない（しかし、そのサンクリストバル・デ・ラスカサスもまた、現在では、観光都市化の一途を辿り、なにやら、ミニ・オアハカ然として来たことも、また事実）。

観光都市、そんなことは、もちろん、百も承知。しっかし、どだい、たかだか数日、たとえ数週間、あるいは数カ月滞在しようと、所詮、ただの「気楽な」旅行者でしかない私たちに、この国の先住民の置かれた現実が、一体、どのようなものかなど、本当のところは、わかるハズもないのである。

私たちのオアハカでの今回の宿泊先は、その内部の壁面を埋め尽くす「生命の木」のレリーフであまりにも有名な、サントドミンゴ教会の近くにある、「カサ・デル・ココテロ」という日本人宿（現在は廃業）である。

今も東京で月に一度開催されている「メキシコ学勉強会（ラテンアメリカ探訪と改称）」の参加者でもあった田澤さんという女性が、単身、オアハカに移住し、開業された宿で、ツイン・ルームが一室、あとはすべてドミトリーで、ベット数は全部で一〇という、小さな、しかし、清潔で気持ちのいい宿だ。

到着したその翌日、田澤さんの発案で、カサ・デル・ココテロの宿泊客と、近くの別の宿に泊まっている日本人観光客も誘って、私がガイドになり、モンテ・アルバン遺跡へのツアーを実施することになった。

　モンテ・アルバン遺跡は、オアハカの街からは車でわずか二〇分ほどの距離の、高さにして四〇〇メートルほどの山の山頂にある。タクシーをチャーターしてもいいが、ソカロから南西方向に五〇〇メートルほど行ったところにある「リベラ・デル・アンヘル」という中級ホテルから、日中、三〇分間隔で、モンテ・アルバン行きのバスが出ているので、それに乗るのが一番、便利である（往復で、一八〇ペソ、日本円にして一二〇〇円程度）。

　モンテ・アルバンの大都市センターを築いたのは、今もオアハカ州に集中して住む先住民＝サポテカ人で、モンテ・アルバンの建設は先古典期の紀元前五〇〇年ころから始まり、その後、一五〇〇年という、思わず気が遠くなるような、長い年月をかけて、増改築をくり返し、現在の姿になった。その繁栄は後古典期の西暦一〇〇〇年ころまで続くが、以降、ゆるやかな衰退への道を辿って、都市センターの廃墟化が、進行していくことになる。

　やがて、オアハカ盆地の覇権は、サポテカ人の手から、彼ら同様、今もオアハカ州に集中して住む先住民＝ミシュテカ人の手に移り、モンテ・アルバンでは、一四、五世紀のものと思われるミシュテカ人の墳墓（七号墳墓）も、発見されている。ミシュテカ人もまた、この地をサポテカ人同様、「聖地」と考えていたのであろう。

　モンテ・アルバンの大都市遺構については、すでに多くの本でとり上げられているし、私自身、何冊かの拙著の中で、詳しく、記している。

遺跡は山頂を人工的に平らに造営し、その上に築かれている。都市の中心部である「大広間」には、「大神殿」と呼ばれる、三つのピラミッド神殿複合と、「マウンドＪ」と呼ばれる砲弾型の奇妙な建造物（天文台の跡と、いわれている）が建っており、それをグルリと取り囲むようにして、「球技場」や「踊る人々の宮殿」など、数多くの建造物が、建てられている。

また、その北と南には、多くの神殿複合がその上に建てられた「北の大基壇」と「南の大基壇」がそびえ立ち、偉容を誇っている。

おそらく、極めて長い年月をかけて、その増改築がくり返されてきたためであろう、個々の建造物の配置には、一見、規則性はあまり見られないように思われるが、しかし、たとえば北か南の大基壇の上に登って、遺跡全体を見下ろしてみると、全体を見渡した時の統一性が決して、蔑ろにされていないこともまた、よくわかる。サポテカ人建設者の高い美意識を感じることの出来る、都市遺跡である。

おそらく殺害された捕虜の姿を石板に刻んだものと思われる「踊る人々」の像が、多数発見された「踊る人々の宮殿」の前には、その石板が野ざらしのまま展示されているが、実はこれは精巧なレプリカで、本物はビジターセンター内のミニ博物館や、市内のオアハカ文化博物館、メキシコ・シティーの国立人類学博物館の「オアハカ室」などに、展示されている。

文化人類学者にして、考古学者のマイケル・Ｄ・コウは、かつて、この「踊る人々」の像にオルメカ文明の特徴を見出し、サポテカ文明は「メソアメリカ最古の、母なる文明」である、メキシコ

モンテ・アルバン遺跡

マウンドＪ

湾岸地方南部に栄えたオルメカ文明の影響を受けて、発生したものであると主張したが、今ではこの説はあまり、受け入れられなくなっている。

考古学的調査の進展で、湾岸オルメカ文明とほぼ同時期のものと考えられる文明の痕跡が、メキシコ湾岸地方南部から遠く離れた太平洋岸地域や、内陸のマヤ地域からも、次々に発見され、メキシコ湾岸南部をメソアメリカ文明の発祥の地とする考え方それ自体が、大きく揺らぐに至っているからである。

「踊る人々」の像は、単に似ているということだけならば、アンデス地方の太平洋岸にあるセロ・セチン遺跡から発見された、人物像に非常によく、似ている。あるいは、メソアメリカ全域だけでなく、遠く離れた南米・アンデス地方を含む、広範囲な人的・文化的交流の可能性を、それは示唆しているのかもしれない。

遺跡の入り口付近で、参加者に、遺跡の概要を話していたら、正式なガイドの資格を持たない人が、遺跡について説明することは違法であるとの、地元ガイドからの強いクレームもあったため、遺跡内を何となくブラブラ歩きながら、随所で、あたかも立ち話でもするように、遺跡についての説明をすることにした。

もちろん、ツアーの参加者の中には、遺跡やその背後にあるサポテカ人の文化について、強い関心を持っている人もいれば、まったくといっていいほど、関心のない人もいる。

たとえば、遺跡内を二時間ほどかけて歩いたとしても、関心のある人にはまだまだ、とても時間が足りないくらいだが、そうでない人はほんの三〇分ほどで飽きて、明らかに退屈してしまう人もいる。結局、どちらの人にとっても、不満の残るツアーになってしまったのではないかと、思う。自らの非力を、実感せざるを得ない。

二時間ほど後に、やって来た帰りのバスで、市内へ戻り、一緒に昼食後、解散とした。このリベラ・デル・アンヘル発着のバスの、モンテ・アルバン遺跡での滞在時間は、二時間が基本だが、もちろん、空席さえあれば、別の時間の戻りのバスに、乗ることも可能なので、遺跡で閉園時間（午後五時）ギリギリまで、粘ることも可能だ。

私とKさん、Sさんは、その後、オアハカ文化博物館へ、行くことにした。

オアハカ文化博物館には、サントドミンゴ教会の建物の一部を利用して、モンテ・アルバンやミトラ遺跡等から出土した美術品がたくさん収蔵されており、特にモンテ・アルバンの七号墳墓から発見された、ミシュテカ人の金製品等の精巧な装飾品の数々は、必見である。その他、織物等、オアハカ州の伝統文化に関する展示も多く、じっくり観ると、結構、時間がかかる。

ミトラ&ヤグール遺跡

モンテ・アルバン遺跡へ行った翌日、またしても懲りずに、田澤さんの発案で、ミトラ遺跡とヤグール遺跡へのツアーを、同様に、実施することになった。

しかし、参加者の多くは、ミトラ遺跡を見たら、もうそれでいいというので、ミトラの街で現地解散し、土方組と田澤さんのみ、そこからタクシーをチャーターして、ヤグール遺跡へも足を伸ば

モンテ・アルバンの踊る人々のレリーフ

ミトラ遺跡のレリーフ

すことにした。

ミトラ遺跡は、オアハカの市街から東に約四四キロほど、離れている。公共的な交通手段としては、オアハカの二等バスターミナルからミトラ村行きのバスが、一時間に数本、出ていて、そのバスは宿に近い一等バスターミナルの近くも通るというが、田澤さんによれば、その方が便利だということで、コレクティーボと呼ばれる行き先の決まった乗り合いタクシーに分乗して、ミトラの街へ向かう。

コレクテイーボの料金は、普通のタクシーの半額程度というが、地元の人やスペイン語に堪能な人はともかく、そうでない旅人には、あまりしやすい乗り物とは、いえない。ミトラ村までの所要時間は、だいたい、一時間から、一時間半くらいと考えておけば、ＯＫ。

また、二等バスやコレクティーボは、直接、遺跡までは行かないので、ミトラ村から遺跡まで、一〇分以上、歩く必要がある。初めての人はわかりにくいので、最初から普通のタクシーをチャーターして、行った方がいいかもしれない（私も、以前、ひとりで行った時は、タクシーでした）。

ミトラの都市遺構が建設されたのは、一〇世紀から一二世紀にかけてで、これはモンテ・アルバンの衰亡期に合致する。そのため、ミトラをサポテカ人に替わって、オアハカ盆地の覇者になったミシュテカ人によって築かれた都市センターだとする説もあるが、もともとはサポテカ人によって築かれた都市センターを、ミシュテカ人が再利用したものだとも、考えられる。

都市遺構はミトラ村の随所に点在しているが、その内、見事な幾何学紋様のレリーフの残る「列柱の神殿」と呼ばれる一角のみが、柵でその周囲を厳重に囲まれ、入場料を取って、一般公開されている。

また、この「列柱の神殿」に隣接して建てられているサンパブロ教会の裏手に回ると、その基礎部分に幾何学紋様のレリーフが残っていて、教会が「異教徒の神殿」を破壊して、その上に、文字通り、建設されたことがハッキリわかって、興味深い。

スペイン人はこのようにして、「悪魔の巣窟」を破壊し、その上に「聖なる教会」を建てることで、力づくで先住民に、キリスト教への改宗を迫ったのである。

ミトラ遺跡は、モンテ・アルバンの崇高とさえいえる建造物群と比べれば、規模も小さく、文明力の衰えが顕著だが、その壁面を覆い尽くす幾何学紋様は、その上段・中段・下段でそれぞれ、異なる連続文様になっているなど、精緻を極め、それはそれで、見事なものである。

ミトラ遺跡を出たところで、ツアー参加者と別れ、田澤さんの交渉でタクシーを雇い、ヤグール遺跡へ向かう。それ以外に、遺跡へ行く手段はない。

オアハカとミトラを結ぶ二等バスで行く方法もないわけではないが、その場合、トラコルーラという街の近くで、バスを途中下車して、遺跡の標識を頼りに、あとはひたすら、歩くしかない。ヤグールの都市遺構が建設されたのは、ミトラと同時期か、やや時代的に新しく、そのため、ミシュテカ人によって建設された都市センターであると考えられているが、あるいはその建設に、サポテカ人が動員された可能性もある。

現在、残っている主な建造物は、内部が複雑な迷路のようになっている宮殿の基壇部分と、比較的規模の大きな球技場くらいなもので、見る影もないが、遺跡の管理事務所があって、キチンと入場料を取っている。

都市遺構の背後にある小高い丘の上に登ると、遺跡全体を眺めることが出来、また、観光客がほとんど訪れることもなく、あたりを恐ろしいほどの静寂が支配していて、ある意味、遺跡らしい遺跡であると思う。

ミシュテカ人は「黄金文化」とはほとんど無縁のメソアメリカでは珍しい、金銀細工に優れた集団で、その墳墓などから発見された金銀を使った精緻な装飾品の数々を、オアハカ文化博物館や、メキシコ・シティーの国立人類学博物館等で、見ることが出来る。

「生命の木」

マヤを始め、メソアメリカ各地の神話には、「世界樹」もしくは「生命の木」と呼ばれる大木に関するエピソードが、頻繁に登場する。

「生命の木」は、文字通り、世界の中心に立ち、その根を地下世界（冥界）に伸ばし、地下世界と天界とを結びつける役割を果たしている「世界の中心軸」の象徴で、その枝を四方に伸ばし、しばしば、キリスト教の十字架に似た姿で描かれる。

オアハカのサントドミンゴ教会の内部の壁面を埋め尽くす「生命の木」の意匠は、先住民の土着文化が、征服者であるスペイン人の持ち込んだキリスト教の文化と、まさに融合した姿に、他ならない。

ヤグール遺跡

その球技場

その過剰にして精緻、極彩色に彩られたレリーフは、キリスト教に改宗しなければ生き残れなかった先住民たちの、したたかな生きるための知恵でも、あったのであろう。

来訪者と会うため、まだ、少し、時間があったので、宿に戻る途中、サントドミンゴ教会に立ち寄って、その薄暗い大聖堂の中で、満天を覆い尽くす「生命の木」を見上げながら、ベンチに座って、しばらく休息した。

「生命の木」は、宇宙そのものであり、そのいわば胎内でまどろんでいると、時間の流れそのものが、まさに、止まる感じ。このまま、いつまでもここで、まどろんでいたいとは思うが、私には待ち合わせ時間がある。

外に出ると、止まっていた時間が、また動きだし、先住民の民族衣装を着けた少女たちが教会の前に集まって、談笑していた。

他に楽器を手にした男なども、三々五々、集まって来ているので、何か催しでもあるようだ。屈託ない少女たちの、はじけるような笑い声を聞いていると、彼らの間にこそ、「生命の木」はしっかりと、根を下ろしているのだと、私は柄にもなく、ロマンティックに、そう思った。

オアハカは、旅人にもやさしい、本当に、いい町です。メキシコに行った際には、是非是非、お立ち寄りを……。

第4章　チアパスのマヤ遺跡とまだ見ぬピエドラス・ネグラスへ

——マヤとオルメカ、その起源と衰亡——

やや長い、前置き

二〇一一年の四月から五月にかけて、グアテマラに行ってから、ほぼ一年後の二〇一二年四月、メキシコに行くことにした。本当は前年の雨季明け、一一月ごろに、行くつもりだったのだが、急遽、友人とカンボジアに行くことになって、翌年の四月まで、延期したのだ。

ところが、その年の年末に、私は務めていた業界紙のオーナーより、来年の一月一杯で、諸般の事情があって、その業界紙を廃刊にせざるを得ない旨、通告された。私の収入の大半は、実は、その業界紙の編集によるものだったので、それがなくなれば、いつの間にか、ほとんど開店休業状態になっていた、フリーランスの仕事だけで、到底、食べていけるとは思えなかった。

一月末の業界紙の廃刊後も、東京の秋葉原にあった、その業界紙の事務所を閉鎖し、その他、会社が完全に解散するまでには、思っていた以上に、いろいろな残務処理もあって、それにも最後までつき合ったので、結局のところ、それで三月一杯を費やし、完全にフリーな状態になったのは、ようやく、四月に入ってからのことである。

秋葉原の事務所は、同時に、私のフリーランスのライターとしての、もちろん、非公然拠点でもあったので、それを自宅に移し、私は業界紙発行元の一応「社員」でもあったので、とりあえずは、失業保険の受給を受けて、その後は、六〇歳を過ぎていたので、年金のくり上げ受給を、申請することにした。

とはいうものの、受け取れる年金額は、くりあげ受給のため、減額され、月に、たかだか、一三万円とちょっと。それに対し、自宅マンションのローンは毎月一六万円あり、途中で、死なない限り、八〇歳まで、これを払い続けなければならない。つまり、月々の生活費は別にして、すでに三万円のマイナスで、これでは、どだい、生活など、出来るわけもないのである。

多少の蓄えがあったので、今のところ、幸い、はやりのローン破産にはならなくてすんでいるものの、失業保険の支給が終わった後は、フリーの仕事が入らない限り、毎月、毎月、老後の蓄えを食いつぶす生活になる。蓄えは、当然、いつかはなくなるわけで、その時のことを考えると、ハッキリいって、のうのうと、旅行などに行っているどころの、話ではない。フリーの仕事を、何とか、少しでも回してもらえるよう、なりふり構わず、あれこれ、つてを辿って、編集者や編集プロダクション回りでもした方がよいのではないかなどとも、考えないではなかった。

しかし、あまり先のことは考えないという、いつもの（ある意味、最悪の）選択を、私は、した。まぁ、タイ人じゃないけれど、マイ・ペンライ、何とか、なるんじゃない（ならないとは、思うけど……ねッ）。

ということで、四月のメキシコへの旅は、とりあえず、予定通り、行くことにしたのである。

ところで、前回の、グアテマラのペテン地方を回る旅で、実は、行きたいと思いつつも、計画の段階で、断念したところが、二カ所あった。ひとつは、ドス・ピラスで、もう一カ所が、ピエドラス・ネグラスである。

ドス・ピラスは、第2章でも書いたが、ティカルの王統に連なるバラフ・チャン・カウィール王が、ティカルから独立して、西暦六五〇年ごろ、建国した都市国家で、その独立がティカルの宿敵、カラクムルの支援を受けてのものであったことは、よく知られている。しかし、七六一年、ドス・ピラスは、カウィール・チャン・キニチ王の治世に、近隣の都市国家であるタマリンディートとの戦いに敗れ、第二の都市であったアグアテカに逃れて、そこに王都を移すことになった。二〇一一年の旅では、そのアグアテカには行ったのだが、ドス・ピラス本体へは、交通事情があまりにも悪く、また、日程との関係もあって、行くことを、泣く泣く、断念せざるを得なかったのである。

もう一カ所のピエドラス・ネグラスは、ウスマシンタ川の、グアテマラ側の沿岸にある、中規模なマヤの都市遺構である。遺跡それ自体は、密林に埋もれて、ほとんど何も残っていないというが、この遺跡から出土した碑文の解読に、ロシア出身の言語学者、タチアナ・プロスコリアコフが成功し、今では常識になっている、マヤの碑文にはその王朝史が記録されているという事実を、彼女が初めて、明らかにした。そういった意味で、ピエドラス・ネグラスは、いやしくも、マヤ学を学ぶ者にとっては、一度は訪れたいと願うであろう、場所である。

ただし、船着き場のあるサヤスチェからは、かなり離れていて、この遺跡に行った、前述のマクドナルド清子さんによれば、片道「四時間半」もかかったという。これでは、日程的に、行くことは難しいだろうと、やはり、計画のごく初期の段階で、訪問を断念したのである。

だから、主に、チアパスのマヤ遺跡を回る今回のメキシコの旅では、国境を超えて、地図を見た限りでは、近いように思われる、ピエドラス・ネグラスにも、何とか、行くことが出来ないだろうかと、そう考えていたのである。

しかし、そのことを、メキシコ観光（旅行社）に相談すると、いかに地理的に近くとも、ピエドラス・ネグラスはグアテマラ領にある以上、そこの部分だけ、手配は別途、グアテマラの旅行社に依頼することになり、その分、料金がかなりお高くなってしまうが、それでもいいですか、との回答であった。

もちろん、目下、「失業者」状態の、今の私には、今回の旅行に、湯水のようにお金をかけることなど、出来るわけもなく、かかるであろう金額を聞いて、ピエドラス・ネグラスに行くことは、諦めて、差し迫った旅の準備を進めていたところ、メキシコの地元旅行社より、メキシコ観光の担当者に、もしかしたら、メキシコから越境して、行くことが出来るかも？　という、メール連絡が入ったとのこと。

その後、数日して、さらに連絡があって、メキシコ側の旅行社の手配で、ピエドラス・ネグラスまで行くことが出来る手はずが整った、という。結構、大変な船旅になりますが、それでも行きますか？　とのこと。

もちろん、私に断る理由など、何もなかったので、即決で、行くことにした。

まずは、ラ・ベンタ遺跡へ

四月一四日、成田から、午後のアエロメヒコの便で、メキシコ・シティーに向かった。アメリカ（合州国）経由は、もうこりごりだったので、今回は、週に三便（月・水・土、メキシコ・シティーからの帰路は、月・木・土）運行されている、アエロ・メヒコの直行便を、使うことにした。

アメリカ経由の乗り継ぎ便の方が、料金的には安いかもしれないが、一三時間のフライト時間で、ただの一度も機内から外に出ることなく、メキシコ・シティーまで行くことが出来るのだから、身体的にも、また、アメリカで、また、あの、文字通り、身ぐるみ剝がれるような、入国審査を受けなければならないのかなぁ……という、イヤ～な思いをしなくてすむ分、気持ちの上でも、断然、こちらの方が楽である。

メキシコ・シティーの国際空港は、ターミナル1と同2とに、分かれているが、現在、ターミナル2はアエロメヒコの専用ターミナルとなっているため、引き続き、アエロメヒコの国内便（もしくは国際線）を利用するのであれば、乗り継ぎも極めて、楽である。到着ロビーで、機内預けの荷物を受け取って、入国審査を受けた後、再び、荷物を預けて、そのまま、一階上の出発ロビーに、エスカレーターで、向かえばよい。

私の場合、その日の内に、ビジャエルモッサへの国内便に乗り継ぐことにしており、空港での待ち時間は、三時間あまり。三時間は長いが、どこかへ行くのには、あまりにも短いしなぁ……と、思っていたら、以前、メキシコ学勉強会に参加していて、今はメキシコ在住のMさんが、わざわざ、空港まで会いに来てくれたので、到着ロビーのスタバでお茶している内に、あっという間に、国内線の搭乗時間になった。感謝。

ビジャエルモッサは、メキシコ湾に面したタバスコ州の州都で、近年は石油産業の町として、知られている。メキシコ・シティーからは、一時間半ほどのフライトである。

以前、この空港に初めて着いた時のことを、私は、まるで昨日のことのように、思い出していた。その時の旅では、私はオアハカからビジャエルモッサへ向かう国内便に乗る予定だったのだが、その便が、いかなる理由によるものか、「ノー・フライト（欠航？）」になったことから、そのビッグ・トラブルは、始まった。

その前日、私がオアハカのホテルで夕食をとっていると、そこにオアハカの地元旅行社のガイドがやって来て、翌日のビジャエルモッサ行きの飛行機が「オーバー・ブッキング（えっ、欠航じゃないの？）」になったので、別の航空会社の便に変更する方向で、話を進めているという話があった。実は、その話は、メキシコ・シティーの旅行社からも、その少し前に、部屋に電話が入っていて、メキシコ・シティーの旅行社の方で、いったん、オアハカからメキシコ・シティーに戻り、そこでビジャエルモッサ行きの飛行機に乗り継ぐという方向で、もう再手配済みだということであったので、そのことをやって来たオアハカの旅行社の人に告げると、それでは、時間もかかるし、あなたが大変です、オアハカからビジャエルモッサに向かう、別の航空会社の便に変更出来るよう、ウチで何とかしますから……というので、それではその件では、メキシコ・シティーの旅行社と、くれぐれもよく話し合って、どうするか、調整して下さいねと、私は答えた。

ところが、部屋に戻って、一応、メキシコ・シティーの旅行社にも電話を入れ、その旨を伝えると、オアハカの旅行社からは何の連絡も入っていないし、第一、そんな勝手なことをされても困る、その件ではもう、ウチで手配済みなので、とにかく、いったん、メキシコ・シティーまで戻って来て、そこからビジャエルモッサ行きの飛行機に、乗り換えて下さい、ビジャエルモッサからパレンケのホテルまでの送迎も、すでにその新しい便の到着時間に合わせて、ちゃんと、変更済みですと、いうのである。じゃあ、そうしますから、その件は、ちゃんと、オアハカの旅行社にも伝えておいて下さいねと、念を押して、私は電話を切った。

ところが、翌日、やって来たオアハカの旅行社のガイドは、そんな連絡は入っていないし、大丈夫です、何とかなります、私に任せて下さいの、もう一点張りなのだ。

で、結局のところ、どうなったのかというと、何とかなんて、全然、ならなかったのだ。

つまり、ビジャエルモッサ行きの別の航空会社の便に変更できるというのは、そのオアハカの旅行社のガイドの、一方的な思い込みだけで、その便もすでに満席で、変更できないという現実を、空港のカウンターで突きつけられて、オアハカのガイドは、困り切っている。

でも、メキシコ・シティーに戻る便は、もうメキシコ・シティーの旅行社で確保済みのハズだから、それで戻って、ビジャエルモッサ行きの便に乗り継ぐからいいよと、私がいうと、実はその便は、オアハカの旅行社の勝手な判断で、すでにキャンセルしてしまったのだと、そのガイド氏（氏といっても、女性だったけど）。ガーン。

結局のところ、その便に再度、席を確保しようとしたが、すでに満席で、その次の便で、私はメキシコ・シティーに、戻ることになった。でも、その次の便でメキシコ・シティーに戻って、乗り継ぐことの出来るビジャエルモッサ行きの便は、果たしてあるのか。ガイドは、それも大丈夫、私、今、手配しましたというので、では、もう、それでいいので、どうか、メキシコ・シティーの旅行社に電話して、ビジャエルモッサ空港での送迎時間の再変更（当然、さらに遅い到着時間になるので）を、キチンと伝えてねと、私。ハイ、必ず、伝えますと、満面の笑顔で、マルガリータさんは、そう、のたまった（あっ、名前、書いちゃった）。

ところが、誰が悪いのかは、ついにわからず仕舞いだが、その連絡は全然、ビジャエルモッサ・サイドには伝わっていなくて、場末の停車場然とした、深夜のビジャエルモッサ空港で、私は送迎の車もなく、呆然と立ちすくむことになったのだ。

メキシコ・シティーの旅行社に電話しても、深夜なので、もう誰も出ないし、その日、泊まることになっているパレンケのホテルに電話をしても、そこからホテルまでは二時間もかかるので、送迎車を出すのは無理、何とか、自力で来て下さいという、素っ気ない応答。

仕方がないので、自力で大枚払って、タクシーに乗って、そのホテルに、向かう羽目になった（もちろん、後で、メキシコ・シティーの旅行社に弁償させたが）。ペソで、ある程度、現金を持っていて、本当に、よかった。なければ、ビジャエルモッサの空港で、夜明けを待つしかなかった。

メキシコ・シティーの旅行社とオアハカの旅行社の関係は、後者が前者の下請けという関係。でも、その両者が、それぞれ、勝手な思惑で手配をした挙げ句に、その両者の間の意思疎通は皆無というのが、そのビッグ・トラブルの、要は原因だ。まったく信じられないが、こういうことが起こるのもまた、メキシコという国なのだ。

そして、しばしば、あれこれあっても、結果オーライになることも多いのだが、その時はついに、結果オーライにはならなかったというだけである（涙）。

そのことを思い出す度、ふつふつと怒りが涌いてくるが、それはさておき、今と違って、いかにもローカル然とした、ビジャエルモッサの空港で、深夜、迎えの車もなく、呆然と立ちつくしていた時の心細さは、未だあまり、旅慣れしていない当時の私にとって、いかに、筆舌に尽くしがたいものだったか……。

そんなことを思い出して、感慨にふけっていると、遠くで、何か叫んでいる人がいて、よく見ると、手に私の名を、ローマ字で大書した紙を持っている。今回の旅の前半のガイドの人で、あとで悪口も書くので、その名を仮に、Ｐさんとしておこう。

Ｐさんの運転する車で、空港からは三〇分ほどの距離の、ハイアット・リージェンシーに向かった。一泊一〇〇ドルクラスの高級ホテルで、有名なラ・ベンタ遺跡公園までは、歩いても一〇分ほどの近さである。今回は途中から、結構、過酷な旅になりそうだったので、ホテルくらいは少し高くても、快適に過ごせるところをと、考えたのだ。

ラ・ベンタ遺跡公園の近くといっても、今回は、遺跡公園に行くことが目的ではなく、ラ・ベンタ遺跡そのものに行くことが、その目的である。

ラ・ベンタ遺跡は、メキシコ湾岸地方で栄えた、メソアメリカ「最古」の文明といわれる、オルメカ文明の祭祀センターの遺跡で、一辺七九メートル×一三八メートルの、盛り土をした巨大な基壇の上に、これまた土のピラミッドが、築かれた。この祭祀センターが築かれたのは、出土物の年代測定の結果、紀元前八〇〇～三〇〇年ころのことで、紀元前一二〇〇年ころまで遡ることが出来る、湾岸オルメカ文明の、文字通り、中期を代表する遺跡であるといえる。

ところで、一九六〇年代の前半に、同遺跡を含む地域に、石油関連施設が建設されることになり、祭祀センターが破壊される恐れが生じたため、その出土物を保存する目的で、ビジャエルモッサの市街地から三キロほどのところに、新たに「ラ・ベンタ遺跡公園」が建設され、有名な巨石人頭像を含む主要な三三の出土物が、そこに移設され、野外展示されることになった。しかし、結局のところ、遺跡それ自体も、貴重な文化遺産であるとして、破壊を免れ、保存されることになったのである。

こうして、ラ・ベンタ遺跡そのものと、それとは別に、ラ・ベンタ遺跡公園とが出来たのだが、遺跡本体は、ビジャエルモッサから一三〇キロも離れている上に、そこからの出土物はすべて、遺跡公園に移設済みのため、「ラ・ベンタ遺跡」といえば、一般的には、この遺跡公園のことを、指すようになったのである。

私は、前回、この町に来た時、遺跡公園はすでに見ていたので、今回は是非、遺跡そのものを見たいと考え、旅行社にそう、リクエストを入れていた。

ガイドのPさんは、英語で、明日は、ラ・ベンタ遺跡に寄ってから、再びUターンして、パレンケ遺跡にも行きます、とても時間がかかるので、出発は朝の六時になりますといい、五時半にモーニング・コール、OKね？　といって、私の返事も聞かずに、フロントの人に、モーニング・コールを頼んで、そそくさと、帰って行った。

翌朝、まぁ～だ、薄暗い中、起きて、六時少し前にはロビーに下りて、Pさんを待った。ところが、六時を過ぎても、六時半になっても、Pさんは現れない。前日、Pさんの携帯の電話番号を聞いておいたので、電話してみるが、Pさんは出ない。結局のところ、Pさんが現れたのは、七時近くになってからのことだった。

足をわざとらしく引きずり、今日、家を出てから、毎度お馴染みの「ビッグ・トラブル」にあった、というのである。どうやら、曖昧な表現ながら、交通事故にでもあったといいたいようなのだが、足を大げさに引きずって見せたのは、その時だけのことで、私の荷物を持って、スタスタと歩き始めると、もう、忘れてしまったのか、その日は最後まで、足を引きずるまねをすることはなかった。

で、結局のところ、出発時間は一時間の遅れの午前七時過ぎで、これなら、朝ご飯も、ホテルのレストランで、ゆっくり、食べられたけど、六時ジャストの出発ということで、朝食はお弁当にしてもらったので、それをやたら揺れる車内で、食べる。

あたかも、遅れた分を少しでも取り戻そうというかのように、車はもの凄いスピードを出して、ひた走り、一時間とちょっとで、ラ・ベンタ遺跡のすぐ近くにまで、やって来たらしい。

「ここまで来れば、あと、もうすぐです。少し、休んで、朝食にしていいですか?」と、Pさんがいうので、OKすると、Pさんは大きな道路沿いの、コンビニエンス・ストア風の店の前で、車を止めた。甘いパンをふたつほど買って、コーヒーも頼んで、それを朝食にするらしい。私もコーヒーだけ買って、カウンターにもたれかかって、外を眺めた。

さすが、石油産業で繁栄する町、道路は広く、行き交う車の量も、多い。スピードを落とすことなく、大型車が何台も、店の前を通り過ぎていく。道路の向こうは、何もない原野がどこまでも続き、殺風景、この上ない。メキシコというよりは、どこかアメリカ（合州国）的な、光景だ。

また、車に乗って、しばらく走ると、フェンスで囲われた土地があって、そのフェンス越しに、緑に覆われた、なだらかな小山が見えてきた。どうやら、それがラ・ベンタのピラミッドらしい。

ラ・ベンタの巨人

一八六二年、ラ・ベンタからさらに西方の、やはり、メキシコ湾岸にあるトレス・ザポテスにおいて、地元の農民によって、偶然、一体の巨石人頭像が発見された。それは耕地に半ば埋もれた状態で発見されたが、掘り起こしてみたところ、高さにして一・五メートル、重さは実に八トンもある巨大な人頭で、ヘルメット状のものを頭にかぶり、ぎょろ目と扁平な鼻、分厚い唇とが、その特徴だった。

よく似た巨石人頭像は、その後も、サン・ロレンソやラ・ベンタ等、メキシコ湾岸地方から、計一七体、現在までに発見され、湾岸オルメカ文明を象徴する遺物のひとつになっている。

この巨石人頭像に興味を持った、米国の考古学者、マシュー・W・スターリングは、一九三八年に初めて、トレス・ザポテスを訪れ、多くの人工の土のピラミッドを発見した。その後、スターリングはナショナル・ジオグラフィック協会等の支援の下、トレス・ザポテスやサン・ロレンソ、ラ・ベンタ等の調査を行い、その成果に踏まえて、この文明を「オルメカ文明」と名づけると共に、マヤ文明などに先行する「メソアメリカ最古の文明」であるとの、確信を深めた。

オルメカとは、「ゴムの国の人々」という意味のナワ語で、一六世紀にスペイン人が同地にやって来た時、メキシコ湾岸地方に移住・定着していた人々が、そう呼ばれていたという事実に、由来するものである。

つまり、北方からの、後世の移住者である彼らと、元々、この地に住んでいた「オルメカ文明」の担い手とは、同じ人々ではない。オルメカ文明の担い手が、一体、何語を話す人々であったかさえも、諸説があって、実際のところ、未だ、判明していないのである。

スターリングに続き、オルメカ文明の遺跡を発掘・調査した、著名な文化人類学者にして、考古学者のマイケル・D・コウは、オルメカで発見された、未だ未解読の文字には、マヤ文字の原型と考えられるものが多いことなどから、オルメカ文明はマヤ文明など、メソアメリカ各地で栄えた文明の基礎になった、いわば「母なる文明」であったと結論づけ、これが、ほぼ「定説」として、定着するに、至っている。

この湾岸オルメカ文明が栄えたのは、出土物の年代測定等から、紀元前一二〇〇年ころから、紀元前後にかけてであることが、わかっている。その前期を代表する遺跡が、サン・ロレンソであり、中・後期を代表する遺跡が、ラ・ベンタである。

しかし、近年の新発見や考古学的調査の進展により、オルメカ文明とほぼ同時代、もしくは、やや遅れて、マヤの地でも、エル・ミラドール等、巨大な石造都市が築かれたこと、マヤ文明の起源が、これまで考えられていたより、ずっと古いことが、明らかになっている。

つい最近、グアテマラのセイバル遺跡の発掘調査を行っていた猪俣健アリゾナ大教授を中心とする調査団は、最古の神殿基壇を発見し、その年代測定を行った結果、紀元前一〇〇〇年ごろのものであることが判明したと、発表した。つまり、マヤの起源はオルメカのそれと、あまり変わらないのである。

また、メキシコからグアテマラの太平洋岸でも、湾岸オルメカ文明とほぼ同時期に、湾岸オルメカとは異なる特徴を持った巨石人頭像が造られていたことなども、今日では、明らかになっており、マイケル・D・コウのいうように、湾岸オルメカが、果たして、メソアメリカ文明の「母なる文明」であったのか、どうか、疑義を呈する研究者も、次第に、多くなりつつある。

つまり、湾岸オルメカ文明は、そのメキシコ湾岸地方を始め、メソアメリカ各地で発祥し、その相互交流によって、次第に、メソアメリカ文明全体に共通する、いわばその土台になる部分をつくっていった、そうした文明の、あくまでひとつであるに過ぎないという考え方を取る研究者も、かなりいるのだということを、ここではとりあえず、知っておいていただければ、それで、結構である。

しかし、湾岸オルメカ地方が、メソアメリカ文明の発祥の地であるかどうかは、さておいて、それが極めて古い時代に花開いた文明であることは、もちろん、確固たる事実である。

日本でも、二〇一〇年、京都と東京において、「古代メキシコ・オルメカ文明展」が開催され、盛況であった。決して、マヤ・アステカだけでない、メソアメリカ各地の多彩な文明が、一部の研究者や愛好家だけでなく、かなり広く、知られるようになってきた。

池袋の古代オリエント博物館で開催された「古代メキシコ・オルメカ文明展」では、残念ながらレプリカしか展示されなかったが、京都文化博物館で開催された同展では、サン・ロレンソから出土した巨石人頭像（第4号記念物）が、一階ホールに展示され、その巨大さと重厚感に、参加者の目が釘づけになった。オリエント博物館で本物が展示されなかったのは、あまりにも重すぎて、サンシャインシティの七階にある、同博物館の床が、それに耐えられない可能性があると、判断されたからだという。巨石人頭像の、まさに凄まじいばかりの、巨大さである。

そうした玄武岩の巨石が切り出されたのは、トレス・ザポテス遺跡の近くにあるトゥストラ山地からだということが今ではわかっているが、そこからラ・ベンタは実に、直線距離にして、一〇〇キロ以上も、離れている。サポテカ文明の担い手たちは、巨石を、ラ・ベンタまで、運んだのである。つまりは、そうした作業に、膨大な人力を動員できるだけの強大な権力を、オルメカの指導者たちは有していたのである。

ちなみに、ラ・ベンタ遺跡で発見された巨石人頭像は、全部で四体である。そのすべてが、ラ・ベンタ遺跡公園やメキシコ・シティーの国立人類学博物館等に運ばれてしまったため、ラ・ベンタ遺跡にある巨石人頭像は、残念ながら、すべて、レプリカだ。

遺跡の入り口となるゲートにも、その一体の巨石人頭像のレプリカが、置かれていた。入場料を払って、ゲートを入ると、遺跡全体の立体模型が展示されていて、付属の博物館もある。そこは後で見ることにして、とりあえず、遺跡全体の見取り図を頭に入れた上で、遺跡に向かった。遺跡といっても、前述の通り、土のピラミッドは、完全に緑に覆われた、自然の小山になりはてている。

息を切らせながら、その小山を登り切ると、一気に視界が開けて、フェンスで囲まれた遺跡エリア内に、巨石人頭像やその他の出土物のレプリカが点在している様が、ハッキリとわかる。そのフェンスの彼方には、石油コンピナードの白い建物と、無数の鉄塔や煙突が、見える。グルリ三六〇度、目を反対側に転じると、遠くに小さな町があり、教会の白い建物も見えるが、あとはただただ、何もない原野が、四方に拡がるばかりである。

しばらく、土のピラミッドの上で四方を眺めたあと、山を下りて、敷地内を歩いた。壁がんから身を乗り出す人物（おそらくは、王の先祖）のレリーフを施した、有名な王座のレプリカなどもあるが、当然のことながら、それらはすべて、以前、来た時に、遺跡公園の野外展示で見たものである。

Pさんに、それらが置かれているのは、それぞれの、元々の発見場所なのかどうか、訪ねたが、よくわからないようである。要は、ただ適当に、敷地内にレプリカを配置しただけの可能性も、ないわけではない。

敷地内を一周したのち、前述のミニ博物館にも寄った。その展示物の中には、一六体の人物が、儀礼用の六個の石斧と共に、あたかもジオラマを見るように配置された、「供物4号」と呼ばれる有名な出土物などもあるが、これも本物はすでに、メキシコ・シティーの国立人類学博物館で見ている。オルメカの人々による祭祀の模様を、垣間見ることが出来る、貴重な資料である。

その中で、初めて見たのが、一枚の古い写真で、夫人を伴い、馬に乗って、帽子をかぶった、いかにも冒険者然とした、背広姿の人物が写っている。写真の説明によると、その人物こそが、オルメカ文明の遺跡を初めて調査した、マシュー・W・スターリングであるという。背後に、それに従う、複数の作業員の姿も、写っている。博物館の展示物には、どうせすべてレプリカだろうと、まるで期待していなかったが、この写真を見ることが出来ただけでも、来た意味はある。

オルメカの巨石人頭像が、一体、何者なのかは、ハッキリとはわかっていないが、おそらく、オルメカの支配者か、戦士の像であろう。その容貌から、もしかしたら、アフリカ人？という人もいるが、スターリングは、そうは考えずに、先住民のモンゴロイド的な要素を誇張して表現したものと、考えた。私も、それが一番、正解に近いと思う。

実は、日本を中心にした世界地図では、アフリカとアメリカ大陸は、その両端だが、地球は丸く、実際には、両者は大西洋を挟んで、向かい合っており、距離的にも、意外に、近い。だから、アフリカ人が大西洋を越えて、メキシコに渡来した可能性は、もちろん、皆無とはいえないが、だからといって、彼らがオルメカの支配者にまで登り詰めたという可能性は、限りなく、ゼロに近いと、いわざるを得ないだろう。

また、そうした考えた方は、それ自体が、メソアメリカ文明の担い手たちが、古代アトランタ人や宇宙人であるなどという考え方と、実は、五十歩百歩である。

巨石人頭像は、決して、単体で発見されているわけではない。それは祭祀センターの周辺で、様々な記念物と共に、発見されているのである。様々な記念物というのは、前述した儀式用の石斧や王座であり、また、熱帯雨林に住む動物である、ジャガーや蛇、ワニなどをモチーフにした、土器や土偶等々である。これらは、実は、メソアメリカ各地に広く流布しているものであるが、一般的には「オルメカ様式」と、呼ばれている。

また、ジャガーと人間、その双方の特徴をもった、「ジャガー人間」と呼ばれる、モチーフの土

ラ・ベンタの遺跡

マシュー・W・スターリング（手前右）

偶等の出土物も、数多く、発見されている。それは、しばしば、子供の姿をとることが多く、「ベビー・フェイス」などとも呼ばれているが、これは神であるジャガーと、人間の混血を意味するもので、オルメカの人々は、おそらく、それを神の化身として、崇拝していたのであろう。

王座は、その上に、オルメカの支配者が、実際に儀式等で、座ったのであろうが、その上部には地上世界のレリーフが施され、また、神聖な場所と考えられている、地下世界に通じる洞窟から、祖先の人間が顔を出す図像が、描かれている。こうした宗教観や世界観もまた、オルメカだけでなく、メソアメリカ各地に、共通するものであるといえる。

つまり、くり返しになるが、それらは湾岸オルメカ文明独自のものというよりは、むしろ、その湾岸地方を含む、メソアメリカ各地で発生した文明が、その活発な経済的・文化的な交流の結果、互いに影響し合い、いわば、その共通する基盤として、育んできたものなのだ。

そんなことを考えつつ、私はラ・ベンタ遺跡を後にした。ラ・ベンタから、次の訪問先、パレンケまでは、約三時間ほどのドライブである。

パレンケ遺跡へ

かつてあったパレンケの空港は、現在は、チャーター便の離発着のみに、使用されている。つまり、パレンケ遺跡に行くのには、ビジャエルモッサまで行って、そこからバスか、チャーターした車を利用して、片道二時間かけていくしか、今のところ、方法がない。

遺跡から八キロほどの近距離に、遺跡と同名の、パレンケという小さな町があって、そこに観光客向けのホテルやレストラン、旅行社等が、集まっている。

パレンケの町からは、遺跡行きのミニバスが、ほぼ一〇～一五分間隔で、頻繁に出ていて、遺跡まで、約二〇分で着く。各旅行社では、後述するボナンパックやヤシュチラン遺跡への日帰りツアーや、国境を超えて、グアテマラのフローレスへ行くシャトルバスのチケット等も、扱っている。

まずは、そこを目指す。私はこの町の、ミシオン・パレンケという高級ホテルに、二泊することにしていた。一九九三年に、初めてパレンケに来た時にも泊まったホテルで、特段、思い入れのあるホテルというわけでもなかったので、特に、宿泊先として、ここを指名したわけではない。宿の選定は旅行社に任せたのだが、結果的には、偶然、二〇年近く前に泊まったホテルに、再び、泊まることになった。

以前、泊まったミシオン・パレンケは、確か、中庭に、立派なプールがあったということ以外に、ほとんど、何も覚えていないが、さすがに、あれから二〇年もたっているので、リニューアルされたらしく、ロビーとレストランのある中央棟の両サイドに、二階建ての真新しい建物が、ちょうど、鳥が羽を拡げたような格好で、建っていて、室内の装飾は、片方が青、もう片方は赤に、色鮮やかに、統一されている。

中庭の立派なプールも、建物に合わせて、改装されたようで、とにかく、泳ぐのと、プールサイドで寝そべって、身体を焼くのが大好きな、白人グループ（もちろん、必ずしも、同一メンバーとは限らないが、私にはみんな、同じ人々に見える）によって、早朝から夕方まで、常に、占領されている。彼らは、一体、いつ、遺跡観光に行くんだろう。

高級ホテルなので、当然といえば当然だが、お湯の出るシャワーも、エアコンも、テレビも、その他諸々、急な雨になった時、宿泊棟から少し離れた中央棟に、ぬれずに行くための傘まで、宿泊客が必要なものはすべて、室内に完備されていて、設備的には、何の問題もないホテルだが、難をいえば、白人の団体客中心のホテルなので、レストランで夕食を取ろうとすると、その広い室内のほとんどが、すでに、ビュッフェ形式の夕食を取っている団体客に占領されていて、個人客は屋外の、テラス席の片隅くらいしか、着席する場所が空いていないこと、もちろん、ビュッフェ以外にも、アラカルトで料理を頼むことは出来るのだが、出来上がるまでに、相当、時間がかかること、くらいだろうか。

かといって、夜、薄暗い外に出て、町の中心部のレストランまで歩いていく気にもならないので、あきらめて、ここで、食事を取るしかない。もっとも、この町にある高級ホテルは、そのほとんどが、町の中心部（ソカロ）からは遠い場所に建っているので、食事はホテルで食べるしか、選択肢がないのが、実情だ。

パレンケ遺跡は、もっともポピュラーなマヤ遺跡のひとつだし、私がこれまで出した何冊かの本の中でも、すでに詳細に、記してきた。なるべく重複は避けたいが、とはいうものの、本書の読者が、それらを読んでおられるかどうか、わからないので、出来るだけ、簡潔に、以下、記しておきたい。

パレンケ遺跡は、グアテマラのティカルや、ホンジュラスのコパン、ベリーズのカラコル、そして、同じメキシコの、カラクムル等と並んで、マヤの「最盛期」とされる古典期を、文字通り、代表する、大規模な都市遺構で、グアテマラ・ペテン地方を中心地とする、中部低地の南西端に位置し、チアパス高地の裾野に拡がる、降雨量の多い広大な熱帯雨林の、その緑の海の上に浮かぶ、あたかも小島のような、美しい遺跡である。

まずは、遺跡の入り口で入場チケットを買って、中に入ると、まず見えてくるのが、それぞれ、「骸骨の神殿」「神殿13」「碑文の神殿」と呼ばれる、三つの建造物で、同じひとつのマウンドの上に、築かれている。

一番、ゲートに近い、右端にある「骸骨の神殿」は、マヤ・アーチのある神殿の柱に、兎の頭蓋骨のレリーフが彫られていたことから、そう名づけられた。また、中央の「神殿13」からは、一九九三年に、その内部から墓室が発見され、石棺の内部が赤く着色されていたことから、「赤の女王」の墓と呼ばれ、現在では、その内部の墓が、中に入って、見学出来るようになっている。

三つの神殿の内、一番巨大な、高さ二三メートルの、左端の「碑文の神殿」に関しては、少し詳しく、説明する必要があるだろう。

その神殿、「碑文（もしくは碑銘）の神殿」は、何重にも積み上げられた石の基壇の上に、長方形の神殿が今もほぼ完全な形で残っており、正面には、その神殿に向かって、一直線に、六九段の石の階段が設けられている。階段は、ほとんど垂直の思えるほどの急勾配で、登頂は困難を極めるが、私が初めて行った一九九三年当時には、登頂すること自体は、可能だった。

もっとも、神殿は、実は、自然の丘の斜面に、それを利用して、建てられているため、その背後の丘の上からアプローチすると、実にあっけなく、登ることが出来る。しかし、今は、遺跡保存の観点から、残念ながら、正面の階段からも、また、背後の丘の上からも、神殿への登頂は全面的に禁止されている。

また、その名称の由来は、神殿の上部に、多数のマヤ文字の刻まれた石板が、掲げられていたことによるものである。

一九五二年に、メキシコ人考古学者のアルベルト・ルス・ルイリエールが、神殿の真下に埋められた階段があることを発見し、三年の月日をかけて、土砂を取り除きながら、慎重に掘り進めていくと、その地下から、パカル大王のものと見られる墓室と、王の遺体の納められた石棺が、未盗掘の状態で、発見された。

それまで、マヤのピラミッドはあくまで神殿で、王墓ではないとされてきたが、これは、その「定説」を根底から覆す、大発見となった。

この墓室に降りることも、一九九三年当時は、可能だった。急勾配で、しかも湿気で、ヌルヌルと滑って、とても降りにくい階段を、注意深く、降りていくと、その蓋に、死の世界へと向かうパカル大王の姿が、見事なまでに精緻な浮き彫りで施された、石棺が安置されていた。

その石棺の蓋に刻まれたレリーフが、無理矢理、横に回転させて見ると、その姿が、パカル大王がロケットのようなものに乗っているようにも見えなくはないことから、マヤ人は、実は宇宙人であったなどという、荒唐無稽な説を生むことになった、いわくつきの石棺である。

この石棺の蓋のデザインが、ロケットに乗るパカル大王などではないことは、実は、図像の中央に、天上世界と地下世界を結ぶ、「生命の樹」が描かれていて、また、「生命の樹」の枝には、それにとまる鳥の姿が描かれることが多いが、石棺の蓋にもそれがちゃんと、描かれていることからも、明白である。それはあくまでも、「生命の樹」に抱かれて、死＝再生の世界へと向かう、パカル大王の姿なのである。

マヤ文明の担い手は、キリスト教を信じない、野蛮な「未開人」などでは、断じてないという、白人優位主義者の先住民に対する差別と偏見とが、実は、宇宙人説などのトンデモ説の背景には、潜んでいるのである。

しかし、そこにある石棺の図像は、皮肉なことに、薄暗い地下墳墓で見るよりは、メキシコ・シティーの国立人類学博物館のマヤ室で、本物そっくりに復元されたレプリカで見た方が、その細部が、よくわかる。

石棺の中からは、パカル大王の遺体が、翡翠の仮面等の豪華な副葬品と共に、未盗掘の状態で、発見された。しかし、これもまた、先の、メキシコ・シティーの国立人類学博物館に移送されてしまって、現地でその実物を見ることは出来ない。

「碑文の神殿」の向かい側には、物見櫓のような、印象的な高さ一五メートルの、四層の塔を伴った、巨大な建物が建っており、「宮殿」と呼ばれている。宮殿は、中庭をちょうど、ロの字のように取り囲むようにして建てられた建造物の集合体であり、それぞれの建物は、回廊によって、ひとつにつながっている。その内部がいくつもの小部屋にわれているため、王侯貴族もしくは神官等の住居であったのだろうと、考えられている。

印象的な塔についても、見た目通りの、物見櫓として使われていた可能性は低く、天体観測用に使われていた施設では……といわれているが、そうだと言い切れるだけの確証があるわけでは、ない。

宮殿の建物の壁面には、見事な浮き彫りが随所に残っているが、その大半は王侯貴族など、身分の高い人物が、儀式に臨んでいる姿であり、マヤ文字の碑文の添えられたものも、多い。古典期のマヤの都市では、その中央広場等に、王の事績等を記した石碑が盛んに建てられたが、パレンケではまったく、発見されていない。建物の壁面等に彫り込まれたレリーフが、おそらく、その代わるものであったのでは……と、いわれている。

宮殿の内部を見学したら、宮殿脇の水路を越えて、その裏手の丘に、登って見よう。三つの、極めて印象的なピラミッド建造物が建っていて、それぞれ、「十字架の神殿」「葉の十字架の神殿」「太陽の神殿」と、呼ばれている。

この三つの建物は、いずれもパカル大王の息子である、キニチ・カン・バラム二世が建立したもので、パカル大王と、それに続く、このキニチ・カン・バラム二世の治世が、パレンケの最盛期になった。

「十字架の神殿」と「葉の十字架の神殿」のネーミングは、いずれも、その神殿の壁面に、十字架状の文様が刻まれていたことによるもので、十字架状の文様とは、もちろん、キリスト教の十字架ではなく、天上世界と地下世界の狭間に、しっかり根を下ろして、枝を四方に伸ばした「生命の樹」が、あたかも十字架のように、描かれたのである。また、「太陽の神殿」は、太陽神のシンボルが刻まれていたことによる、ネーミングである。

「碑文の神殿」と宮殿の北側には、「神殿10」と、「北のグループ」と呼ばれる、比較的小規模な神殿コンプレックスが、残っている。

以上を見れば、後は付属博物館を残すのみである。付属博物館は北のグループのそばにあるトイレの横の道を、一キロほど歩いたところにある。歩いてもたいして時間はかからないが、道の両サイドはジャングルで、時間帯によっては、あまり人気がない場合も、ある。一緒に行く人がいない場合は、いったん、入り口まで戻って、そこから車等を利用した方がよいかもしれない。

ほぼ二〇年ぶりに再訪したパレンケは、さすが著名な観光地だけに、人、人、人で、あふれていた。前述の通り、碑文の神殿は登頂禁止になっていたので、その周辺や宮殿、丘の上の「十字架の神殿」等を、グルリと一周し、「神殿10」と北のグループの前の広場で、しばし、休憩した。

広場は、子供たちを自由に走り回らせ、自分たちは芝生に敷物を敷き、寝そべっているファミリーや、芝生に座って、静かに読書をしている、白人の女性等で、結構、混み合っている。

碑文の神殿と宮殿の前にも、広場があって、大きな木の木陰には、ベンチが設けられ、ここも人で一杯だ。

まるで天に届けとばかり、ひたすら、高さを競ったティカルの神殿群などとは異なり、パレンケの建造物は、皆、調和のとれた穏やかな優美さが、基調だ。それが、周囲のまばゆいばかりの緑と解け合い、渾然一体となって、独自の美をつくり出している。私は、そんなパレンケが、好きである。

パレンケ「碑文の神殿」

太陽の神殿から眺めた宮殿

いったん、ゲートの外に出て、土産店の奥で休んでいたPさんに声をかけ、車で博物館に向かった。

博物館はまだ真新しい建物で、遺跡から出土した土器や土偶、マヤ文字とレリーフが彫り込まれた壁面彫刻などが、展示されている。ここにも、パカル大王の石棺のレプリカが展示されていることになっていたが、何故か、その部屋のみが閉まっていた。たかがレプリカなのに、何で？　と思うが、Pさんに係員に尋ねてもらっても、今日は閉まっているというのみで、理由はわからない。

しかたがないので、宿泊先のミシオン・パレンケに戻った。

部屋でシャワーを浴びていると、外は突然の土砂降りになり、電気も一時停電する騒ぎになった。雨が小降りになったのを見計らって、レストランへ行ったが、店内はすでに団体客で一杯。雨が吹き込むプールサイドの席を、ようやく見つけて、座り、手をあげても、忙しそうに素通りしてしまうボーイを、ようやく、つかまえて、コンソメ・スープとステーキ、オレンジ・ジュースを注文したが、この分では、いつ出来上がるか、皆目、わからない。まぁ、夜は長い。気長に行こう。

パレンケ王朝の興亡

先に優美な云々と書いたが、その建造物から受ける印象とは異なり、パレンケ王朝の歴史は決して、順風満帆なものではなかったことが、残された碑文の解読から、今日では、明らかになっている。

パレンケ王朝の創始者は、クック・バラム一世という王で、西暦四三一年に、「トクタン」で即位したことが、碑文から判明している。その王朝発祥の地であるトクタンがどこにあったのかは、未だ、わかっていない。

四八七年に即位した三代目の王、ブツアフ・サク・チーク王の碑文には、王が即位した場所として、初めて、「カラムハ」という地名が登場するが、このマヤ語で「大きな水」を意味するカラムハが、現在のパレンケの所在地であると、考えられている。

しかし、五二九年に即位したカン・ホイ・チタム一世は、再び、トクタンで即位の儀式を行っており、パレンケ王朝にとって、トクタンが少なくとも「聖地」と考えられていたことが、よくわかる。しかし、その後の碑文では、そのトクタンよりカラムハという地名が、次第に頻繁に登場することになり、パレンケ王朝の中心地は、どうやら、トクタンからカラムハに、次第に移っていったようである。

パレンケ王朝の歴史が、決して、順風満帆ではなかったことを示す事実は、五七二年のカン・バラム一世即位後、男系の王統が絶え、ヨール・イクナルという女王が即位したことにも、見てとることが出来る。女性が王になるということは、当時のマヤ社会では、有力な後継者がおらず、激しい後継者争いの渦中にあって、いわばつなぎで、女性を即位させるという、特殊なケース以外には、極めてまれなことであったからである。

そして、ヨール・イクナル女王の治世の五九九年と、その死後の六一一年に、パレンケは二度にわたって、カラクムルからの大規模な攻撃を受けて、いずれも大敗北を喫するのである。

カラクムルは、グアテマラとの国境から約三〇キロの、メキシコ・カンペチェ州にあるマヤの大都市遺跡で、グアテマラのエル・ミラドール等々と同様、先古典期に都市の建設が始まり、しかも、エル・ミラドールを始めとする、他の先古典期の都市国家の多くが、古典期に移行できなかったのに対し、カラクムルは古典期に入っても、引き続き、繁栄し続け、ティカルの好敵手として、古典期マヤを、文字通り、代表する、有数の都市国家へと成長した。そのことは、古典期マヤの象徴とでもいうべき、王の事績をマヤ文字で記し、精緻な薄浅彫りのレリーフを施した石碑が、他のどのマヤ遺跡より多く、一一七も発見されていることからも、明らかである。

そのカラクムルが、距離的には相当遠いパレンケを、遠征軍を編成、ウスマシンタ川を渡河して、攻略したのである。その桁外れの国力と、圧倒的な軍事力の前に、パレンケ王朝は、なすすべもなく、屈服したのである。

しかし、そんなパレンケ王朝の混乱に終止符を打ったのが、六一五年に即位したパカル大王、正確には、キニチ・ハナプ・パカル一世である。パカル大王は、二度にわたるカラクムルの攻撃によって、荒廃していた都市の再建に力を注ぐと共に、その後、実に六八年間の長きにわたって続く治世で、文字通り、地に落ちていた王の権威を、復活させた。

パカル大王は、強大な敵、カラクムルと対抗するために、もうひとつの超大国であるティカルとの親交を図り、さらには周辺の中小都市国家を攻めて、その各国の支配者六人を捕虜にするなどの成果をあげたと、碑文は語っている。

王は、現在、私たちがその目で、見ることの出来るパレンケの外観の大部分を、ほぼ一代で完成させると共に、自らの死後の墳墓にすべく、碑文の神殿の建設に着手した。もっとも、それが完成したのは、そのパカル大王の息子で、次の王として即位した、キニチ・カン・バラム二世の治世のことであったようだ。

キニチ・カン・バラム二世は六八四年に即位するが、父王の治世があまりにも長く続いたため、すでに四八歳という、当時としては、かなり高齢になっていたという。したがって、その治世も、わずか一八年しか続かなかったのだが、その間、あたかも、たまりにたまった欲求不満を吐き出すように、父王の治世にほぼ完成していた宮殿のさらなる増築に着手すると共に、「十字架の神殿」「葉の十字架の神殿」「太陽の神殿」を相次いで建設し、パカル大王と、それに続く、このキニチ・カン・バラム二世の治世が、くり返しになるが、パレンケ王朝の最盛期になった。

王は父王と同様、周辺の都市への軍事侵略をくり返し、六八七年には、近隣の有力都市国家であるトニナーの王を捕らえて、おそらくは、殺害した。

王の死去は七〇二年のことで、その年に即位したキニチ・カン・ホイ・チタム二世は、彼の実の弟であったと、いわれている。つまり、即位した時、すでに五七歳という高齢。このことは、キニチ・カン・バラム二世に、子供がいかなったことを示している。もし、同王に後継者がいれば、なにも高齢の弟が即位する必要は、なかったからである。

そして、高齢のキニチ・カン・ホイ・チタム二世の治世は、実に悲劇的なものとなった。王はそれでも懸命に、パカル大王と兄王の二代で最盛期を迎えた王朝の維持に努力したようであるが、七一一年、復讐に燃えるトニナーの大軍がパレンケの王都を急襲、捕らえられて、捕虜として、トニ

葉の十字架の神殿

十字架の神殿

ナーに連行されてしまうのである。その後の同王の消息は不明だが、おそらく、殺害されたものと思われる。

これが、パレンケ王朝の落日の始まりとなった。パレンケ最後の王は、七九九年に即位した、ハナブ・パカル三世であるが、このパカル大王と同じ称号を持つ王の事績は、不明である。パレンケ最後の石碑は、王都から遠く離れた地から出土した、八一四年の日付のあるもので、パレンケの滅亡は、それがどのようなものであったかは、判然としないが、九世紀の初めであったようである。

ちなみに、パレンケを何度も苦しめたカラクムルにおける最後の石碑建立は八一〇年で絶え、ティカルのそれは八八九年、もっとも長く古典期後期を生きながらえたトニナーも、九〇九年の日付を刻んだ石碑の建立を最後に、一切の石碑の建立が、途絶えている。こうして、九世紀の終わりから一〇世紀の初頭に、大半の古典期マヤの有力都市国家は、終わりの時を迎えている。

もちろん、こうした、中部低地における古典期マヤ文明の終焉は、決して、マヤ文明全体の終焉を意味するわけではなく、後古典期に入ると、マヤ文明の中心地はメキシコのユカタン半島に移って、古典期に匹敵するような都市が、次々に、建設されることになるのであるが、それはまた、別の話である。

あれほど激しかった雨も、すでに上がり、部屋に籠もっているのもあきたので、プールサイドに出て、ソファーの水滴をぬぐってから、横になった。雨が降ろうと、やもうと、パレンケは暑い。さきほど夕食を食べたレストランは、もう、一〇時を回っているが、バー・カウンターは酔客で一杯で、ワイワイガヤガヤ、盛り上がっていた。

それをプールサイドから眺めながら、明日はいよいよ、ボナンパックとヤシュチランだなぁ……と思って、心が高鳴った。二〇年前に来た時には、ボナンパックに行くのには、ヘリコプターか、ジャングルの中をトレッキングで行くしか方法がなく、断念したが、今では道路も整備され、時間はかかるものの、簡単に行くことが、可能になったのである。

ボナンパックの壁画

朝の六時に、ホテルに迎えの車が来た、今日からはガイドが代わり、名前は聞いたが、忘れてしまったので、仮にTさんとしておこう。Tさんは、とにかく、体格がいい。半ズボンにTシャツ姿のTさんは、やや、ずんぐりしているが、剝き出しの、太い腕、太い脚は筋肉の塊。年齢的にも、前日までのPさんに比べ、断然、若い。多分、三〇代後半という感じ。それに、何より、陽気だ。

人づきあいがあまり得意ではなく、どちらかというと、寡黙、加えて、自分でいうのも何だが、かなり変人の私と一緒に旅をしていると、息が詰まるという人も、おそらく、多いのでは……と思うが、その点、陽気な人は得だ。実は、ガイドとしての知識が、実はそれほど大したことがなくても、一緒にいて、気分を和ませることが出来る。Tさんのガイドとしての知識が、決して、大したことがないといっているわけではないが、少なくとも、翌日、行ったピエドラス・ネグラスに関する知識は、ほとんど、持ち合わせてはいなかった（これは、嫌み）。

「ハ～イ、おはようございます（これだけは、ちゃんと、日本語でいった）。今日は早いので、眠いですか？　眠ければ、寝ても構いません。ボナンパックまで、三時間くらい、かかりますから」と、Tさんがいうので、お言葉に甘えて、眠って行くことにした。

というのも、外はまだ真っ暗で、車窓から景色など、何も、見えないからだ。

走り始めて、約一時間で、太陽が昇り、景色が見えるようになった。どこまでも、真っ直ぐ、続く道は、ところどころに、トッペス（車がスピードをあげすぎないように、道の途中に、逆U字型の盛り上がりがつくられている、それがトッペス）がなければ、もっと、スピードを出せそうだ。

まだ、早いのに、通学途上の制服姿の学生たちが、大勢、道の端を歩いている。兎に角、人々は歩くのが基本で、時々、乗合自動車ともすれ違うが、乗っているのは男たちの姿が多く、女性や子供、学生は、どんなに夜遅くなっても、照明等の一切ない夜道を、ひたすら、歩いて、移動している。

歩く人々には、マヤの末裔たちの姿が多いのも、その特徴。慎ましい生活をしているから、とにかく、歩くしかないのだろう。

ボナンパックまでは、結局、三時間とちょっと、かかったが、途中、掘っ立て小屋のような大衆食堂で、休憩時間を取ったので、正味でいえば、二時間半くらいだろう。

その大衆食堂は、出来合いのおかずを、洗面器のような器に入れて、並べていて、お客は銘々のお皿に、その中から好きなものを好きなだけ取って、最後にお金を払う仕組み。私は、出発が早く、まだレストランが開いていなかったので、ホテルが朝食をボックス・ランチにして、持たせてくれたので、それを食べる。サンドイッチとカップケーキ、小ぶりなリンゴ一個、それに、缶入りのジュースと、水のボトルが各一本、入っていた。

ボナンパックは、古典期の規模の小さな都市遺構で、一九四六年、米国人の写真家、ジャイルズ・ヒーリーによって、発見された。遺跡自体は、正直、大したことがないが、この遺跡を有名にしているのは、その丘の斜面に沿って配置された、小ぶりな建造物のひとつから発見された、壁画によってである。

その壁画は三つに分かれた建物の小部屋の壁面と、天井を使って、目一杯、描かれ、だいぶ、退色したとはいえ、描かれた当時の、鮮やかな彩色が、今も残っている。もっとも、皮肉なことに、私のような観光客に、一般公開されていることで、その退色は年々、進行しており、その一部は、一体、何を描いたものなのか、判然としなく、なりつつある。

『ナショナル　ジオグラフィック（日本版）』（日経ナショナル　ジオグラフィック社）の一九九五年五月号には、その壁画が、最新のコンピューターグラフィック技術によって、描かれた当時の鮮明さで、復元されている。だから、本当は、実物を見るよりは、そちらを参照していただいた方が、わかりやすい。

一体、何を描かれているのかを、言葉で再現すれば、まず、第一の部屋の壁画は、新しい王となる幼い跡継ぎを、有力な貴族たちに紹介する、華麗な宴の模様が、描かれている。貴族たちは裸体にロープを羽織り、装身具を身につけている。一段高い場所には、幼い世継ぎが、家臣によって、抱きかかえられて、貴族たちを見下ろしている。また、宴を盛り上げるため、家臣によって、様々な楽器で、音楽が演奏されている。

第二の部屋の壁画は、一番、退色が激しいが、戦闘シーンで、まさに捕虜が捕らえられるシーンが、描かれている。これは、ハッキリいって、コンピューターグラフィックによる復元によってしか、その図像を正確に判別することは、難しいだろう。捕虜たちは、身体にまとった装身具等を、剝ぎ取られて、裸に剝かれている。捕らえられた捕虜は、いうまでもなく、戦勝祈願や、王位継承を祝うための、生け贄の儀式で使われるのである。

最後に、第三の部屋の壁画は、一段高いところに座した女性たちが、アカエイの尾の骨を使って、舌を傷つけ、血を流すシーン等が、描かれている。舌を刺したり、男性の場合は性器を傷つけたりすることで、流した血を集め、その血は、生け贄と共に、戦いの勝利を祈願したり、王位継承を祝ったりする儀式で、使うのである。

つまり、三つの部屋の壁画は、新しい王の即位を祝う、一連の、華麗にして、残酷な儀式が、連続して、描かれていたのである。壁画は、八世紀の末に描かれたものと、考えられている。

きっと、他の神殿のいくつかにも、壁画は描かれたのであろうが、それが奇跡的に、残っているのは、ここだけである。

今となっては、信じられない話だが、かつて、マヤ文明は、戦争や生け贄の習慣のない、平和な社会であったなどと、極度に理想化されて、考えられていた時期があった。しかし、現実には、マヤの社会は戦争と無縁どころか、絶えず、他の都市国家との戦争がくり拡げられ、生け贄の儀式もまた、それほど頻繁にではなかったにせよ、節目節目には、行われていたのである。そうした現実を、このボナンパックの壁画は、何よりも雄弁に、私たちに物語っているのである。

ボナンパックの壁画

ヤシュチラン遺跡

遺跡には、警備員はいるが、ガイドを伴って行けば、壁画の見学と撮影は、何の問題もなく、OKである。もちろん、フラッシュをたくことは禁止されるが、各部屋の室内が狭く、入り口から十分に日の光が届くこともあって、フラッシュをたかずとも、鮮明な映像を撮ることは、可能だ。ただし、壁画そのものの、退色の進行は、如何ともしがたく、特に、第二の部屋などは、何が描かれているのかを、あらかじめ知っているからこそ、その図像の意味するところがわかるという、状態である。今後も、壁画の退色は、益々、進行していくことになり、そして、いつの日か、壁画そのものが非公開になる日も来るだろう。

遺跡エリア内には、あちこちに、屋根を架けられただけの状態で、石碑も建っており、しかも、レリーフ等が鮮明に判別できる、かなり、保存状態のよいものも、結構、多い。しかし、こちらも、年月と共に、風化が進んでいくことになるだろう。

ボナンパックは、小さな都市であった故、一時期、近隣の都市国家であるヤシュチランの支配下にあったのでは……と、考えられている。

遺跡はジャングルの中に、埋もれるようにして、存在しているが、近くにはかなり大きな広場というか、ジャングルを切り開いてつくられた空間が、存在する。多分、そこがかつて、ヘリコプターの離発着基地となっていたのであろう。今は遺跡のすぐそばまで、道が造られ、ヘリコプターでの観光は、行われていない。

ボナンパックの見学を終え、グアテマラとの国境の町、コロサルへと向かう。

ヤシュチランへ

国境の町、コロサルについては、ほとんど、何の情報もなかったが、ウスマシンタ川の船着き場の近くに、「エスクード・フグアール」という名のホテルがあり、ここが宿泊可能な唯一の施設であるという。今日は、当然、そこに泊まることになっている。どんなホテルかは、そこが唯一、宿泊可能なホテルであるという以上、聞いても仕方がないので、あえて、聞かなかった。

船着き場からは、ヤシュチラン遺跡行きの船が出ており、片道約一時間の距離だそうである。翌日、ピエドラス・ネグラスへ行くのも、当然、同じ船ということになる。

私は一人なので、少し小さめのボートに乗り、本当に、一時間ピッタリで、ヤシュチラン遺跡の船着き場に着いた。ここの船着き場は、河岸からしっかり、コンクリートの階段が出来ているので、グアテマラのセイバル遺跡等と比べ、丘の上の遺跡への登頂は、極めて楽だ。

ヤシュチランは、かなり、大きな遺跡なので、滞在時間約二時間ということを考え、広大な広場の周囲に、神殿等が立ち並ぶ、壮大なグラン・プラザを中心に、見ることにした。ここがいうまでもなく、都市の中心部である。

ヤシュチランは、英国の考古学者、アルフレッド・モーズリーによって、発見された。彼は、一八八一年に、初めて、グアテマラのキリグアを訪れ、以降、一三年間の間に計八回、ヤシュチラン、パレンケ等々、主に、低地マヤの調査を実施した。その他、コパンやチチェン・イツアー等にも、調査の足を伸ばしている。

また、オーストラリアの考古学者で、マヤ文字解読の第一人者でもあるピーター・マシューズは、ヤシュチランの碑文解読に尽力し、その王朝史がかなり、明らかになった。

それによると、ヤシュチランの最初の王は、ヨアート・アート・バラム一世で、三五九年に即位した。その後、いつ即位したかは定かではないが、少なくとも、四五四年には、「神殿22」を建立したことが明らかかな、七代目の王、「月・頭骸骨（その読み方が不明なため、以下同様）」王によって、ピエドラス・ネグラスとの戦争が行われ、その戦いに勝利したという記述が、石碑に残っている（戦いがあったのは、四六〇年ころ）。

これまた、その即位の年はわからないが、少なくとも、五〇八年以前には王位についていたことが確実な、九代目の「結び目ジャガー」王は、強力な軍事的指導者で、ボナンパックやピエドラス・ネグラス、ティカルを、相次いで、攻撃したとの記録が、残っている。しかし、好事魔多しとはよくいったもので、五一八年ごろ、この「結び目ジャガー」王は、ピエドラス・ネグラスによって捕虜となり、処刑されてしまうのである（ピエドラス・ネグラスの石碑12に、その記述がある）。

このことにより、ヤシュチランの王の権威は一気に失墜したが、五二六年に、「結び目ジャガー」王の実弟とされる、一〇代目のキチニ・タトゥブ・頭蓋骨二世が即位すると、ヤシュチランは敗戦からの復興を遂げ、再び、王朝はかつての勢いを取り戻したようである。

しかし、その後、六二九年に、第一五代目といわれる、「鳥ジャガー」三世が即位するまで、碑文資料が何も残っておらず、ヤシュチランの動勢は、実際のところ、何ひとつ、わかっていないのが、実情である。単に、何らかの理由で、碑文資料が発見されていないだけなのか、あるいは、その間、石碑を建てられないような事情があったのかについては、諸説があって、定説はない。

その間、ピエドラス・ネグラスへの隷属が続いていたのだと考える、研究者もいれば、パレンケやトニナー等の支配下に置かれていたのだと考える、研究者もいる。

六八一年に即位した、もはや、初代から数えて、何代目かは判然としない、イツァムナーフ・バラム二世は、その後、六〇年もの長きにわたって、王位にあり、次々に、新たな建造物や石碑を建立した。王は、必ずしも決着はつかなかったものの、ピエドラス・ネグラスと戦い、また、一時期、ボナンパックを、その支配下に置いたようである。

七五二年、その息子である、「鳥ジャガー」四世が、四三歳で、即位した。ただし、前王の死去から一〇年もの空白期間があるため、ピエドラス・ネグラスの碑文研究者である、タチアナ・プロスコリアコフは、その間、後継者争いがかつてなく激化したとの見方を、明らかにしている。この王の治世に建てられたとされる石碑には、明らかに、別の王の建てた石碑を、改ざんしたもの等が数多く、発見されることから、「歴史の偽造」が行われたのだと、いうのである。

七六九年に即位した、イツァムナーフ・バラム三世は、「鳥ジャガー」四世の息子とされるが、この王の治世に、前述のボナンパックの壁画が描かれたことが、わかっている。この時、ボナンパックが、未だ、ヤシュチランの支配下に置かれていたかどうかは、判然としないが、少なくとも、両者の間に密接な関係があったことだけは、確かだろう。

八〇〇年ごろ、その息子のキニチ・タトゥブ・頭蓋骨三世が、即位する。同王は、八〇八年に、ピエドラス・ネグラスとの戦争に最終的に勝利し、長きにわたる両者の争いに、ついに、決着がついた。

しかし、宿敵とでもいうべき、ピエドラス・ネグラスとの戦いには勝ったものの、その後、ヤシュチランでは神殿建設等が激減し、ゆるやかにであれ、滅びの道を歩むことになった。結局のところ、ピエドラス・ネグラスとの戦いにすべてを費やした結果の、共倒れとの感も、あるのである。

こうして、ひとつのマヤの都市国家が、歴史の表舞台から、姿を消した。

ヤシュチランの遺跡は、深い森に周囲を囲まれ、恐ろしいほどの静寂が、あたりを支配していた。時々、船着き場に、観光客を乗せたボートが到着し、数人から十人単位の集団が、ドヤドヤと降りて来るが、やがて、彼らが、ガイドを伴って、広大な遺跡エリアの中に分散していってしまうと、再び、静けさが周囲を支配する。

船着き場から歩き始めると、まず、あたかも城門のようにそびえ立つ神殿が、その行く手を遮る。その狭い、マヤ・アーチの入り口から、暗い神殿内に入り、その内部を、壁づたいに手探りで歩いて、反対側に抜けると、一気に視界が開けて、そこが、周囲をグルリと、神殿群で囲まれた広場、グラン・プラザである。

そのグラン・プラザの南側の、小高い丘の上には、さらに神殿の建ち並ぶエリアがあって、グラン・アクロポリスと呼ばれている。そのさらに奥には、かなり離れて、南の神殿と呼ばれている建造物もあるようだが、今回は、そこまでは行かない。

グラン・プラザに点在する建造物は、いずれも小ぶりだが、保存状態は決して、悪くはなく、そのまぐさ等には、うっすらと、当時の浮き彫りが残っているものも、多い。巨大な神の顔とその上半身のみが、鮮明な姿で、残っている建物も、あった。

石碑も、簡単な屋根を架けられただけの状態だが、随所に建てられていて、かなり風化は進んでいるものの、未だ、王侯貴族の姿等を刻んだレリーフやマヤ文字が、鮮明に残っているものもあるが、あまり鮮明すぎるものは、ガイドに尋ねると、「オリジナルだ」とはいうものの、あるいは、本物は博物館か、どこかに収蔵されていて、置かれているのはレプリカであるのかも、しれない。

グラン・アクロポリスへ至る階段をあえぎあえぎ、登ると、眼下に、グラン・プラザの全景を、見下ろすことが出来る。広場には、小さめながら、球技場も、ある。グラン・アクロポリスを通って、さらに奥へ進むだけの気力は、正直、もう残っていなかったし、それに、時間もないので、そこで、しばし、休憩ということにした。

三〇分ほど、目をつぶって、静寂の中、瞑想していると、気力もだいぶ回復してきたので、再び、グラン・プラザに降りて、境内をゆっくり散策しつつ、写真を撮った。

時間が来たので、再び、船に乗って、コロサルの船着き場に戻り、屋根だけ架けた、吹き抜けのレストランで、グリルした肉とアボガド等の野菜、トルテイーヤ、それにコーラの、遅めの昼食（というより、ほとんど、夕食）を、取った。ガイドとドライバーも、別のテーブルで、食事を取っている。

食べ終えたころ、ガイドが、私のテーブルにやって来て、このレストランが、今日、私が泊まる「エスクード・フグアール」というホテルのフロント・デスクを兼ねている、という。では、宿泊棟は？　と、改めて、周囲を見回すと、藁葺きの小屋が、あちこちに点在していて、それがどうやら、宿泊棟らしい。

早速、車から荷物を取り出して、その藁葺き小屋のひとつに、向かう。小屋の中は、案外、きれいで、ベットと小さいテーブルひとつ、それに扇風機が一台、ポツンと置いてある。小部屋のトイレ兼洗面所には、シャワーもあって、蛇口をひねると、ちゃんと、熱いお湯も出た。とにかく、殺風景で、くつろげはしないが、一応、必要最低限の設備はあって、思っていた以上にましなホテルである。

しかし、とりあえず、日本への定期連絡を……と思って、携帯を見ると、圏外の表示。船着き場の周辺では、どこへ行っても、圏外の表示しか出ないので、日本への連絡は、パレンケに戻るまで、無理のようである。さらに、時間をもてあまして、周辺を散策してみるが、ホテルのフロントを兼ねる、先程のレストラン以外には、何もない。船着き場兼ホテルの敷地から、外に出てみても、車がほとんど通らない、道路があるだけ。家一軒、建っていない。

コロサルの町は、一体、どっちの方角なのだろうか。結構、遠いのか、近いのか。まぁ、遠くても、近くても、行ってみても、きっと、何もないんだろうけれど……ねッ。

昼食が遅かったので、まったく食欲はないが、聞くと、もうすぐレストランの営業も終了してしまうというので、あとで、お腹がすいた時、食べられるよう、サンドイッチをつくってもらって、大きなペットボトルの水も一本、購入した。レストランには、テレビも置いてあったので、スペイン語がわかるわけでもないが、しばらく、それを見ていたが、客もおらず、店員兼フロントウーマンも、明らかに、もう帰りたがっていたので、仕方なく、小屋に戻った。

後は、早めに寝てしまうしか、ない。

ピエドラス・ネグラスへの長い船旅とその顛末

早く寝たので、午前六時前に、目覚めた。外に出ると、もう、ガイドの車が、来ていた。ホテルの人に頼んでおいた、朝食のランチ・ボックスを受け取って、荷物は車の中に放り込み、ミネラル・ウオーターのボトル入った、小さな手提げと、肩掛けのカメラ・ケースのみという、身軽なスタイルで、ガイドのTさんと一緒に、ボートに乗った。

Tさんは昨日、ドライバーと共に、いったん、パレンケに戻ったのだという。パレンケからは三時間半から四時間はかかるので、一体、今日の朝、何時に、家を出たのだろう。

ピエドラス・ネグラスは、昨日行ったヤシュチランの、さらに遙か先にあり、地元の旅行社の話では、船で、片道三時間はかかるだろうとの、ことであった。前述のマクドナルド清子さんに至っては、片道四時間半もかかったと、その著書に、書かれている。そのいずれが正しいにせよ、往復で最低でも六時間はかかるわけだし、その後、再び、船着き場まで戻ってきて、パレンケのホテルまで戻るのに、さらに車で三、四時間はかかるので、現地での滞在時間は、最長でも、せいぜい、二時間という、ところである。

「途中に、浅瀬や急流があって、ベテランの船頭さんでないと、ピエドラス・ネグラスまで行くのは、無理です。ベリィ・デンジャラスねッ」と、Tさん。

つまり、今日の船頭さんは、そうしたベテランの船頭さんなのだ、ということなのだろう、きっと。一見、頼りなげに見えるけど、船頭さん、どうか、頼みますよ。

結局のところ、ピエドラス・ネグラスまでの所要時間は、三時間でも、四時間半でもなく、だいたい、二時間半前後であった。もちろん、モーター・ボートそのものの性能や、川の状態にもよるのだろう。川の水量が極めて少ない時などは、モーターを止めて、櫓を手でこいで、慎重に前に進むしかない場面も、当然、あるからである。

途中、急流があって、船が激しくバウンドし、水をかぶって、全身ずぶぬれになった。とにかく、前屈みになって、カメラだけでも、水から守るので、精一杯である。ぬれたTシャツが身体にビシャッと張りつき、気持ちが悪い。

しかし、急流はその一カ所だけで、あとは、思わず、居眠りをしてしまうような、穏やかな流れが、続く。川の両サイドは、巨石がゴロゴロころがる河岸と、それに続く、深い森。川の左側がメキシコで、右側がグアテマラ、という。つまり、川がその両国をわける、国境となっている。

行き交う船は、あっても、ヤシュチランの船着き場までで、その後、船を見たのは、たった一回のみ。地元の人の乗った、手漕ぎのボートで、船の中に入ってくる水を、桶のようなもので汲んで、川に捨て捨て、先に進んでいた。あれで、あの急流を乗り切れるのだろうかと、心配になるほどの、貧弱なボートである。

やがて、船着き場を出てから、二時間と少し経過したころ、対岸に一艘の船が停まっているのが、見えてきた。船には数人の、小柄だが、屈強そうな男たちが乗っていて、明らかに、こちらが来るのを待っていたという感じである。その姿を見て、船頭は穂先を対岸に向け、船の速度を落とした。

その男たちは、グアテマラの役人か何かであるらしく、ガイドのTさんと笑顔で、挨拶を交わしている。小さなノートがTさんに渡され、それに名前を書くよういわれて、ローマ字で、名前を書いた。Tさんも自身の名前と、船頭の名前を記して、男たちに戻す。それから、前日、Tさんにいわれて、渡しておいたお金で、Tさんが買って来たテキーラのボトル数本と、何か、食料品のようなものの入った包みが、Tさんから男たちに渡された。

多分、Tさんが、それを私からだとでも、スペイン語で、いったのだろう、男たちが笑顔で、私に握手を求めて来た。つまり、これが、メキシコから越境して、短時間、グアテマラ領に入るための儀式、というわけだ。

やがて、儀式が終わって、男たちのボートは岸を離れ、手を振りながら、いずこかに、去って行った。私たちのボートもまた、岸を離れて、先に進む。

「もう、すぐ、ピエドラス・ネグラスです」と、Tさんがいった。

ピエドラス・ネグラスへと続く河岸は、岩場ではなく、そこだけが、砂場になっていて、すぐに急な斜面となって、そそり立っている。船頭が砂場にボートを着け、私はTさんに手を引かれつつ、その急な斜面を登った。何度もずり落ちそうになり、登頂は困難を極めるが、そのすべりやすい、砂の崖を登り切らねば、ピエドラス・ネグラスには行けないのである。

ピエドラス・ネグラスとは、スペイン語で「黒い岩」の意味で、その河岸に実際に、黒い岩があることから名づけられたのだと、のちに、人に聞いた。実際に、取った写真を見ると、黒い岩が写っているものがあるのだが、その時の私には、そんな余裕はなかったし、第一、ガイドのTさんも、そんな話は、しなかった。

ピエドラス・ネグラスの都市は、ウスマシンタ川沿いの崖の上のジャングルの中に、ほぼ完全に埋もれていて、神殿とわかる建物がいくつかある以外は、同遺跡の碑文解読に多大な貢献をした、タチアナ・プロスコリアコフの墓があるくらいだということは、すでに聞いて、知っていた。それでも、前述のマクドナルド清子さんの本には、その、かろうじて神殿とわかる建物の前で撮った、ご本人の写真も掲載されていたので、多少は期待していたというのが、正直なところである。

崖を登り切って、ジャングルの中に足を踏み入れた。その入り口近くには、何らかの作業が行われていたらしい、小さな木造の小屋があった。ブリキの屋根が架けられていて、中は何もなく、ガランとしている。何に使われていた小屋か、わからないが、こんなところにも、人が来ているんだなぁと、何だか、心強くなる。

しかし、人がいた気配を感じられたのは、このまだ真新しい、掘っ立て小屋のみで、そこから先は、ただ、ただ、覆い被さるように覆い茂っている樹木と雑草の間を、それを身体で、押しのけながら、歩くのみである。光はほとんど、差し込まない。それほど、森林の密度が濃い。

足下には、湿った落ち葉が高く積もって、その間には、樹木の根が、縦横無尽に張り巡らされている。さらには、落ち葉の中には、あちこちに、瓦礫が散乱していて、極めて、歩きにくい。十分に用心して歩いていても、時々、何かに足をとられたり、不意にズルッと、足をすくわれそうになったりする。

足下に、散乱している瓦礫は、ここにかつて、人工の建造物が建てられていたことを、かろうじて、私たちに教えてくれる。

持参した遺跡の復元地図によれば、ピエドラス・ネグラスの都市遺構は、西のグループと東のグループ、それに南のグループの三つに分かれて、ピラミッド複合を形成しているようだが、今歩いているのが、一体、そのどのあたりにあたるのか、ガイドに聞いても、首をかしげるだけだ。

ジャングルの道なき道を、行きつ戻りつしつつ、かなり歩いて、ようやく、初めて、明らかに人工の建造物とわかる石積みに、遭遇した。どうやら、途中まで発掘したようで、その周辺のみ、木々が伐採され、あたかも小さな広場のように、なっている。建造物の出入り口が、半分埋まった状態なので、きっと、何らかの理由で、発掘が中断されたままなのだろう。

幾つかに割れた状態で、石碑が散乱している場所も、あった。石碑には苔が生え、緑色の塊になって、落ち葉に埋もれている。大半は、破損しているが、なかには、ほぼ無傷の状態で、放置された石碑も、あった。それも、びっしり、緑の苔に覆われている。こんな状態では、石碑のレリーフや碑文は、スッカリ、風化してしまって、読むことは出来ないだろう。もっとも、保存状態のよい石碑は、みんな、グアテマラ・シティーの国立考古学民族学博物館などに、保存や研究のために、運ばれてしまっているのだろうが……。

さらに、進んでいくと、球技場の跡ではないかと思われる個所にも、遭遇した。同じ形のふたつの小山が、平行して並び、その間が細長い道になっている。小山の土の中から、瓦礫が顔を出している個所もあるし、間違いなく、ここは球技場の跡だと興奮するが、写真を撮ってみれば、ただの、自然の小山にしか見えないので、落胆する。

その他、歩いていると、崩れかけた石積みが、剝き出しになっている個所も、あちこちにあって、ここが間違いなく、石造都市のなれの果てであることは、確かに実感できたが、もっと、完全な形で神殿が残っている場所が、きっと、どこかにあるハズだと、気ばかり焦って、森林の中を、ズンズンと、進む。

第一、どこかに、タチアナ・プロスコリアコフの墓が、あるハズではないか。

いつの間にか、先導のTさんが、はるか後方になってしまっていた。いけない、いけない、ヒートアップしすぎだ。

いきなり、道は、かなりすべる急斜面になり、ガイドのTさんがあわてて、下りかけた私を制して、「危ないですから、ここで待っていて下さい。私が下りて、この先がどうなっているか、探索してきますから」と、いった。確かに、下りたはいいが、再び、このスロープを上がって来るのは、かなり、大変だろう。そう思うと、少し、冷静になった。

Tさんは、覆い被さる小枝をかき分けながら、斜面を注意深く下って行き、やがて、その姿は森の奥に、見えなくなった。

静寂が、あたりを支配する。先程は、どこかで鳥の鳴き声が聞こえたような気もしたが、今はそれも、聞こえない。このまま、もしTさんが戻ってこなければ、果たして、再び、ボートのある河岸まで戻れるだろうかと、不安になる。どこをどう歩いてきたか、まったくといっていいほど、覚えていなかった。

ここに来る前に、神殿の前で撮影したマクドナルド清子さんの写真を見ていなければ、こんなに気ばかり焦ることも、なかったであろう。せっかく、ここまで来たのだから、せめて、あれくらいの写真は撮りたいという気持ちに、突き動かされて、思わず、我を忘れてしまっていたのだから、我ながら、何と、小さな人間であることか。来る前は、たとえ、ただの自然の小山にしか見えなくても、行くこと自体に意味があるなんて、悟ったようなことをいっていたのだから、情けない。
五、六分くらいたって、Tさんが、戻ってきた。「しばらく行くと、平らな広場のようになっている場所があって、そこにステラと思われるものが転がっていましたが、それだけです。あとは、何もない。みんな、同じ。セイム・ジャングルねッ」と、Tさんはいった。
どこかに、タチアナ・プロスコリアコフの墓があるハズだけど……と、聞いてみるが、「知らない」という答え。もちろん、あることは間違いないが、ガイドであるTさんが知らないという以上、それ以上どうにもならなかった。

後日、グアテマラ側からピエドラス・ネグラスへ行ったという人の話を聞き、ごくわずかだが、ジャングル内には、神殿とわかる神殿が残っている場所もあること、また、その人は、地元ガイドの案内で、タチアナ・プロスコリアコフの墓にも行ったという話を聞いて、その時、撮った写真も、見せていただいた。

悔しい思いで一杯だが、まぁ、これもまた、運というものである。それは、あるいは、もう一度、ピエドラス・ネグラスに戻っておいでという、誰かさんの意思なのかもしれないと考えて、自分で自分を、無理矢理、納得させた。

まぁ、それは後日談である。

その時は、万策尽きて、「これ以上、行っても何もないのなら、じゃあ、もう、戻りましょうか？」と、私がいうと、Tさんは明らかに、ホッとした顔になった。

彼は、ピエドラス・ネグラスについて、実のところ、あまりよく知らないのかもしれないとは思ったが、そのことで、ここで彼に文句をいってみても、仕方がない。

河岸に戻るとなると、緊張から解き放たれたからか、彼の口が急になめらかになった。やれ、この植物は何という名前だとか、薬になるとか、そんな、正直、どうでもいいことを、延々と、しゃべり続けた。でも、私にとっては、本当にどうでもよいことなので、適当に相打ちを打つ。

彼が急に動きを止め、「静かにッ!!」前方の森の奥を指さすので、見ると、鹿のような動物が、そこにはいた。鹿は（それが、鹿なら）、動きを止めて、こちらをしばらく見つめていたが、やがて、きびすを返して、森の奥に消えた。

「ラッキー」と、Tさんはいうが、鹿なら、日本にも、奈良とか、宮島の厳島神社とか、いやいや、何も、そんなに遠くまで行かなくとも、横浜市戸塚区の、私の実家の近くの、春日神社の境内にも、「鹿せんべい　一〇〇円」と書かれた札のつけられた檻の中に、それこそ腐るほど、いるんですけど……。

こうして、私のピエドラス・ネグラスへの旅は、終わった。河岸に戻ると、ボートの中で、船頭さんが、気持ちよさそうに眠っていた。

ピエドラス・ネグラスの栄枯盛衰

ピエドラス・ネグラスの王朝史については、くり返しになるが、ロシア生まれのマヤ学者、タチアナ・プロスコリアコフの尽力によって、碑文の解読が進み、その栄枯盛衰をかなり正確に、辿れるようになっている。タチアナ・プロスコリアコフは一九三九年に、初めて、ピエドラス・ネグラスの調査に参加し、その後、米国のカーネギー研究所や、ハーバード大学ピーボディ博物館の研究員として、コパンやチチェン・イツァー、マヤパン等、多くのマヤ遺跡の調査に従事したが、なかでも、ピエドラス・ネグラスの碑文研究は、彼女の生涯を通しての、ライフワークになった。マヤ文字のテキストには、その王朝史が記されているという、今では当たり前の事実を、彼女は、その不屈の、ピエドラス・ネグラスの碑文研究を通して、初めて、実証したのである。

そんなピエドラス・ネグラスの王朝史は、主にウスマシンタ川を挟んで、約四〇キロほど離れたヤシュチランとの抗争史であるといって、決して、過言ではない。

ピエドラス・ネグラスが建国されたのは、おそらく、三世紀の終わりのころと、考えられている。一方、ヤシュチランの建国は、それに遅れること一世紀、四世紀の終わりのころである。

しかし、ヤシュチランの石碑には、「月・頭骸骨」王の治世、四六〇年ごろに、ピエドラス・ネグラスとの戦争が行われ、ピエドラス・ネグラスの「支配者A」と呼ばれる王が、「月・頭蓋骨」王に敗れたという記述が、残っている。ところが、五一八年頃になると、両者の関係は逆転する。

ピエドラス・ネグラスの石板12には、ピエドラス・ネグラスの「支配者C」がヤシュチランの「結び目ジャガー」王に勝利したという記録が、出てくるからである。しかし、同時に、その「支配者C」は別の王の後見下にあったとの記述も、石板12にはあり、その別の王が一体誰れで、どこの王か（メキシコ中央高原とのつながりを考える、研究者もいる）などの、疑問は残る。

六〇三年、ピエドラス・ネグラスにキニチ・ヨナル・アーク一世と呼ばれる王が、即位する。同王の事績を記した石碑26と同31には、王がそれぞれ、六二八年と六三七年に、パレンケに対し、戦争を仕掛けたとの記述が、残っている。しかし、この時代のパレンケは、パカル大王の統治下にあり、ピエドラス・ネグラスとの戦争に、さして大きなダメージを受けたとは、考えにくいこともまた、事実である。石碑にも、勝ったと明確に記しているわけではなく、実際には、やや有利に戦争を進めた程度であったのかも、しれない。いずれにしても、このエリアでピエドラス・ネグラスが大きな権力を握るには、パレンケとの覇権争いは、避けて通ることが出来なかったのであろうと、考えられる。

六八七年には、キニチ・ヨナル・アーク二世が、即位する。この王の治世は、四二年の長きにわたって、続いた。かなりの長期政権である。しかし、同王の治世下で、むしろ、ピエドラス・ネグラスは、その政治的弱体化が進んだ。この時代、パレンケはパカル大王の息子、キニチ・カン・バラム二世の治世下にあり、その勢力をウスマシンタ川流域にまで、確実に、拡げつつあったからである。

その後、七二九年に、「支配者4」と呼ばれる王が、即位する。この王がつくらせた石板3には、七四九年の日付と、その年に行われた祝祭において、王がヤシュチランから来た一行に謁見しているレリーフが彫られている。このことが何を意味するのかは、必ずしも明確ではないが、同王の治世下では、ヤシュチランがピエドラス・ネグラスに隷属していた証しではないかと考える、研究者もいる。

七八一年に即位した「支配者7」の治世は、ピエドラス・ネグラスにおいて、多くの美しい彫刻がつくられ、芸術がもっとも花開いた時期であると、考えられている。しかしながら、そのことと、治世の平穏とは、必ずしもイコールではなかったようで、長年の宿敵、ヤシュチランとの抗争がかつてなく激化し、しかも、どうやら、ピエドラス・ネグラスの側が、劣勢に立たされていたようである。

八〇八年の日付のある、ヤシュチランのリンテル10には、ピエドラス・ネグラスの「支配者7」と考えられる王を、戦争で捕らえたとの、記述が残っている。同王がその後、どうなったのかはわからないが、おそらくは、処刑されてしまったのであろう。

この戦いが、ピエドラス・ネグラスとヤシュチランの、最後の戦いになった。ピエドラス・ネグラスでは、二年後の八一〇年に、祭壇3が建設されており、「支配者7」の死後も、しばらくの間は、かろうじて、王都は存続していたようであるが、それが最後の、記念物の建設となった。

ピエドラス・ネグラスの最後は、悲惨である。王都のいたるところに、火災や破壊の痕跡が残っているからである。その破壊が内乱によるものか、あるいは外部からの襲撃によるものなのかは、わからないが、ヤシュチランとの長年の戦いが、結局のところ、ピエドラス・ネグラスの国力を疲弊させ、それが王朝の崩壊の、決定的な原因となったことだけは、確かである。

そして、戦いには勝ったヤシュチランもまた、結局のところ、ゆるやかな滅びの道を辿ることになる。

まさに、諸行無常の世界である。

巨大な城塞都市、トニナー

再び、二時間半以上の時間をかけて、ウスマシンタ川を遡って、コロサルに戻り、エスクード・フグアールのレストランで遅い昼食を取り、車で三時間近くかけて、パレンケの町に戻った。

車の中では、ほとんど、寝ていたが、途中で雨が降り始めたなぁ……とぼんやりと思っていると、たちまち、もの凄い、豪雨になった。兎に角、凄まじい降り方で、今夜の宿、ミシオン・パレンケに着いても、まだ、雨は降り続いていた。

傘がまったく役に立たないような降り方で、部屋に入って、シャワーでも……と考えていると、突然、停電になってしまった。電気はすぐについたが、しばらくして、再び、停電。とてもではないが、これでは、シャワーなんか、浴びていられない。

そうだ、コロサルでは携帯が圏外で、日本に連絡を入れられなかったので、定期連絡を……と思って、携帯を取り出すが、何と、圏外。一昨日、泊まったときは、ごく普通にかけられたので、これも豪雨の影響なのか（実際にそうで、雨がやんだ後は、普通に通じた）。

九時過ぎ、ようやく、雨が小降りになったので、もう大丈夫と思って、シャワーを浴びて、レストラン棟に向かった。宿泊棟とレストラン棟が地続きでないため、濡れずにその両者の間を移動することが出来ず、宿泊棟の各室に、大きな傘が完備されているわけが、よ～く、わかった。レストランは、またしても、白人の団体客で、超満員状態。雨が吹き込む窓側の席しか、空いていなかったので、やむなく、そこに座って、夕食を注文するが、前々日同様、なかなか、料理は運ばれて来ない。団体客の大半は、バイキングを食べていたが、品数も少なく、あまり、うまくなさそうだ。客が多かったためか、途中でマリアッチの生演奏が入り、女性歌手が登場して、ラテンの定番を歌い始めた。それはいいけど、私の夕食は……。

翌日は、雨脚は弱まったとはいえ、結局のところ、朝まで降っていた雨も上がり、ホテルのレストランで、バイキング形式の朝食を取った。辛いサルサ・ソースをかけた炒り卵に、ポテト・フライ、ベーコンに、違う形のパンを数種を、皿に盛って、それに、オレンジ・ジュースのグラスを片手に、テーブルに戻り、ボーイに、コーヒーか紅茶かと聞かれたので、コーヒーを頼んだ。何のことはない、変わり映えしない、ごくごくフツーのアメリカン・ブレックファースト。

でも、朝から、骨付きの鶏肉の煮込みだとか、甘くないあんこだとか、きっと、中に鶏肉か何かが入っている、煮込んだトルティーヤ・ロールだとか、見るからに、ズッシリと、腹にたまりそうな食べ物は、正直、食べたくない。

八時に、Tさんが車で迎えに来て、パレンケ王朝を衰亡に追い込んだ、トニナーの遺跡に、向かう。

トニナーは、パレンケから、チアパス州のかつての州都（現在、州都はトゥクストラ・グディエレースに移されている）、サンクリストバル・デ・ラスカサスに向かう途中の、オコシンゴという町の近くにある。パレンケからは、車で三時間あまり、サンクリストテバル・デ・ラスカサスからは、同じく、二時間半あまりの距離で、ちょうど、その両者の、中間点という感じだ。私はチャーターした車で行ったが、なるべく、公共の交通機関を使って、行きたいという人は、サンクリストバル・デ・ラスカサス行きのバスに乗って、オコシンゴで途中下車し、あとは街中で、タクシーをつかまえて、行けばよいのではないか（オコシンゴの町には、かなりたくさん、タクシーが走っていた）。

トニナーへの道は、山越えの連続だが、道自体は、舗装された、よい道だ。つまり、車は快適に飛ばし、眠くなる。つい、うとうとして、目覚めると、山の中のハイウェーを走っているという、同じような光景。で、また、うとうとする。そのくり返し。

やがて、着いたオコシンゴは、小さいながら、活気のある町だった。

「ここまで来れば、あと二、三〇分くらいですので、ちょっと、休憩しましょう。私たち、まだ、朝ご飯を食べていないし……」と、Tさんがいうので、大通りに面した、オープンテラスの食堂に、車を着けた。

もっとも、私は朝食はホテルですませたし、昼食にはまだ、少し早い時間だったので、コーヒーだけ頼んで、通りの近くのテーブルに、腰を据えた。Tさんとドライバーは、奥の席で、何かを食べている。大通りは大勢の車や人が行き交い、賑やかだ。近くに市場があるので、買い出し帰りの、食料品や日用雑貨等の大荷物を持った人が、多い。明らかに中古とわかる、大きなテレビを、重そうに担いで歩いている親父がいたが、あれは買ってきたのか、それとも、これから売りに行くのか。携帯を見ると、電波状態は良好なようだったので、日本に電話をかけた。誰も、出ない。宵っ張りの娘だから、まだ起きているかと思ったが、寝てしまったようだった。

別の車が、レストランの前に停まって、品のよい老夫婦が、明らかにガイドとわかる、身分証明書を首から提げた男と共に、降りて来た。車には、私の乗っている車と同じ、旅行社のマーク。この店はどうやら、その旅行社御用達のお店のようだった。目が合ったので、老夫婦と、挨拶を交わす。

Tさんが奥の席から立ち上がって、そのガイドの男と、何かをしゃべりながら、握手を交わす。彼らもまた、トニナーを見に来たのかと、あとでTさんに聞くと、サンクリストバル・デ・ラスカサスから、パレンケに向かう途中だという。トニナーには、あまり、観光客は行きませんと、Tさん。なるほど、そうですか。ここまで来たのに、もったいない。

「では、私たちは、そろそろ、トニナーに行きましょう」と、Tさんがいうので、私もあわてて、立ち上がって、勘定をすませた。コーヒーは、濃くて、結構、うまかった。

トニナーには、たった、二〇分で、着いた。周辺は、見渡す限りの平原で、牛の放牧地になっている。実にのどかな、光景だ。

駐車場の隣には、かなり立派な博物館が建っていたが、そこは後で見ることにして、まずは遺跡へ向かう。

広大な牧場の中を、両サイドをフェンスで囲われた、細い道が続いている。そのフェンスの向こうには、のんびりと草をはむ牛の姿。いかにものどかな光景だが、随所に立てられている立て看には、スペイン語のスローガンと、最後に大きく、「E.Z.L.N.（サパティスタ民族解放軍）」の文字。中には、ひときわ大きく、チェ・ゲバラとマルコス副司令官の肖像が描かれ、自由・正義・尊厳と大書された横断幕もあって、ここが明らかに、サパティスタ民族解放軍の根拠地であることが、わかる。

一九九四年一月一日、メキシコ・チアパス州の幾つかの町を、一斉に、武装占拠した、謎のゲリラ組織は、「サパティスタ民族解放軍」を名乗り、「ラカンドン密林宣言」を、国内外に、明らかにした。

彼らはその中で、自らがマヤ系を始めとする、メキシコ先住民を主体にした組織であることを、明らかにし、スペイン人による征服以降の、その差別と貧困の歴史に対し、「もうたくさんだと宣言する。メヒコという民族性を本当に造り上げた者の後継者は、われわれである」と、高らかに、宣言した。

サパティスタの決死的な蜂起は、その後、重武装のメキシコ政府軍による包囲網と、軍や、軍の支援を受けた「武装した住民」による、サパティスタとその支援者に対するテロの横行という、極めて危機的な状況を乗り越え、今日まで、兎にも角にも、継承されている。彼らが、自らの主張と、その大義を、いち早く、インターネットで、全世界に発信することで、彼らが単なる「テロリスト」などでは、断じてないことが明らかになり、その支援の輪が、国内外に広く、拡がったからだ。

実は、かくいう私もまた、一時期、日本におけるサパティスタ支援運動に参加した、ひとりである。しかし、戦いの長期化と、そうした中での、サパティスタの半ば「合法化」による、少なくとも、軍事的衝突の危機の回避という時の流れの中で、日本における支援運動は先細りし、いつの間にか、開店休業状態に陥っていった。私の関心もまた、それにつれて、薄らいでいった。

そんなこともあって、チアパス州に来ても、サパティスタのことを、正直、チラッとでも考えたといったら、ウソになる。本当に、恥ずかしい。

そのサパティスタの解放区に、グルリと周囲を取り巻かれるようにして、トニナー遺跡エリアは存在していた。明らかに、目につく立て看や横断幕なのに、Tさんはそのことには、一言も触れようとしないし、こちらも、あえて、聞かなかった。

トニナー遺跡のアクロポリスは、まるで、巨大なひとつの山のような遺跡だ。七層の階段ピラミッドが、いくつもの嶺の連なる山のように、そびえ立っている。実際にも、山の斜面を利用しているのだろうが、その高さは、Tさんによれば、実に、一二六メートルという。

逆にいうと、建造物の大半が、この大基壇の上に建っており、それ以外は、大きな半地下状の球技場がひとつと、後は幾つかの建物が、大基壇のふもとに拡がる大広場に、点々と存在しているに過ぎない。すべてが、大基壇の上にある、城塞都市といえるだろう。これはトニナーが、軍事色の濃厚な都市国家だった、ということの証左なのだろうか⁉

めずらしい半地下状の球技場では、大勢の作業員によって、修復作業が行われていた。石積みがキチンと積み直され、球技に用いられた斜面には、周囲とは色が違う、鮮やかな朱色に着色された、蛇の頭や、跪いた状態の、おそらくは捕らえられた捕虜の全身像の化粧パネル等が、はめ込まれている。パネルはもちろん、一見レプリカとわかるものだが、実際に、そうしたパネルがはめ込まれ

トニナー遺跡の入口に掲げられたサパティスタの横幕

トニナーの建造物

ていたことは、どうやら、事実のようだ。パネルにはめ込まれた、捕虜の全身像は、全部で六体あり、その大半がパレンケの貴族のものであると、いわれている。

また、球技場の半地下状の床は、今は石のタイルがびっしり、モザイク状に、敷き詰められているが、本来の床は、石膏によって、舗装されていたのだという。

大基壇にも、何人もの、修復や清掃を行う作業員がいて、作業中だった。

大基壇は、下から仰ぎ見ると、その重量感に、文字通り、圧倒される。今は、黒ずんだ石の山だが、本来は漆喰で化粧され、その上に、鮮やかな彩色が施されていたという。その偉容は、おそらく、オコシンゴ谷のどこからでも、眺めることが出来たのではないか。そうした視覚効果と、威圧感とをもって、人々の上に、トニナーの王朝は君臨していたのだろう。

九〇九年まで続いた、トニナー王朝

トニナー遺跡は、一九七二年から八〇年にかけて、フランスの考古学チームによる発掘調査が行われ、現在も、メキシコの国立人類学歴史学研究所による調査と保存・修復が、続いている。

これだけの大遺跡であるが、パレンケからも、サンクリストバル・デ・ラスカサスからも遠いという、足場の悪さも原因して、訪れる観光客は少ない。私が訪れた時も、遺跡エリア内や博物館で出会った観光客は、ほんの数人だった。あるいは、サパティスタの解放区内にあるということも、観光誘致に多少、影響しているのかも、しれない。

トニナー王朝の創建は、一体、いつごろなのか？　現在の建造物は古典期後期のものだが、その地下深くの発掘調査が行われるようになり、その起源はかなり古いことが、明らかになりつつある。五一四年の日付を刻んだ祭壇には、その名前を判読出来ない王の名が刻まれていて、考古学者によって、「支配者1」と、名づけられている。トニナーの石碑の碑文には、さらに古い、二一七年の日付と共に、こちらも名前の不明な王の記述があるが、その碑文が刻まれたのは八世紀のことで、同王が実在の王なのか、あるいは、伝説上の人物なのかは、ハッキリしない。一方、「支配者1」の名は、他の複数の碑文にも登場するので、こちらはほぼ、実在の王と考えられている。

すなわち、遅くとも、古典期の中期までには、王権が成立していたことは明らかであるが、その王朝史が、かなり詳細に把握出来るようになるのは、古典期後期になってからのことである。

たとえば、キニチ・ヒシュ・チャパト王は、六〇六年に誕生し、六一五年に八歳で即位したことが、ハッキリしている、トニナーの王である。この六一五年という年は、パレンケにおいて、パカル大王が一二歳で即位したのと、偶然にも、まったく同じ年である。

そのキニチ・ヒシユ・チャパトの後を継いで、六六八年に、王位についたのは、名前が判読出来ないため、「支配者2」と呼ばれている王であるが、この王の末路は悲惨なものだった。すなわち、パレンケで発見された石板に、六八七年、パレンケとトニナーとの間で戦争が行われ、トニナーの王が敗北したとの記述が、残っているからである。「支配者2」は捕虜になり、おそらく、殺害されたものと考えられる。

しかし、トニナーはそのパレンケとの戦いにおける敗北から、すぐに立ち直り、翌六八八年には、キチニ・バークナル・チャークという王が即位している。同王の治世は二七年ほど続き、王はチアパス各地を精力的に転戦し、勢力の拡大を図っていったようである。特に、宿敵・パレンケとの戦いは熾烈を極め、六九二年にパレンケに仕掛けた戦争は、パレンケの貴族を多く捕らえて、トニナーに連行した。そして、前述の半地下状の球技場に残る、跪く六人の捕虜のモニュメントは、その時の戦果を誇示する目的で、同王が製作させたものであると、いわれている。

七一五年の日付のある、ボナンパックの石碑には、ボナンパックの王が自らを、キニチ・バークナル・チャークの臣下であるとする記述が、残っている。しかし、実際には、キニチ・バークナル・チャークは七〇四年前後に死去し、七〇八年には、その後継者として、「支配者4」が即位していることが、碑文資料から明らかなので、この記述の信憑性には疑問も、残る。おそらく、トニナーの最盛期がキニチ・バークナル・チャークの治世であったため、同王の名は周辺の都市国家の津々浦々にまで広く、知れ渡っていたのであろう。

ところで、「支配者4」の最大の功績は、七一一年に、パレンケの老王、カン・ホイ・チタム二世を捕らえて、トニナーの都に連行したことであろう。これが、輝かしいパレンケ王朝にとって、落日の始まりとなったことは、前述した。

七二三年に「支配者4」の後継者として即位した、キニチ・イチャーク・チャパトは、先々代のキニチ・バークナル・チャークを、心から崇拝していたとわかる記述を、多く残しているが、肝心要の自らの事績となると、ほとんど、不明のままである。あるいは、特段、これといった事績をあげぬままに、没したのかもしれない。

その後、トニナーでは、石碑の建立が、実に半世紀もの間、ストップし、王朝史の空白期間が続くことになる。トニナー王室内部に、何らかの深刻な内紛等が生じていた、可能性もある。

トニナーの王朝史にとって、最後の偉大な王となったのは、「支配者8」と呼ばれる王である。この王が七五六年に生まれたことはわかっているが、いつ即位して王になったのかは、不明である。同王はアクロポリス上部の建造物の改装に着手し、より壮麗なものにすると共に、サク・ツィやポモイといった、それが一体どこにあったのかすら、実のところ、よくわかっていない、周辺都市への軍事的攻撃なども、積極的に推進したようである。王の事績を記した石碑で、一番新しいものには、八〇六年の日付が刻まれているので、少なくともその年までは、「支配者8」は存命であったものと、思われる。

くり返しになるが、トニナーの好敵手であったパレンケでは、八一四年の石碑建立を最後に、まったく石碑が立てられなくなり、ヤシュチランでは八〇八年、ピエドラス・ネグラスでは八一〇年、カラクムルもまた八一〇年、古典期最強の都市国家となったティカルですら、八八九年の石碑建立をもって、一切の石碑の建立が、ストップした。こうして、古典期後期の有力なマヤ王朝は、遅くても九世紀末までには、相次いで、歴史の表舞台から、その姿を消したのである。

これに対し、トニナーでは、その後も、断続的に、石碑の建立が続き、最後の建立となる石碑には、九〇九年の日付が、刻まれている。

トニナーがどうして、古典期マヤ都市国家の連鎖的な崩壊から、兎にも角にも、一番最後まで逃れ得ることが出来たのかについては、正直なところ、よくわからない。トニナーの王都があるオコシンゴ谷は、比較的孤立した場所にあったため、その立地故ではないかと、考える研究者もいる。いずれにしても、「支配者８」の死後、トニナーの王都でもまた、ゆるやかな崩壊過程が進行していたのだと、考えるべきだろう。

古典期マヤ文明の崩壊要因に関しては、各都市における急速な人口増加と、それによる生態系の破壊、旱魃や疫病の流行、それに伴う、各都市国家間の戦争の、より一層の激化や内部反乱、そうした事態の、当然の帰結としての、王権の失墜等々、様々な要因が考えられるが、おそらく、原因はひとつではなく、そのいくつかの、複合的要因によるものであろうと、考えられている。しかし、それはもっぱら、グアテマラ・ペテン地方など、中部低地エリアにおける崩壊の連鎖であって、遠く離れた、メキシコ・ユカタン半島においては、古典期後期から後古典期にかけて、ウシュマルやチチェン・イツアー、マヤパン等々、巨大都市国家が次々に興亡し、新たなマヤ文明が花開くことになるのであるが、それはまた、別の話である。

大基壇の上の建物を巡った後、再び、大広場に戻り、今度は行きとは違う道を通って、博物館のあるゲートまで、戻った。博物館は、ひときわ目立つ、二階建ての近代的な建物で、外壁には、赤や青等、鮮やかな彩色が施されている。遺跡全体の模型の他、遺跡から出土した土器や土偶、石彫、石碑等々が、文字通り、所狭しと並び、見応え十分だ。館内はフラッシュさえ使用しなければ、自由に写真撮影出来るので、展示物の多くを、撮影した。

おそらく、半地下状の球技場の斜面にはめ込まれていたものであろう、後ろ手に縛られ、跪いた姿勢の人物像のオリジナルや、切断された首を、自らの両手に持つ人物像等々が、特に、印象に残った。

また、講演会等に使用できる、プロジェクターやスクリーン等も完備された、スロープ式の立派な講堂もあって、その日は何も開催されていなかったが、ここでじっくり、研究者や発掘従事者のお話を聞くことが出来たら、どんなに、よいだろうか。

私はまだ昼食を食べていなかったので、近くのお土産店兼簡易食堂で、車を止めてもらって、カリカリの、超美味な、焼きたてトースト・サンドを食べて、コーラを飲んだ。しめて、四〇ペソだから、三〇〇円弱のお値段。

店主が、唐辛子のハラペーニョを入れるかと聞くので、ジェスチャーと英語で、たくさん、入れてというと、私が食べるのを見て、ニヤニヤしている。きっと、あまりの辛さに、私が驚く顔を見たかったのだろうが、おあいにく様。私は辛いものには、メチャメチャ強いのである。ハラペーニョ、ジョロキア、何でも来いッ……と、いうもんである。中国の成都でも、あまりにも辛すぎて、地元の人も避けるという、ほとんど、嫌がらせみたいな、某有名店の麻婆豆腐を、ペロッと完食して、ガイドをびっくりさせたんでぇ。どうだ、まいったか。

この店では、お土産として、サパティスタのマルコス副司令官の、イラスト入りTシャツを売っていたが、サンクリストバル・デ・ラスカサスに行けば、どこでも買えるだろうと思って、買わなかったのが、大間違い。

サンクリストバル・デ・ラスカサスからは、サパティスタ色がものの見事に、一掃されていたのである。

再び、車に乗って、二時間半のドライブ。サンクリストバル・デ・ラスカサスに、向かう。

観光都市化の進む、サンクリストバル・デ・ラスカサス

サンクリストバル・デ・ラスカサスは、チアパス州のかつての州都。現在、州都は近くのトゥクストラ・グティエーレスに移ってしまったが、今も昔も、チアパス州の中心である。

元々は、一五二八年に、スペイン人がこのチアパス地方を統治するためにつくった、道路が碁盤の目のように整然と並ぶ、典型的なコロニアル都市で、メキシコでオアハカ州と共に、先住民比率のもっとも高い州であるチアパス州の、文字通り、中心地として、周辺の先住民の村々から、人々が集まり、伝統的な民族衣装や民芸品等を市場で売るようになった。

しかし、私にとってのサンクリストバル・デ・ラスカサスは、あくまで、前述のサパティスタ民族解放軍の蜂起の中心地であり、蜂起当時の、一触即発の緊迫した町の様子などを、様々な人から聞いて、知っていたのである。

今回、チアパスのマヤ遺跡とピエドラス・ネグラスを巡る旅の終着点として、この町を選んだのには、そのサンクリストバル・デ・ラスカサスの今を、この目で見たいという思いが、あったのである。

ところが、旅に出る前に、インターネット等で情報を仕入れていて、ある人が、この町を、「まるでミニ・オアハカ」と書いているのを読んで、かなり、ショックを受けた。きれいで、キュート

な街並み、お洒落な雑貨店やカフェ、ラブリーな雑貨に、素晴らしい織物や刺繍……そんなものに出会える町、それが「サンクリ（ついに出た、略語）」だというのである。そのブログには、写真も満載されていて、確かに、それを見る限り、サンクリはとてもお洒落で、キュートな町だ。

うーん。

私は、常日頃、メキシコで一番好きな町はオアハカだと、公言しているし、だから、サンクリストバル・デ・ラスカサスが「ミニ・オアハカ」であるといわれて、喜ぶことこそあっても、ガッカリするのは、まるで、筋が通らない。

しっかし、そんなことは百も承知でいえば、サンクリストバル・デ・ラスカサスには、やはり、サパティスタの決死の武装蜂起の意味、その先住民の誇りが、どうか、今も残る町であって欲しいと、所詮、旅人の気軽さで、私はそう、思うのである。

サンクリストバル・デ・ラスカサスの町に着き、その中心部であるソカロ&カテドラルから、3ブロック先のホリディ・インに、私はチェック・インした。ガイドのTさんとも、これでお別れ。明日の夕方には、メキシコ・シティー経由で日本に戻るが、ホテルから空港までの送迎は、別のドライバーが来ることになっている。

ホリディ・インは、コンクリートの塀で囲まれた殺風景な外観とは裏腹に、中に入ると、花が咲き乱れる、美しいガーデン風の中庭をグルッと囲むようにして建てられた、古色蒼然としてはいるものの、美術工芸品のように美しい客室の、コロニアル風の四つ星ホテルで、一泊六〇〇〇円程度で、泊まることが出来る。前述したが、町の中心部まで、わずか3ブロック、歩いて数分という、抜群の立地である。

部屋に荷物を放り入れると、早速、町に出た。

ソカロと呼ばれる、中央広場の前には、黄色のカテドラル（大聖堂）が建ち、多くの人々が広場のベンチで憩い、それを目当てに、様々な物売りが集まっている。ソカロを中心に、碁盤の目状に四方に広がる道沿いには、様々なお土産店やレストラン、バーやクラブに、ネット・カフェ、ホテルに旅行代理店、コンビニ風の商店、「バーガー・キング」等のアメリカ資本のファースト・フード店等々が、文字通り、ひしめき合っている。まさに、あるのは観光客のための店ばかりだ。

道行く人々の大半は、それとわかる、欧米人の観光客で、その間を、民族衣装を身に纏った先住民の女性たちが、布や民芸品等を売り歩いているが、周囲は、そういった商品を扱っているお土産店ばかりなので、ほとんど、売れていない。

一見、のどかな光景だが、要所要所には、制服の警官が立ち、周囲に鋭く、目を光らせている。

確かに、いい町である。古いコロニアル風の、色鮮やかな原色の建物と、石畳の道。車は少ないし、夜遅くまで町を歩いていても、人通りの少ない、町外れにまで行けば別にして、街中であれば、危険な感じはまったく、しない。旅人が欲しいものは、すぐに、簡単に、手に入る町、それがサンクリだ。

カフェでは、濃厚で、薫り高い、おいしいコーヒーも飲めるし、パソコンやタブレットを開いたり、本を読んだりして、わずかなお金で、長時間粘っても、文句ひとつ、いわれない。どの店もかどうかは知らないが、食事も、おいしい（少なくとも、私が入った店は）。

しかし、何かがない。そうだ、以前は、町中にあふれていたという、サパティスタのスローガンがなく、一時期は、サンクリ土産の定番であった、覆面をして銃を持ったサパティスタ人形や、マルコスTシャツが、どこにも置いていない。

町中を探し歩いたが、私が探した範囲内では、マルコス副司令官の肖像を掲げていたのは、「反体制」を売り物にしたカフェ、ただ一軒だけだった。しかし、そこも「反体制」を売り物にしているといっても、実際にはごくフツーの、こぎれいな外国人観光客向けのカフェで、マルコスだけでなく、ゲバラ等の肖像が、ベタベタと、壁に貼られているだけ。かかっている音楽は、アメリカのポップス。メニューを見たら、かなり高額で、私は何も頼まず、すぐに退散した。

サンクリは、確かに「ミニ・オアハカ」だが、オアハカよりは、ずいぶんと小さい町なので、どこへ行くのにも、たいてい、歩いて、一〇分くらいで行ける。ソカロから、真っ直ぐ、北に行くと、サンクリ最大のサントドミンゴ寺院があって、しかし、寺院をグルリと取り囲むように、テントが張られ、露店がひしめいている。観光客向けの商品と、一般向けの日用品雑貨とが半々という感じで、とにかく人出が多くて、なかなか、寺院にたどり着けない。サントドミンゴ寺院のさらに先には、より混沌とした、人出のものすごい、市場もある。

一方、ソカロから真っ直ぐ、南に行くと、赤と白に、目にも色鮮やかに塗り分けられた、とにかく目立つ、カルメン寺院があって、夜にはライトアップまでされる。この周辺は、お洒落なレストラン街。あとは、小高い丘の上にある、白亜のサンクリストバル教会という教会もあり、そこから町を眺望することも出来るというが、階段を延々と登っていかねばならないので、行くのはやめた。

あとは、特に何もない町だ。私はたった二日で、もう、ちょっとした、サンクリストバル・デ・ラスカサス通だ。

しっかし、私が持って行った『地球の歩き方／メキシコ』の11～12年度版は、まったく、役に立たない。兎に角、そこに載っているお店の多くが、実際に行くと、もうないのだ。要は、キチンと取材はしているのだろうが、町の変化が、あまりにも激しすぎて、紙のガイドブックでは、とても、その変化に追いつかないという感じ。まぁ、お店なんかは、歩いていて、適当なお店に飛び込めばいいのだから、載っているお店が仮になくても、特に困ることはないが……。

翌日も、引き続き、町をぶらつき、夕方、メキシコ・シティー行きの飛行機に乗るため、隣町のトゥクストラ・グティエーレスに向かった。車で約一時間の、距離。チアパス州の州都はトゥクストラ・グティエーレスなので、飛行場もそこにあるのだ。

メキシコ・シティーでの乗り継ぎ時間は二時間あるので、まったく、心配していなかったが、トゥクストラ・グティエーレス発の国内便が、な、何と、一時間半も遅れた。これだから、メキシコは侮れない。

メキシコ・シティーの国際空港に着いた時は、もう、出発時刻の二〇分前。まぁ、国内便から国際便への乗り換えなので、荷物はそのまま、自動的に、国際線に積み込まれるし、国際線の搭乗手続きは、トゥクストラ・グティエーレスの空港で、すませてあるので、あとは大急ぎで、走るだけである（涙）。

息せき切って、たどり着いた日本への出発便の搭乗口では、もう乗客の搭乗が始まっていた。もちろん、乗れれば、何の問題もない。が、しかし、トゥクストラ・グティエーレスでの出発が、あともう少し、遅れていれば、危ないところだった。

実は、日本へのお土産は、すべて、メキシコ・シティーの国際空港で買うつもりだったので、何も買わずに、日本に戻ることになった。娘はさぞかし、怒るだろうなぁ。

こうして、旅はあわただしく、終わった。正直、メキシコを去る、余韻も何も、なかった。

第5章　メキシコ・グアテマラ・ホンジュラス縦断

——見果てぬ夢——

いざ、メキシコ&グアテマラの太平洋岸地方へ

二〇一二年四月のメキシコ・チアパス地方に続き、同年一一月、今度はまだ行ったことがない、メキシコとグアテマラの太平洋岸地方へ、行くことにした。

具体的な遺跡名でいうと、メキシコのイサパと、グアテマラのタカリク・アバフやエル・バウル、ビルバオ、モンテ・アルト等々を回り、それだけではもったいないので、太平洋岸地方から離れて、グアテマラのキリグアとホンジュラスのコパンを再訪、さらには、初めて行くエル・プエンテにも、足を伸ばそう……というのが、私が立てた計画である。キリグアとコパンについては、一九九二年に一度、訪れただけなので、実に二〇年ぶりの再訪となる。

イサパは、グアテマラとの国境近くの太平洋岸、メキシコ・サイドにあるマヤ遺跡で、「マヤ文明の黄金期」とされる古典期に先立つ、先古典期に都市の建設が始まり、古典期マヤを象徴する石碑が、すでに先古典期の段階で、どこよりも早く、建立され始めた遺跡として、知られている。

また、タカリク・アバフやエル・バウル、モンテ・アルトなどでは、いずれも、湾岸オルメカ文明とほぼ同時期か、それより少し遅れて、湾岸オルメカとは異なるスタイルの巨石人頭像や、「太鼓腹の神」像などがつくられるようになり、それが、メキシコ湾岸地方が果たして、オルメカ文明発祥の地なのかという、議論にもつながっている、あまり知られてはいないが、実は極めて重要な遺跡群である（私がこれまで、単にオルメカ文明という呼称を使わず、「湾岸オルメカ文明」と、あえて

記してきたのは、そうした理由からである）。

しかし、これらの太平洋岸地方の遺跡群に関しては、日本の『地球の歩き方』はもとより、『ロンリープラネット』等、海外のガイドブックでも、ほとんど紹介されておらず、どうやって行ったらいいのか、まったくのところ、見当がつかなかったので、いつも、行くのを後回しに、してきたのである。

今回は、新たに一冊の本を書くにあたって、何としても行こうと、早い段階から、メキシコ観光（旅行社）を通して、地元の旅行社に打診してもらうと共に、さらに、ガイドには、前回、エル・ミラドールに行った際、知り合ったアンティグア在住の日本人ガイド、菊川明子さんを、指名した。もちろん、何かトラブルがあった時、ガイドが日本語をしゃべれた方が心強い、ということもあるが、それだけでなく、誰よりも勉強熱心で、遺跡に関する新しい知識を吸収することに貪欲な、菊川さんであれば、きっと、私の知らないことまで、調べてきてくれるだろうという、いささか、虫のよい期待も、あったからだ。それに、旅は気の合った（菊川さんがどう考えられているかは、ともかく、一方的に、私はそう思っている）人と一緒にする方が、楽しいに決まっている。

現地の旅行社からは、メキシコとの国境を越えた時点から、モンテ・アルトまでの間、二名の観光警察官を同行させることを条件に、手配ＯＫの連絡が、メキシコ観光にあった。地元の旅行社の説明では、警官を同行させるのは、私が行くところは、ほとんど、一般の観光客が行かないところだから、安全上、どうしても必要……とのことであった。観光客が行かないといっても、内戦下の危険エリアじゃあないし、まぁ、きっと、警官のバイト料稼ぎに違いないと、内心、そう思ったが、拒否すれば、旅行の手配をしてもらえなくなる可能性もあり、ここは飲むしかない。また、結構、多忙な菊川さんのスケジュールも、幸いなことに、ちょうど、空いていて、彼女にガイドを頼むことも出来た。

ところが、出発の数日前、グアテマラの太平洋岸で、東日本大震災並みの、巨大地震が起こった。テレビやインターネットのニュースでは、メキシコ国境近くの町、サン・マルコスで多くの建物が倒壊した姿を、映し出している。メキシコ観光を通して、現地の旅行社に問い合わせてもらうが、道路の一部に、崖崩れ等で一方通行になっているところはあるが、行く遺跡自体には何の被害も出ていない、大丈夫です、とのことだった。

大丈夫と太鼓判を押されれば、もう行くしかない。それでも、多少の不安を抱えつつ、東京を旅立った。

今回も、アメリカ（合州国）経由を避けて、アエロ・メヒコのメキシコ・シティー直行便を使い、メキシコ・シティーの国際航空で、タパチュラ行きの国内便に乗り継ぐ。メキシコ・シティーの空港での乗り継ぎ時間は二時間を切っているので、ちょっときついかなぁ……と思っていたが、実際、きつかった。

そもそも、飛行機の成田での出発時刻が、遅れに遅れ、現地に着いた時は、乗り継ぎ時間は二時間どころか、一時間を切っていた。おまけに、第二ターミナルの入国審査のブースには、長蛇の列が出来ている。

それでも、しばらくは、列に並んでいたが、列は一向に、前に進まない。私の少し後ろに、たまたま、日本人の団体客がいたので、その中の、添乗員と思われる人に、「添乗員さんですか？」と確認した上で、「乗り継ぎ時間が迫っているんですけど、一番、前に横入りしちゃった方がいいですかねぇ」と、尋ねてみると、「行きなさい、行きなさい。乗り遅れちゃっても、誰も個人客の面倒なんか、見てくれないよ」というので、列から離れて、一番前に行って、入国審査官に、「あのぅ、乗り継ぎ時間が迫っているんですけど……」と、スペイン語は出来ないので、英語で、叫んでみた。すぐに横入りＯＫが出て、とりあえず、乗り継ぎ便には、どうにか、間に合ったが、ちゃんと、列に並んでいたら、危ないところだった。

この日のフライトは、成田の出発時から、ビッグ・トラブルに、遭遇した。アエロ・メヒコのカウンターで、チェック・インしようとしたら、あなたのフライトは、コンピューターに登録されていない、というのである。そんなハズはないと、エア・チケットの控えを見せても、係員は登録されていないものはされていないの、一点張り。旅行社に、掛け合ってもらおうと、携帯で電話しても、その日は生憎、土曜日なので、業務はやっておりませんとの、テープが流れるだけ。しばらく、押し問答を続けていると、別のカウンターでも、登録がないといわれている人がいることに、気づいた。そういう人が何人も出たので、係員の態度も変わり、しばらく、こちらで待てといわれて、待っていると、「コンピューターへの入力ミスだった」云々と、もごもご、いわれて、無事、搭乗券が発行されたが、謝罪は一切、なかった。

でも、その入力ミスとかを、どこでどうやって、確認したのだろうか。さすがというか、アバウトなラテンの国の航空会社、アエロ・メヒコである（ハイ、皮肉です）。

タパチュラの空港には、午後五時過ぎに、着いた。到着便のターミナルを出ると、懐かしい菊川さんの姿があった。しかし、積もる話もソコソコに、駐車場に向かう。宿泊先の「ホテル・サンフランシスコ」は、街中にある五階建ての、ビジネスホテル風の造り。豪華ではないが、一応、必要なものは、一通り、揃っている。

タパチュラの町は、のんびりとした田舎町で、午後六時を過ぎると、外は真っ暗になってしまう。荷物を部屋に置いて、菊川さんと連れだって、食事をしに、町に出たが、空いている店が少なく、「オレ、いい店知ってるよ」と、ドライバーのメキシコ人の兄ちゃんが、連れて行ってくれたのは、三ブロックだったか、四ブロック先にある、タコス屋だった。

当然、タコスとその眷属くらいしか、メニューにはないので、私は一皿三個入りのタコス、菊川さんは、何という名前だったか、忘れてしまったが、トルティーヤを半月状に二つ折りにして、油でバリバリに揚げ、具を挟んだ食べ物（ケサディージャスというんだということが、後日、わかった）を、それぞれ、頼んで、さらに、コーラを飲んで、二人合わせて、日本円にして、五〇〇円くらい。菊川さんの頼んだ食べ物も、少し、試食してみたが、柔らかな皮と、バリバリの皮の違いで、タコスとまったく、同じ味がした。

帰りは、車がないので、その三ブロックだったか、四ブロックだったかを、歩いて帰った。ほとんどの店は、すでにシャッターを閉めてしまっているため、道は暗かったが、危険な感じはまったく、ない。

部屋に戻って、シャワーを浴びようとすると、チェック・インの時に、チェックしたら、かろうじてお湯だったシャワーが、完全に水になってしまっている。しばらく、出し続けたが、お湯になる気配は、一向になかったので、諦めて、水シャワーを浴びた。なぁに、酷暑のタパチュラだから、水シャワーで、全然、ＯＫ。風邪など、ひきはしないだろう、たぶん。

翌朝、菊川さん、ドライバーと合流し、イサパを目指す。しかし、ドライバーが、イサパまでは車で、たった二〇~三〇分の距離だというので、タパチュラの町に来る機会は、今後、そうないだろうから、車でしばらく、街中を流してもらうことにした。ホテルのすぐ近くに、公園があって、マヤ文字を刻んだ時計が、マヤの長期暦が一巡する、二〇一二年一二月二一日までの残り時間を、刻んでいた。

その公園が町の中央公園かと思っていたが、また、しばらく、車を走らせると、近くに、白亜の教会のある公園があって、こちらの方が、中央公園だった。教会の周辺には、それをグルリと取り巻くように、長屋状の建物と、テント張りの屋台街があって、買い物をする人や、屋台で何か飲んでいる人で、ソコソコの賑わいになっている。教会には人があふれ、礼拝が行われていた。そういえば、今日は日曜日だった。

ドライバーが、「近くに、いいところがある」というので、ついて行くと、それは中央公園に面した、市庁舎の建物だった。日曜なので、市庁舎は閉まっていたが、ドライバーはガードマンに声をかけて、ズンズン、中に入っていく。内部は、一階と二階が吹き抜けになっていて、二階への階段の正面が、巨大なステンドグラスになっている。ドライバーのいう、「いいところ」とは、どうやら、これらしい。ステンドグラスには、巨大な生命の樹と、その枝から生まれた、先住民たちの姿が、描かれていた。

それから、おいしい水がわいているという、町外れの崖下の、水くみ場などにもつれていってくれたが、もう、他に、タパチュラには何も見るものはなさそうだったので、イサパ遺跡へと向かう。

イサパ遺跡と、国境越え

すぐに、遺跡に着く。車を降りて、カカオ農園の中の、未舗装の農道を、二〇分ほど歩くと、グループAとグループBの分かれ道に、差し掛かった（標識が、立っている）。まずは、グループAに、向かう。

ちなみに、グループAと同Bの奥には、グループCやDもあるが、そこはカカオ農園の私有地で、一般には公開されていないのだという。その他、少し離れた場所に、グループFがあって、ここは公開されているという。つまり、グループAとBを見たら、いったん、車のあるところまで、歩いて戻って、車で、グループFへと、向かうことになる。グループFがあるんだから、当然、グループEもあるのだろうが、遺跡事務所で購入した英語・スペイン語併記のガイドブック（『Izapa A Self-Guaided Tour Book』）にも、グループEのことは、まったく、書かれていなかった。

イサパ遺跡は、紀元前三〇〇～同五〇〇年にかけて、先古典期の後期に成立した都市遺構であると、一応、されているが、石彫や石碑の年代測定は、実際には、極めて難しいのが、現状だ。

イサパ様式といわれる石碑が、たくさん、建立されたのが、イサパ文化の特徴といえるが、イサパの石碑にはマヤ文字は刻まれておらず、主に、神話的なエピソードなどのレリーフが、刻まれているだけである。つまり、石碑といっても、王の事績を誇示して、それを王権の強化に結びつけることが目的の、古典期のそれと、イサパの石碑とは、ある意味、まったく、別のものである。以前、考古学界では、古典期＝「石碑」の時代という考え方から、イサパ等、太平洋岸地方で生まれた石碑が、やがて、古典期の低地地方にも伝わり、それが古典期マヤの繁栄をもたらした、つまり、メキシコとグアテマラの太平洋岸地方や、グアテマラ南部こそが、先古典期のマヤ文明の、先進地域であったという考えが、強く支持されていた時期もあったが、エル・ミラドール等、すでに、先古典期に、古典期をも上回る巨大都市が、中部低地マヤで、築かれていたという事実が次々に明らかになり、そうした考え方自体が、大きく、ゆらぎつつある。

つまり、「石碑」が一番最初につくられたこと、イコール、先進地域の証では、必ずしも、ないのである。

しかし、イサパ遺跡の見どころは、その石碑がすべてといって、決して、過言ではない。遺跡のど真ん中を、タパチュラへと続く道が横切っている上に、遺跡の大半は、前述のように、カカオ農園の中にあって、一般公開されていない。つまり、そのごく一部のみが、カカオ農園の好意か何かで、フェンスで囲われ、保存・公開されているといった、感じなのだ。

ピラミッド神殿の基壇も、グループBにある、ピラミッド神殿のなれの果ての、自然の小山以外には、ほとんど、残っていない。フェンスに囲まれたふたつの広場には、トタンの屋根を架けられた、石碑が点在しているだけだ。残っている石碑の数は、グループAが、おおよそ一二、グループ

Bが、おおよそ八である。しかし、長い年月による風化が著しく、石碑に添えられた、説明パネルを読まなければ、それが何の図像か、判然としないものが、大半だ。

また、円筒形の石に、丸い石を乗せた、まるで、こけしか何かのような石彫も、何体も、残っている。おそらく、人物像であると思われるが、目も鼻も口も、ない。のっぺらぼうの像である。

しかし、とにかく、イサパは、猛烈に、暑い。照りつけるというよりは、肌に突き刺さるような陽光に、流れる汗が止まらなくなって、Tシャツも、タオルも、すべて、ぐしゃぐしゃに、なる。たまらなくなって、木陰で休みたくとも、ただのっぱらなので、木陰そのものが、ない。持って行った、五〇〇ミリリットルのペットボトルの水を、あっという間に、飲み干してしまった。もう、一本、持ってくるだったたと思っても、あとの祭り。

グループAと同Bを見終わるころには、軽い脱水症状になっていた。目がかすみ、頭がクラクラする。ようやく見つけた木陰でしばらく休んでから、これは決して、大げさではなく、気力をふり絞って、来た道を戻り、車でグループFに向かう。

車の中で、新しいペットボトルの栓を開けて、一気にすべて、飲み干す。もう、一本、飲みたいところだったが、生憎、持ってきたペットボトルは、あと一本しか、ない。ところが、グループFへは、ほんの数分で到達してしまって、またまた、エアコンの効いた車内から、炎天下に出なければ、ならならなかった。

グループFは、それでもピラミッド神殿の基壇部分や、小さな球技場などが、狭い範囲内に、残っていて、一応、遺跡らしい遺跡になっている。精力的に、写真を撮り続けるが、流れ落ちる汗

タパチュラのソカロ付近

イサパの石碑群

で、痛くて目を開けていられなくなり、しかも、時々、意識までが朦朧とする始末。

「こんなに暑いのは、以前、行ったキリグア以来です」と、私がいうと、菊川さんも、「私も、こんなに暑いとは、正直、思いませんでした。本当に、キリグアそっくり」と、答える。

暑いだけでなく、石碑以外には、見るべきものが、ほとんど何もないのも、イサパはキリグアと、そっくりである。

この日は、イサパを見学後、陸路で国境を超え、グアテマラの太平洋岸の町、レタウレルまで行くことにしていた。国境からレタウレルまでは、車で二時間半から三時間の距離という。

とりあえず、国境の近くまで行って、地元のレストランに入った。

お店のお薦め料理だということで、チキンのモーレ・ソースがけを注文するが、ただただ、何か飲みたいだけで、食欲はゼロ。結局、チキンにはまったく手をつけずに、添えられていたご飯とパスタだけを、ちょこっと、食べた。ちなみに、モーレ・ソースとは、チョコレートをベースにした、濃厚でスパイシーなソースのことで、オアハカなどの名物料理のひとつ。メキシコ好きには、モーレ大好きという人が多いが、私は、もちろん、嫌いではないが、これをかけると、牛肉でも、鶏肉でも、何でも同じモーレ味になってしまうので、モーレ料理が何日も続くと、たちまち、あきる。

その後、昨年末、日本に出来た、多分、唯一のオアハカ料理店である「アブラソ・ア・ラ・オアハケーニャ」に、『中南米マガジン』の取材で行く機会があり、モーレにはチョコレートをベースにした黒モーレだけでなく、アーモンドを使ったアーモンド・モーレ等々、あまり知られていないが、実に様々なバリエーションがあるのだということを、知った。

ご飯は、日本のような主食ではなく、あくまで、野菜感覚で、肉料理などに、添えられることが多い。パサパサして、旨いものではないが、こういう時は、日本で食べ慣れたものを目にすると、何か、ホッとする。

それはともかく、何を食べても、喉を通らない。時々、吐き気もするし、胸にも鈍痛があって、ハッキリいって、これで国境など超えられるのか、という感じだ。

少し、ここで休みたかったが、国境の向こう側には、すでに車もスタンバイ状態なのだろうから、待たせるもの悪いと思って、よろよろと、立ち上がった。まったくもって、我ながら、情けない。もう、過酷な旅は出来ない、脆弱な体力しか、私には残っていないのだろうか。

メキシコ側の出入国管理事務所では、出国税として、二五USドルを、請求された。メキシコには入国税があることは知っていたが、空路でメキシコを出国する時には、確か、出国税なんて、取られたことは、これまで、ただの一度もなかったので、おかしいじゃないかと、文句をいうが、陸路で入国し、陸路で出国する時はタダ、空路で入国し、陸路で出国する時は二五ドルと決まっていると、係官はあくまでも譲らず、そう、ここにそう書かれていると、パソコンの画面まで見せるので、菊川さんに聞くと、そんな話、私も聞いたことはないが、確かにそう書いてあることは書いてあるというので、まぁ、入国税があるんだから、出国税もあるのかもしれないし、それより何より、これ以上、つまらないやり取りをするのが、面倒なので、支払った。

しかし、いくら考えても、陸路で入国した人の出国税はタダで、空路で入国した人のそれは二五ドルというのは、筋が通らない気がして、しばらくの間、むしゃくしゃ、していた。陸路にせよ、空路にせよ、入国税は同じように、支払っているのだから（空路の場合は、エアチケットの代金に、含まれている）。

次に、歩いて、グアテマラ側の出入国管理事務所に、向かう。こちらは、ろくに見もせずに、パスポートにポンポンと、スタンプを押してくれて、それでお仕舞い。あっけないものだ。

グアテマラに足を踏み入れると、近くの駐車場に向かう。そこで、グアテマラの旅行社が用意した、ワゴン車に乗り込んで、いざ、出発である。

車内には、すでに二名の、まだ若い制服姿の警察官がいて、彼らが、その同行するという、観光警察官らしい。挨拶をして、握手を交わすが、よく見ると、銃も所持しているので、何だか、物々しい雰囲気である。

でも、実は、その間も、ずっと、吐き気と胸の痛みは、続いていて、正直いって、何も考えたくない気分なので、武装警官の存在は、すぐに忘れた。

それどころか、エアコンの効いた車内の人となると、一気に意識が遠のいて、その後の三時間あまりは、ほぼ爆睡していたようである。ところどころで、目覚めて、ドライバーと菊川さんが会話している様子や、車窓の景色なども、何となく眺めた記憶はあるが、そのほとんどが、茫洋としている。

あとで、菊川さんから聞いたが、大震災の痕跡は、レタウレルまでの道筋では、皆無だったという。どうやら、地震の被害は、ごく一部の地域にのみ、集中していたようである。

レタウレルの町は、車で横切っただけだが、昨日泊まったタパチュラと、似たり寄ったりの、ごくごく普通の、田舎町という感じだ。ただ、市場周辺の人出は、タパチュラより、ずいぶんと、活気があったような……。

ようやく、カメラのレンズの焦点が、ピタッとあって、ぼやけていた目の前の風景が、鮮明に浮かびあがってきたように、頭がスッキリして、完全に、目が覚めた。三時間近く爆睡している内に、元気を回復し、吐き気も、胸の痛みも、消えていた。

車内では、ドライバーと菊川さんと、観光警察官のひとりが、あれこれ、声高に、言い合っている。何が起きたのかと思っていると、菊川さんが、今日の宿泊先のホテルが、見つからないので、困っているのだ、という。

地元の旅行社から送られてきた日程表では、その日はレタウレウのホテル・サンマルティンというホテルに泊まる予定になっていたのだが、レタウレルの町を探しても、件のホテルを知っているという人が、誰もいないのだ、そうだ。そうこうしている内に、ホテル・サンマルティンのアドレスを見ていた、三人の内の誰かが、レタウレウといっても、町中ではなく、その郊外のアドレスだということに気づいて、車は再び、Uターンして、町から離れることになった。ということで、レタウレウの町については、残念ながら、それ以上の情報を、ここに記すことは出来ない。悪しからず。

周囲に何ひとつない、レタウレウの「ド」がつく郊外に、しかも、本当に、こんなところにホテルなんかあるのだろうかという場所に、そのホテル・サンマルティンは、あった。しかも、周辺の光景とは、まったく、不釣り合いな、とんでもなく豪華な、荘園ホテルである。

白い塀が長く続き、その向こうは、鬱蒼とした森だ。その白い塀の向こうが、アドレス通りならば、どうやら、その目指すホテル・サンマルティンであるようである。白い塀をグルッと一巡して、車が正門の前に着くと、扉が開く前に、警官二名が車から降りた。武装した者は入門禁止なので、たとえ警官といえども、門の中に入ることは出来ないのだと、いう。こんなところで降ろされて、警官たちはどうするんだろうと、菊川さんに尋ねると、大丈夫、私たちが車を降りたら、ドライバーが門の外で彼らを拾って、町まで行きます、とのこと。

門の中の森の道を、車でしばらく行くと、ホテルのフロント棟があって、そこで、チェック・インの手続き。

菊川さんにチェック・インの手続きを任せ、ソファーでくつろいでいると、白人の父親と入ってきた、小さな女の子に、突然、話しかけられた。どうやら、私の後ろにある、ロビーの飾りつけを指して、何かいっているのだが、生憎、彼女のしゃべっているスペイン語がまったく理解できないので、英語で話してみたが、今度は彼女がわからない。その内、父親が戻ってきて、彼女はニコッと、私に微笑むと、父親と手をつないで、出て行った。小さいながら、お洒落なドレスを着ていて、きっと、いいところのお嬢さんなんだろうなぁ……と、思う。まるで、天使のようにかわいらしかったが、たとえば、手を真っ赤にして、朝から晩まで働いている、同じ年ごろの、先住民の女の子などとは、仮に、交わることがあっても、きっと、気が合わないだろう。ラテンアメリカには、ハッキリ目に見える形で、厳然たる階級社会が、存在しているのも、事実である。

フロント棟の後ろには、二階建ての客室棟が四棟、広大な中庭を囲んで、ロの字型に建てられている。中庭には、タイルが敷き詰められ、その真ん中には、芝生と噴水のある泉がある。ベンチも、あちこちに設けられていて、ベンチに座って、読書をしている人の姿も、あった。

敷地内の至るところには、孔雀が放し飼いになっていた。そういえば、メキシコでも、郊外の高級ホテルに泊まると、必ずといっていいほど、孔雀が放し飼いになっていた。

そんな「超」のつく豪華なホテルに、一体誰が泊まるんだろうと思っていたら、その日の夜、宿泊棟のさらに外側にある、レストラン棟に行って、驚いた。広いレストランが、ほぼ満席の盛況なのだ。しかも、圧倒的に、家族連れが多い。先程会った、あの天使のような女の子も、そうした家族連れの中に、きっと、紛れ込んでいるのだろう。ホテルの周辺には、本当に何もないので、食事はここで取る以外の選択肢は、まず、ないのだから……。

菊川さんに聞くと、ここはやはり、グアテマラ各地から、お金持ちのファミリーが、のんびり休暇を過ごすためやって来る、保養地のひとつのようだった。ここには、何にもないが、逆に、何もないところが、いいのではないですかと、菊川さんはいう。

ホテルのレストランは、当然のことながら、格式が高く、料理の値段も高いが、味もいい。ステーキを頼んで、食後にカフェ・モカを飲んで、一〇七ケツァル。一ケツァルが、だいたい、一〇円とちょっとだから、一二〇〇円あまり。日本の高級レストランで、食事をすることを考えれば、ずいぶん安いが、グアテマラでは、十分に、高い。

レストランでの夕食を終え、宿泊棟に戻る。ホテルの広い敷地内には、随所に、街灯が点り、背後のレストラン棟は、電飾が施されて、まるで、魔法の国にでも来たようだ。

もっとも、こんなところに泊まれるのは、きっと、私のような、気まぐれな不良旅人と、グアテマラにいる、ほんの一握りの、お金持ちファミリーだけであろう。つらい、現実。

タカリク・アバフへ

二〇一二年一〇月二六日、タカリク・アバフにおいて、紀元前七〇〇～四〇〇年ころのものと思われる、王墓が発見された。遺体は、翡翠の副装品等を伴っており、それは、現時点ではメソアメリカ最古の埋葬跡であり、「タカリク・アバフはマヤ文明発祥の地」であると、考古学者はいっていると、地元の新聞は伝えた。その新聞の切り抜きを、私は菊川さんから、いただいた。

タカリク・アバフが「マヤ文明発祥の地」であるかどうかは、ともかくとして、同遺跡が、メソアメリカ文明の黎明期の、極めて重要な遺跡であることは、まず間違いのない、事実である。

たとえば、マヤ考古学者の青山和夫・猪俣健はその著書『メソアメリカの考古学』の中で、「アバフ・タカリク（最近の研究では、タカリク・アバフと呼ぶのが、より正確だと、考えられるようになった）を発掘したジョン・グラハムは、これらの石彫がオルメカ様式に先行すると考え、グアテマラ太平洋岸がオルメカ美術の発祥の地だと主張した。（中略）また、大井邦明は、これらの石彫とともに、土を用いた建築技術が、湾岸地帯のグアテマラ南部で先に発達したとし、この地域で高文明の基礎が築かれたと推測する。しかし、大方の研究者は、（太平洋岸地方で出土する）太鼓腹の像などの年代が湾岸地帯の（オルメカ様式の）巨石人頭像のものよりも後だと考える」と、記している。

文中の「大井邦明」とは、今は亡き、メソアメリカ考古学者、大井邦明氏のことである。私は彼の研究に教えられることが多かったが、彼がしばしば、「異端の考古学者」視される存在であることもまた、事実である。

前述の文章は、要は、湾岸オルメカが先か、タカリク・アバフやモンテ・アルト等、太平洋岸地方の文明が先か、という論争なのだが、私の考えを先にいえば、どちらが先かという問題は、さておいて、湾岸オルメカと太平洋岸地方には間違いなく、何らかの文化的な交流があったこと、そして、その両者の間にとどまらず、メソアメリカ全域での文化的な相互交流こそが、メソアメリカ文明の基礎というか、その共通性を、形作っていったのだと、そう考えるべきであろうという、ことである。文明は一方的に、湾岸オルメカから、メソアメリカ各地に、伝播したのではなく、常に、双方向的なものであったと、考えるべきなのである。

タカリク・アバフは、レタウレウ県エル・アシンタルにある、広さにして約六・五平方キロメートルほどの敷地を有する、大遺跡である。もちろん、公開されている遺跡エリアは、そのごく一部である。その他のエリアが非公開なのは、私有地である農園内にあるためで、現在、公開されているエリアも、元々は、その私有地の一部であったが、所有者より国に寄付され、国立公園として、整備されたものであるという。

タカリク・アバフとは、キチェ語で「とどまった石」というような意味で、紀元前八〇〇年ころの先古典期に、都市の建設が始まり、古典期後期の、西暦八〇〇〜九〇〇年ころまで、都市の増改築が継続して行われたと、考えられている。

オルメカ様式とされる遺物と、マヤ様式の遺物が共に出土することから、「オルメカとマヤの架け橋」になる遺跡などと、といわれることも多い。

遺跡は、ホテル・サンマルティンからは、車で約四〇分ほどの距離である。朝、警官二名を乗せて、迎えに来たワゴン車に乗って、遺跡公園へと向かう。

公園につくと、まず、警官二名が先に降りて、周辺での警戒態勢に入った。特に、何の問題もありそうもない、ごくフツーの遺跡公園なのに、何だか、あまりにも場違いな光景であるが、それも彼らの仕事なのだろうから、見て見ぬふりをするしかない。

まず出迎えてくれたのが、「モニュメント93」と記された、うずくまる人の、石の彫像である。人型ではあるが、まるで、ゴリラか何かのようだ。「オルメカ様式」に似ているといわれれば、確かに、似てはいる。

遺跡には、全部で九つのテラスがあり、その上にある構造物は八〇あまり、「モニュメント93」のような石のモニュメントは、全部で三七〇あまり、発見されているという。

タカリク・アバフは、先古典期から古典期にかけて、翡翠や黒曜石等の、重要な交易路の要衝にあったと、いわれている。そうであれば、オルメカ様式やマヤ様式の構造物や遺物が混在していても、何の不思議もない。

遺跡公園内を、警官の護衛つきで回り、あちこちに点在する、加工され、配置された巨石を、見て回る。その多くは、風化によって、もはや表面に何のレリーフも残っていないが、中には、ハッキリ、それとわかる、湾岸オルメカ遺跡で見たのとほぼ同じ意匠の、半身を乗り出した人物のレリーフが施された祭壇もしくは王座などもあって、大変、興味深い。

「祭壇46」と名づけられた、ハッキリと、人の足型の刻まれた巨石を、作業員たちが掘り出している最中の現場も、見ることが出来た。その上に立つと、一二月二一日の冬至の日に、ちょうど、太陽が昇る位置になっているのだという。作業員に尋ねると、掘り起こして、そっくりにつくられたレプリカと、入れ替える作業の途中なのだそうだ。

巨大な石碑も、あちこちに、屹立している。表面には何かのレリーフが施されているが、概して風化がひどく、判別することは難しい。

ある円盤状の巨石には、かなり鮮明なレリーフが残っていた。マヤ文字に見えるが、タカリク・アバフは、古典期後期まで都市の増改築が続いていたので、マヤ文字が刻まれていても、何の不思議もない。

今は、自然の小山になっているが、ピラミッド神殿のなれの果てもあって、基壇の一部が掘り起こされ、剝き出しになっている。その前に、オルメカ様式の人物像が置かれている。確かに、遺物の混在感が強いが、本当にこうした状態で配置されていたかどうかは、疑問だ。

先程、掘り出した重要な遺物をレプリカに置き換えていると書いたが、本物の遺物はいずれ、博物館をつくって、公開する予定なのだそうだ。その一部が保管されている場所を、特別に見せていただくことが出来た。ほぼ完全な形の翡翠の仮面や、石彫や土器、黒曜石の石斧等々、確かに博物館が出来て展示されれば、観光の目玉になるに違いない、見事なものばかりだ。今は、ただの小屋のようなところに、鍵をかけて、保管されている。

ついに、オルメカ様式とは、やや異なる表情の巨石人頭像にも、遭遇した。目を閉じて、まるで瞑想しているかのようだ。ワニの姿が刻まれた巨石、再び、半身を乗り出した人物像の刻まれた祭壇ないし王座、それらが、かなり規模の大きなピラミッド神殿の基壇の周辺に、配置されている。そこを見て、遺跡公園内を一巡し終えて、再び、「モニュメント93」の待つ、入り口に戻った。

とにかく、タカリク・アバフ遺跡は、本当に見どころが一杯で、是非是非、多くの人に見てもらいたい遺跡である。禁止されて、写真は撮ることが出来なかったが、神殿内部の大規模な発掘が行われている個所も、あった。いずれ公開されて、私が訪問する直前に発見された王墓のように、考古学界や、マスコミを大いに賑わせる、新発見があるのかも、しれない。

写真のたくさん入ったガイドブックが、チケット・ブース兼管理事務所で売られていたので、スペイン語表記のみで、英語版はなかったが、購入した。誰か、翻訳してくれる人はいないかなぁ……。

管理事務所の前のベンチで、少し、休憩していると、面白いものがあると、管理事務所の人が、何かを手に持って、やって来た。無理矢理、引きちぎられたような、きれいな鳥の頭部である。猫がやったのだというが、そんなものを見せられても……ねぇ。

タカリク・アバフ遺跡

半身を乗り出す人物像

ビルバオ遺跡とサンタ・ルシア・コツマルワパ私設博物館

タカリク・アバフ遺跡をワゴン車で出発し、その日の宿泊先であるエスクイントラへと向かう。途中で、ビルバオ遺跡からの出土物を展示している、サンタ・ルシア・コツマルワパ私設博物館に寄ることになっている。

途中、街道沿いにあるレストラン・サリータという、日本でいう、ファミレスのチェーン店のようなところで、遅い昼食を取ることになった。

しかし、その時は、うかつにも気づいていなかったのだが、その日の夜のホテルは、エスクイントラのホテル・サリータで、何と、そのレストラン・サリータのエスクイントラ支店に、併設されたホテルだったのである。つまり、その日の昼と夜、そして、翌朝と、同じチェーン店で、食事をするハメになった。

レストラン・サリータは、ファミレスなので、メニューはスペイン語で書かれているが、料理の写真が大きく載っているので、チョイスは楽だ。海鮮スパゲッティーというのがあったので、それを頼んでみるが、ボリュームはあるし、それに、グアテマラやメキシコ等中米各地では、スパゲッティーは麺が、茹ですぎでブヨブヨというのが、ごく普通だが、ここのスパゲッティーは、ちゃんと、アルデンテ感のあるものであったのには、感心した。味も、日本で食べる海鮮スパゲッティーと、ほぼ一緒。

店内には、親がゆっくり食事をしている間、子供を遊ばせておくことが出来る遊戯施設なども、完備されている。

コツマルワパの遺跡群は、エスクイントラ郊外の、広大なサトウキビ畑の中に、点在している。主な遺跡は、エル・バウルとエル・カスティージョ、ビルバオの三つである。

いずれも、その最盛期は、西暦六五〇年~九〇〇年にかけて、つまり、古典期後期のことであるが、この地への定住は、すでに先古典期のころから始まっていたと、考えられている。

というのも、この地の遺跡エリアからは、モンテ・アルトから出土したものと、ほぼ同じタイプの「太鼓腹の神」像なども、出土しているからである。

いずれにしても、遺跡は現在、いずれも、個人所有の、複数のサトウキビ農園の中にあるため、観光客が行くことは、出来ない。また、もし仮に、特別に許可をとって、行ってみたところで、ただのサトウキビ畑が拡がっているばかりで、ほとんど何も残っていないのが、現状である。

サンタ・ルシア・コツマルワパの私設博物館は、そのひとつ、ビルバオ遺跡からの出土物を集めた、サトウキビ農園の、私設博物館であるという。それがどれほどの規模で、どんな出土物が展示されているのか等々、まったく何の情報もないので、実のところ、行ってみないと、何ひとつ、わからない。

ところで、最近の研究では、当初はそれぞれ、別個の遺跡と考えられていた、エル・バウルとエル・カスティージョ、そして、ビルバオは、本来はひとつの都市遺構だったと考えられるようになって、一括して、コツマルワパ遺跡と呼ばれることも、多くなってきたのだという。そうだとすれば、ビルバオ遺跡という括りは、あまり、意味がないことになるが、ここではとりあえず、これまで使われていた「ビルバオ遺跡」という呼称のまま、記しておくことにする。

私設博物館は、エスクイントラの閑静な住宅街にあって、訪れる人もそう多くはないのか、常時、オープンしているという感じではなく、見学を希望する人があれば、それに合わせて開館するという雰囲気だ。私たちが行った時も、まるで、少し大きなガレージのような外観の博物館の、入り口のシャッターは閉まっており、しばらく待っていると、やがて、管理人がやって来て、鍵を開けてくれた。

しかし、館内は空調も完備され、小さいが、極めて充実した内容の、展示室になっている。

まずは、神の姿や、絡み合う蛇やジャガー等々、神聖な動物の姿などを、精緻な浅浮き彫りで施した、巨大な石碑や石彫が、ところ狭しと、並んでいる。

一度、本物を見たいと思っていた「太鼓腹の神」の像も、一体、あった。自らの太鼓腹に手をあて、目を閉じて、何か、瞑想でもしているような、表情だ。あるいは、目を硬く閉じているところから、もはや生者ではなく、死者であるのかもしれないとも、思う。

その他、キノコ石と呼ばれている、キノコというよりは、男性器をかたどった彫刻や、石斧や土器・土偶といった、細かなものを含め、狭い展示スペース内に、ギッシリと詰め込まれた遺物たち。

これだけの出土物が、ある限られた場所から出土しているということは、その今は亡き、都市遺構の規模の、半端ではない大きさを、物語っている。

私たちが外に出ると、管理人は室内の電気を消し、鉄製のシャッターを閉め、再び、鍵をかけた。

次に人が訪れるのは、いつのことなのだろう。

おそらくは管理人の飼い犬だろう、白と茶色の斑の犬が、車に乗り込む私たちを、見送ってくれた。

エスクイントラの町を散策してから、その日の宿泊先のホテルに、向かうことにした。

エスクイントラの町は、私が想像していたより、かなり大きな町で、中央公園の近くにある、食料品や日用品を扱う市場は、かなりの賑わいだ。中央公園も、ぼんやりと休んでいる人や、遊ぶ子供たちで、賑わっている。先住民の衣装を身に纏った女性の姿も、多い。

公園に面して建てられている、黄色の立派な教会内にも入ってみるが、平日の夕方のためか、布製のイエスの肖像が掲げられた、祭壇に向かってひざまずいて、熱心に祈る人は、数人のみ。

再び、市場に戻って、その中を歩いた。カメラを首からぶら下げて歩いていると、肉屋の、おそらくは親子の売り子や、乾物商の男など、文字通り、マッチョを絵に描いたような男たちが、次々に、声をかけてきて、我先に、自分たちを撮れといって、ポーズを決める。おかげで、ずいぶんと、多くの写真を、撮ることになった。一方、民族衣装を身に纏った先住民の女性たちは、写真に撮られることに非積極的というか、ハッキリ、それを嫌がっているようで、写真家魂ほぼゼロの私は、どうしても、彼女らにカメラを向けることを、ためらってしまう。

町の外れにある、巨大なレストラン・サリータで、私たちを乗せた車は停まった。レストランの入り口の脇に、まるで切符売り場か何かのような、窓口があって、そこで今夜の宿の宿泊料を支払うらしい。一泊四〇ケツァル、約四五〇円あまり。

レストラン脇の狭い通路を通って行くと、プールがあり、そのプールサイドに、長屋のような建物があって、そこが宿泊棟のようだ。

私の部屋は、特に、もろプールサイドで、外から中が、丸見え状態。プールでは、大きな音楽に合わせて、やや太めの女性たちが、揃って、水中でエアロビクスのようなことをしていて、みんな、こちら向き。自然と目が合ってしまうので、窓にはカーテンを閉めるしかなかった。

室内は、ベットの他、エアコンも、テレビも完備されているし、熱いお湯のシャワーも、出る。泊まるのに、何の問題もないが、中が丸見えになるので、窓を開けることが出来ないのが、やや難といえば難。

周辺には、何もないので、夕食はレストラン・サリータでとったが、野菜添えの、牛肉のソテーのディナー・セットが、一三九ケツァル。日本円で、一五〇〇円あまりで、何と、宿泊料の三倍以上もの、お値段でした。

エル・バウルの巨石人頭像と野外博物館

エアコンが、もの凄い騒音の割に、あまり効力を発揮しないので、夜がふけ、プールサイドから人影が消えてからは、部屋の外に出て、プールサイドでずっと、本を読んでいた。宿泊棟の各室には、明かりがついていない部屋が多く、泊まっている人はそう多くないようだ。

翌朝も、朝早く、目覚めたので、プールサイドの椅子に座って、本を読んだ。プールの掃除をす

ビルバオの「太鼓腹の神」

エル・バウルの巨石人頭像

る、ホテルの従業員がいるそばで、やって来て、いきなり、服を脱いで、水に飛び込む巨漢の白人もいて、それぞれの朝。

やがて、菊川さんが部屋を出て、やって来たので、またまた、レストラン・サリータで朝食。ホテルは朝食付きなので、メニューの何を頼んでも、ある程度の価格なら、だいたい、OKとのこと。そのある程度の価格というのが、一体、何ケツァルまでなのか、よくわからないが、オーソドックスに、パンと卵料理&ソーセージに、オレンジジュース、コーヒーという、ごくフツーの朝食メニューを頼んだ。

その日は、まずは、車で一時間ほどの距離の、エル・バウル遺跡へ向かう。ただ、くり返しになるが、今ではエル・バウルとエル・カスティージョ、それに、昨日行ったビルバオは、個別の遺跡ではなく、ひとつの大きな都市遺構だったと、考えられるに至っている。

エル・バウルの遺跡もまた、個人のサトウキビ畑の中にあり、行くことは出来ず、また、行っても何も残っていないが、ただ一カ所、丘の上に、巨石人頭像が、半分、土中に埋まった状態で、残っている場所があるというので、それを見て、あとは遺跡からの出土物を集めたエル・バウル博物館を、見学する予定である。

で、そのエル・バウルの巨石人頭像は、住宅街の外れの、小高い丘の上に、ポツンと、残っていた。土中から出ているのは、鼻から上の部分で、その場で、今も儀式が行われているようで、お香から出た煙の煤で、石像は真っ黒に変色している。巨石人頭像といっても、湾岸オルメカのそれとは、だいぶ、顔つきが違う。

ある方は、エル・バウルの巨石人頭像は、オルメカのそれに比べて、より東洋人的な風貌であると書かれていたが、オルメカのそれも、モンゴロイドの風貌を、やや誇張して表現したものとの、見方もある。

元々は、先住民の儀礼だったものが、今でも地元の住人によって、踏襲され、人々は、何か、願い事があると、ここに来て、ローソクの火をつけ、それでお香を焚いて、祈るのだという。

近くには、人物像が彫られた平たい、祭壇状の石もあって、その上でも、お香が焚かれている。

次に向かったエル・バウル博物館は、前日行ったサンタ・ルシア・コツマルワパ私設博物館同様、別の製糖業者によってつくられた、私設の博物館である。今は廃工場になった製糖工場に隣接して建てられた、簡単な屋根をつけた野外博物館で、エル・バウル遺跡から出土した、大量の巨大な石碑や石彫が、ところ狭しと、並べられている。とにかく、その膨大な量と、野外展示にしては、その保存状態のよさに驚くが、その大半は、古典期後期の、比較的新しい時代のもので、あるようだ。「モニュメント１」と名づけられた石碑には、おそらくは王と見られる全身像が、横向きに彫られ、西暦三七年の日付が刻まれている。これは、コツマルワパで発見された、日付を伴った石碑の中では、もっとも古い日付であると、いわれている。時代区分でいえば、古典期のものである。

ここの石碑や石彫の特徴は、蛇や骸骨等々、他のメソアメリカ各地の図像でもよく見られるもののほかに、一見、ゴーグルをかけた猿のようにも見える、手にグローブをはめたボクサー像（モニュメント27）や、ちんちんする、愛嬌のあるジャガー像（モニュメント14、文字通り、コツマルワパを象徴する図像として、広く紹介されている）など、他の遺跡ではまず見ることが出来ない、大変、ユニークな図像が、たくさんあることであろう。

「この博物館を下見している時、あの地震があったのです」と、菊川さん。「あの地震」とは、私が来る少し前に、グアテマラの太平洋岸を襲った大地震のことである。「相当、ひどい揺れだったので、思わず、外に飛び出しましたが、あわてて、会社に連絡を入れると、(会社のある)アンティグアでは大したことなかったよといわれて……」と、菊川さんはいう。

ふと、周辺を見回すと、エル・バウル博物館のガードマンが、銃を構えた姿勢で、近くに立っている。我が観光警察二名も、その周囲に散開して、不測の事態に備えているようである。周囲の、のどかな光景とのあまりにもの落差に、思わず、笑いたくなる。もし、本気で、ここを襲おうとしている人たちがいるとすれば、たった三人の武装警官とガードマンでは、どうにもならないだろうに……。第一、普段はひとりか、せいぜい、二人程度のガードマンのみで、どうやって、この野外博物館の、膨大な遺物を守って来たというのだろうか。おそらく、その価値を理解し、それを盗む目的でやって来た強盗団など、これまで、まったく、いなかったのに、違いない。

博物館の野外展示は、実はこれだけではなく、昔の機関車や、製糖関係の古い機械類の展示もあるのだが、まぁ、おつきあいで、それらもざっと見たが、本稿とは何の関係もないので、省略。

むしろ、隣接して建てられた、巨大な製糖工場の廃墟の方が、よほど興味があったが、無論、そんな時間はないし、許可も得ていないので、それ以上の散策はあきらめて、次の訪問先であるデモクラシアの町に、向かった。

エル・バウルの「モニュメント27」

モンテ・アルトの巨石人頭像

モンテ・アルトの巨像たち

車はサンタ・ルシア・コツマルワパの町に戻って、さらにデモクラシアの町を目指す。そのデモクラシアの町の郊外に、目指すモンテ・アルト遺跡はあるのであるが、遺跡それ自体は、例によって例のごとく、複数の個人所有の、私有地内にあるので、そこから出土した巨石人頭像等の遺物は、約一キロ離れた、デモクラシアの中央公園と、それに隣接して建てられたミニ博物館とに、そっくりそのまま、移されているのである。

デモクラシアの中央公園は、どこの町の中央公園もそうであるように、隣接して、大聖堂が建てられ、庶民の憩いの場所になっている。

その公園中央の東屋風の建物内には、椅子と共に、モンテ・アルト遺跡出土の様々な表情の巨石人頭像や、「太鼓腹の神」像が、その数にして一二体、無造作、かつ、何の説明文もなしに、置かれている。本当に、何の説明文もないので、それは単なる公園のオブジェと同様視されていて、人々はそれに寄りかかったり、荷物を立てかけたりと、自由気ままに、利用している。というか、デカくて、邪魔なオブジェだなぁ……と、内心、思っているのかも、しれない。それによじ登る、小さな腕白坊主だって、きっと、いるに違いないと、私は踏んでいる。

つまり、貴重な先古典期の遺物だという認識を持っている人は、おそらく、誰もいないのである。古代の遺物に敬意を持っていれば、こんな展示の仕方は、しないだろう。

モンテ・アルトの遺構の最盛期は、紀元前五〇〇年ころから、西暦二〇〇年ころのことであると、考えられている。つまり、先古典期の後期で、湾岸オルメカ文明のラ・ベンタ遺跡より、やや後の時代の遺跡……ということになる。

この遺跡には、四五の、土の基壇があり、一番高いものは、高さ一〇メートル。前述の巨石人頭像や、「太鼓腹の神」像のほか、三つの円形祭壇と、彫刻の施されていない石碑が一五、そして、多くの土器・土偶等々が、発見されている。

モンテ・アルトの巨石人頭像は、湾岸オルメカのそれとは表情が異なり、その表情を見る限り、明らかに、硬く目を閉じた「太鼓腹の神」の眷属である。また、「太鼓腹の神」像は、モンテ・アルト遺跡からだけでなく、近隣のコツマルワパ遺跡や、グアテマラ各地やエルサルバドル、メキシコのチアパス地方などからも、広く、発見されている。

明らかに、単なる湾岸オルメカからの伝播ではない、メソアメリカの太平洋岸地方や南部地方に、湾岸オルメカとは、明らかに別の文化的エリアが、しかも、かなり広範囲な拡がりを持つものとして、先古典期後期に、存在していたのである。このことの持つ意味は、極めて、重用である。

湾岸オルメカ文明と、モンテ・アルトを始めとする太平洋岸地方の文化とが、どちらが先かといったら、それは、確かに、前者であるのかもしれないが、太平洋岸地方の文化は、相互の文化交流ということはあっても、決して、湾岸オルメカから、単に伝播したものではないのである。

中央公園に隣接して建てられた、白とブルーの二色に塗り分けられた、一見、まだ真新しく見える博物館にも、入ってみた（実際には、一九六六年に開設された）。料金は三〇ケツァル。正直いって、展示物の貧弱さには、少々、ガッカリした。決して、たいして広くない展示室を埋めるだけの展示物がなく、先住民文化をテーマにした、現代絵画なんかが、飾ってあったりする。正直いって、観る価値なし。ただ、実に粗末なものだが、『Cultura Monte Alto』という、スペイン語・英語併記のガイドブックが売られていて、これは購入した。

中央公園の巨像たちと、ミニ博物館を観てしまうと、もうこれといって、観るものがない。昼食にしてもよかったが、今日は、この後、アンティグア経由でグアテマラ・シティーに戻るだけなので、昼食はアンティグアでとって、その後、少し散策でも楽しむことにして、デモクラシアの町を出発した。

古都アンティグア再訪

アンティグアは、かつて、グアテマラの首都であった。一七七三年の大地震で壊滅的な打撃を受け、首都は現在の首都、グアテマラ・シティーに移されることになった。その後、町は復興したが、地震によって半壊した状態の教会や修道院等が、今もそのまま残っていて、それがまた、アンティグアの観光名所にもなっている。

一九七九年に、街並み全体がユネスコの世界遺産に登録されたことで、新しい建物の建設等が大幅に規制され、今も昔のままの、古都の佇まいを残す町として、各地に点在するマヤ遺跡と共に、グアテマラという国にとって、貴重な観光資源になっている。

私はこの町を初めて訪れた時のことを、拙著『マヤ終焉　メソアメリカを歩く』の中で、次のように記している。

「とにかく、美しい街である。周囲を山に囲まれ、石畳の道と、白やアズキ色、青などに色鮮やかに塗り分けられた家並みが、整然と続いている。こうした現在の街並みと廃墟とが渾然一体となって、独特の雰囲気を醸し出している」

それから、二〇年近くたった今も、その印象はいささかも変わらない。まさに、何十年も、時間が静止したままのような町、それがアンティグアだ。

もちろん、本当に時間が静止したままになっているハズもなく、様々な変化は、町にも、ここで暮らす人々の間にも、当然、訪れているのであろうが、そうした変化を、世界遺産としての規制が、ギュッと封じ込めてしまっている、そんな感じだ。

アンティグアは、もちろん、典型的な観光都市だ。この町にいて感じる、居心地のよさは、観光都市としての、洗練によるものである。表通りだけでなく、路地の隅々に至るまで、美しさと懐かしさが満ち溢れ、町歩きに疲れた身体を、ちょっと休ませるに最適な、お洒落なカフェもあれば、カラフルで、エキゾチックな民族衣装や民芸品を商う、お土産店もあり、その他、ネット・カフェ等、旅人のあらゆるニーズに対応できる店が、この町には揃っている。

だから、居心地がいいのである。最初から居心地のよい町があったのではなく、実はそれは、観光客のニーズに、町が合わせたからこその、居心地のよさなのだということに、今の私は、さすがに、気づいているが、二〇年前の私は、そんなことには気づくこともなく、ただただ、この町にまた帰って来たい、そんなことばかりを、考えていた。

これはアンティグアでの話ではないが、「世界遺産に認定された町で暮らすって、案外、面倒なこともあるよ」という、住人の本音を、とある東南アジアの、世界遺産の町で、聞いたことがある。旅人にとっての居心地のよさと、そこで暮らす人にとっての居心地のよさとは、必ずしも一致するわけではないということに、私は気づいた。

まぁ、そんなことは、ここでは、どうでもよい。話を先に、進めよう。

デモクラシアからアンティグアの道程について、実は、私は多くを、語ることは出来ない。というのも、その道程の大半を、私は車内で、寝て過ごしたからだ。道路事情は極めてよく、車は快適に飛ばし、その心地よい揺れに、ついつい、爆睡。あとで確認したところによると、アンティグアまでは、時間にして、小一時間ほどのドライブだったようだ。

車がガタガタと、小刻みに、揺れる。狭い石畳の道。もう、アンディグアの市街地に入っていることに気づいて、私は目覚めた。

アンティグアの中心部は、スペイン人のつくった他のコロニアル都市同様、中央公園と、それに隣接して建てられたカテドラルと市庁舎等々である。そこを起点に、四方八方に、碁盤の目状に道張り巡らされている。

白いカテドラルの裏は、実は廃墟。一七七三年の大地震の痕跡である。市庁舎は二階建てで、その二階部分に上がると、中央公園越しに、遠くの火山を眺めることが出来て、写真撮影の絶好スポットとして、お薦め。また、その内部には、スペイン植民地時代の兵器や拷問部屋等が展示されているだけの、正直、あまりお薦めはしない、有料の博物館もある。

そこから、北の方角（目印は、アーケード状の時計台）に歩いていくと、あるのが、黄色に塗られた、非常に美しい容姿の、メルセー教会だ。中に入ると、礼拝時以外は、あまり人のいない、広い礼拝堂があり、不信心で申し訳ないが、長椅子にもたれて、ちょっと休憩するのに、もってこい。ここまで来たら、だいたい、アンティグアの北の外れだから、Uターンして、引き返した方がよい。

中央公園から、今度は西の方向に行くと、突き当たるのが、バスターミナルと巨大な市場。市場では生鮮食料や日用品雑貨が、ところ狭しと並べられ、もの凄い活気。民芸品やお土産品も、もちろん、置いてあるが、どちらかといえば、アンティグアの住民のための市場である。近くには郵便局や、品揃え抜群な、大きなスーパー等もあって、長期滞在する旅人にとっても、便利な一角である。

お土産物を物色するのなら、メルセー教会の近くにあるニム・ポットというお店。お店というよりは、巨大なアーケードみたいな空間に、それこそ、ありとあらゆるものが揃っていて、たとえ、価格交渉に持ち込むにしても、基準となる値段も、ちゃんと、明記されているし、お薦め。

中央公園からメルセー教会に向かう、時計台のある道の途中にある、ポサダ・デ・ドン・ロドリゴというホテルは、町の中心部にあって、どこへ行くにも便利だし、何より、美しい中庭は、宿泊客でなくとも、出入り自由で、町歩きの際の、ちょっと休憩にも、お薦め。コーヒーも、飲めます。宿泊代も、一泊九〇～一〇〇USドルと、この立地と、居心地のよさなら、決して、高くはない。

アンティグア随一のホテルといわれているのは、サント・ドミンゴ教会の近くにある、修道院ホテルのカサ・サント・ドミンゴだが、こちらは町の中心部から、かなり離れている上に、一泊二〇〇USドル以上というお値段だ。どんなに素晴らしいかは、一度も泊まったことがないので、わかりませ〜ん。

実は、ガイドの菊川さんは、この町に住んでおられ、今回の、私の旅の手配を引き受けて下さっている旅行社も、この町にある。

ワゴン車を中央公園の近くに停めて、これで三日間、私の旅の護衛を引き受けて下さった、観光警官二名とも、お別れ。つまり、ここから先は、ごく普通の観光地……というわけである。ここまでも、もちろん、特に危険な感じは皆無の、ただ、観光客がほとんど行かないというだけの、地方の、ごくごく普通の町だったけれども……ねッ。

その後、私と菊川さんは、昼食のあと、町中をブラブラと散策、二時間後に再び、中央公園でドライバーと合流して、その日の宿泊先である、グアテマラ・シティーのグランド・ティカル・フトゥーラに向かう。

アンティグアには、現在、五〇を超える、外国人向けスペイン語学校がある、スペイン語学校の町でもある。ほとんどの学校が、ホームスティしながら、マンツーマンでスペイン語が学べるようになっていて、しかも、料金も安い。中南米を旅行したり、長期の滞在を考えている人が、まずここで、旅行や生活に必要な最低限のスペイン語を身につけて、各地に旅立っていく、そんな町でもある。

その後、メキシコへ移られた、中南米ジャーナリストの上野清士さんや、帰国後、小説家として大活躍の沢村凜さんなど、この町の魅力に惹きつけられて、長期滞在された人も、多い。上野さんとは、移られたメキシコでお目にかかり、私が世話人をしているメキシコ学勉強会（「ラテンアメリカ探訪」に改称）で、何回か、お話していただいたり、私の本の書評を『ラティーナ』に書いていただいたりと、今日に至るまで、縁あって、おつき合いさせていただいている。

国境を超えて、ホンジュラスへ

アンティグアからグアテマラ・シティーまでは、道路事情がよければ、約一時間の距離である。道路事情がよければ……というのは、朝夕のグアテマラ・シティーの交通渋滞がひどいからで、時間帯によっては、倍の二時間以上、かかることもあるという。

グアテマラ・シティーは、さすが、グアテマラの首都だけあって、かなり、広大だ。大別すれば、中央公園&カテドラル&国立宮殿のある「ソナ1」を中心とする旧市街と、高級ホテルや各国大使館等々が集まる、「ソナ9」や「ソナ10」を中心とする、新市街とに、分かれるが、その他、ラ・アウロラ国際空港のある「ソナ13」周辺も、国立考古学民族博物館や国立近代美術館があり、さらに民芸品市場などもあるので、多くの観光客が訪れる、スポットでもある。

市内を移動する公共的な交通手段としては、路線バスくらいしかないが、路線が複雑で、非常に、わかりにくい。私は、ハッキリいって、乗りこなす自信が、まるでないので、首都での移動は、極力避け、それでも、どうしても……という時は、タクシーを利用することにしているが、このタクシーも、メーター制のものと、メーターがなく、交渉制のものとが、混在しているので、後者に遭遇してしまうと、この距離なら、だいたい、いくらくらいという見当がつかない人（私も、その一人）には、少々、厄介だ。

結論的にいえば、翌朝、日本に帰国するとか、あるいは、唯一の国内便であるフローレス行きの飛行機に、翌朝、乗る場合を除き、宿泊先を無理にグアテマラ・シティーにする必要はなく、アンティグアにすればよいのではないかと、そう思う。アンティグアに泊まれば、ホテルに着いたあと、気軽に、町歩きなどを、楽しむことが出来るからである。

ところで、私のグアテマラ・シティーでの宿泊先は、グランド・ティカル・フトゥーラという、「超」がつく高級ホテルであることが、多い。これは、何も私が好んでそうしていることではなく、私の旅の手配を担当して下さるグアテマラの旅行社が、このホテルを好んで使うからである。きっと、大量に客を送り込めば、値引率がいいとか、そういった、何らかの理由が、あるのだろう（もっとも、これは、邪推）。

確かに、設備的には何の不満もない、大変よいホテルだが、そのホテルは、郊外のカミナルフユ遺跡の近くの、周辺の治安が非常に悪いエリアに、建っているのである。

つまり、ホテルに着いたあと、フラッと気楽に、町歩きでも……ということが、残念ながら、出来ない。

もっとも、ホテルの地下「Ｃ２」階まで降りると、近くのショッピング・センターと直結しており、このショッピング・センター内には、安いフードコートなどもあるので、ホテルの「超」のつく、高いレストランを利用しなくてもすむのだが、ただ、ショッピング・センターにあるお店は、どこの国にもあるような、変わり映えしない、中・高級店しか、入っていないし、フードコートもまた、マクドナルドとか、そういったファースト・フード店が、大半である。

要は、グアテマラ色が皆無で、そんなところをぶらついてみても、まったく、面白くないのである。

かくいう私も、その日の夕食は、結局のところ、そのフードコートのマクドナルドで、三五ケツァルのビッグ・マックセットを食べた。三五ケツァルは約四〇〇円だから、価格も日本のマックと、ほぼ一緒。味も、当然、一緒である。

翌朝は、朝食を取ったあと、ホテルを午前七時に出て、迎えの車で、約五時間かけて、ホンジュラスのコパン・ルイナスに向かう。

今回の旅は、メキシコとグアテマラの太平洋岸の遺跡を回ることを、主たる目的にしていたが、せっかく、グアテマラまで行くのだから、少し足を伸ばして、ホンジュラスのコパン遺跡に、約二〇年ぶりに、再訪したいとの思いもあって、二〇年前と同じルートで、陸路、国境を越えて、コパンまで行く計画を立てた。

二〇年前の、その旅については、『マヤ終焉　メソアメリカを歩く』の中で、詳細に、記した。当時のホンジュラスまでの道路は、まさに、聞きしにまさる悪路で、四駆でなければ、到底、行くことが出来なかったが、今は道路事情も改善され、国境越えのドライブは、快適そのものだと、聞いていた。その違いを、是非、体感したいと、そう思ったのである。

しかし、グアテマラ・シティーの道路事情は最悪で、渋滞から抜け出すのに、時間がかかった上に、さらに、随所で道路工事が行われていて、そのたびに、渋滞に巻き込まれて、ドライブは残念ながら、快適とはいえないものになった。道路が渋滞し始めると、どこかから、ちょっとした食べ物を持った売り子が、わらわらと現れて、車と車の間をぬうようにして、それを売り歩く。その絶妙なタイミングに、感心する。

二〇年前のグアテマラは、車の数は極めて少なく、したがって、ドライバーは皆、驚くほどのスピードを出して、それは乗っていて、怖いほどだった。事実、あちこちで、横転し、荷物が散乱したトラックなどを、よく見かけたし、おそらくは、車の猛スピードを避けきれずに轢かれた、馬の死体も、しかも、滞在中、何体も、目撃した。

犬とか猫ではなく、轢かれた馬の死体を目撃したのは、さすがに、グアテマラが最初で、最後である。

途中、何回か、トイレ休憩を取りつつ、ホンジュラスとの国境に、向かう。二〇年前に宿泊した、リオ・オンド付近の、ホテル・アトランティコにも、トイレ休憩を兼ねて訪れてみたが、中庭のプールを囲むように、宿泊棟が並ぶスタイルはそのままながら、全館リニューアルされ、スッカリ、別のホテルのようになっていた。

フロントのお嬢さんに、「ここに、二〇年前に泊まったんです」と、話しかけてみるが、彼女は、目を丸くして、ほんの数カ月前に、ここで働き始めたばかりだ、という。まぁ、当然のことながら、二〇年前のアトランティコで働いていたなどという人は、もう誰もいないだろう、という。本当に、そうなんだろうなぁ、だって、二〇年も前というと、きっと、そのフロントのお嬢さんが、生まれて間もないころのことなんだろうし……。私も、年を取った。

二〇年前には、ここで一泊したが、今回は一気に、国境を越える。

その当時の出入国管理事務所は、グアテマラ側、ホンジュラス側共に、まるで掘っ立て小屋のような、木造の建物だったが、さすがに今では、立派な鉄筋コンクリートの建物が、双方に、建っている。しかし、今も昔も、手続きそのものは、いたって簡単で、パスポートにスタンプをポンと押して、それでお仕舞い。越境する観光客の大半は、コパン遺跡だけ見て、また、グアテマラに引き返すためだろう、ホンジュラス側の入国スタンプなんて、国名のホンジュラスではなく、コパンの文字が、ひときわ大きく、表示されている。

車は、ほんの短時間停まっただけで、ほとんど、隣の町に行くような感じで、ホンジュラスに入った。

ホンジュラスは、グアテマラと違って、全人口に占める先住民率が、わずか四%と、極めて、低い。そのせいか、車窓から眺めていても、歩いている人の中に、民族衣装を纏った人は、ほぼ皆無である。

かつては、銀の産地として栄えたが、その採掘権の大半を握っていたのは米国資本であり、銀を掘り尽くした今も、主要産業のフルーツ農園などは、米国資本の支配下にある。

国境を越えると、わずか三〇分ほどで、コパン・ルイナスの町に到着する。コパン・ルイナスはコパン遺跡へ、歩いて行っても、一五分程度という至近距離にある町で、坂が多いものの、町の中心部を歩いて、グルッと一周するのに、おそらくは三〇分もかからないだろうという、極めて、小さな町である。

　中央公園のある町の中心部には、今回、私が行った時は閉鎖中であったが、マヤ考古学博物館や、町一番の高級ホテル、マリーナ・コパン等が集中していて、主なホテルやレストラン、旅行社等も、だいたい、その周辺に、こじんまりと、集まっている。

　治安も悪くないので、夜遊びも、全然、ＯＫなのだが、遠出したくとも、しようがない、そんな規模の町である。

　町の規模がそんな程度なので、町一番のホテル、マリーナ・コパンも、客室は四〇室程度と、キャパが小さく、他のホテルに至っては、多くて二〇室ソコソコの、規模である。

　今回、私はマリーナ・コパンへの宿泊を希望していたが、満室であると、断られてしまった。マリーナ・コパンは、老舗であるだけでなく、従業員も皆フレンドリーで、滞在していて、とても気持ちのよいホテルなので、残念である。

　私が宿泊するホテルは、コパン遺跡の入場ゲートの、本当にすぐそばにある、クラリオン・コパン・ルイナスという、高級ホテルである。設備的には、おそらく、あらゆる面で、マリーナ・コパンを上回っている。ただ、惜しむべきは、このホテルに決定的に足りないのは、宿泊客に対する、そのフレンドリーな姿勢であろう（この点については、後述する）。

　まずは、そのクラリオン・コパン・ルイナスでチェック・インを済ませ、部屋に荷物を置いて、レストランへ。ホテルは、プールのある中庭を、グルリと二階建ての宿泊棟が囲み、さらに、それとは別棟の宿泊棟も、いくつかある。各宿泊棟は、屋根つきの渡り廊下でつながっていて、やはり、別棟のレストランとも、渡り廊下でつながっている。ホテルは、コパン遺跡を見下ろす、なだらかな丘の上に建っていて、その背後は、深い森になっている。

昼食時間を少し過ぎていたので、ホテルのレストランには、もう誰も客がいない。

とりあえず、出来るものを頼むと、スープと、魚のムニエル、チョコレート・ケーキに、コーヒーが、出てきた。ホンジュラスの料理というよりは、モロ西洋料理。スープは、濁った褐色をしていて、飲むと味噌汁の味がした。そういえば、二〇年前、マリーナ・コパンで食事をした時、同じ味のスープを飲んで、前述の『マヤ終焉』に、「どう見ても日本のみそ汁としか思えない味のスープ（しかし、具は洋風）に焼き肉、マカロニサラダという、悲しくなるほど口に合う非中米的ランチが出てきた」云々と、書いた。その謎が、ようやく、解けたのだ。

レストランのウェートレスを呼んで、尋ねると、それはベジタブル・スープであるという。ベジタブルといっても、何が入っているのだろうという謎は、未だ残るものの、それが二〇年前に飲んだ「味噌汁」の正体だった。

昼食を終え、ホテルからは歩いてすぐ行くことが出来る距離の、コパン遺跡に向かった。

林立する石碑の世界と、その歴史

コパン遺跡の都市遺構は、約二四平方キロメートルほどの広さがあるが、遺跡公園として整備され、公開されているのは、その一部である。

公開されているコパンの中心部は、主に、四万平方キロメートルもの大基壇の上に築かれた、複雑な建造物複合からなる「アクロポリス」と、それに隣接する、石碑の林立する二万平方キロメートルの「グラン・プラザ」である。

アクロポリスの、ほぼ中央には、高さ二〇メートルほどの一六号神殿がそびえ建っているが、その地下には、一番下から、「フナル神殿」「マルガリータ神殿」「ロサリラ神殿」等々、何層もの神殿が、重層的に神殿更新によって築かれ、眠っていることが、発掘調査によって、明らかになり、現在、その一部は、見学用に掘られた地下トンネルによって、観光客も実際に、見ることが出来るように、なっている(ただし、別料金)。また、ほぼ完全な状態で発見された「ロサリラ神殿」については、その実物大の、精緻なレプリカがつくられ、コパン石彫博物館の目玉として、展示されている。

後述するが、一六号神殿の正面に置かれている「祭壇Q」もまた、コパンの歴史を語る上で、極めて重要な遺物のひとつである。ただし、神殿の前にあるのはレプリカで、石彫博物館に展示されているのが、本物である。

アクロポリスのもうひとつの見どころは、二〇〇〇字を超えるマヤ文字が刻まれた「神聖文字の階段」のある二六号神殿であるが、こちらについても、詳細は後述しよう。

石碑の林立するグラン・プラザの見どころは、もちろん、石碑そのものである。石碑は、マヤ文字によって、王の事績を記した祈念碑で、「王を中心に世界が回っていた」古典期マヤの文字通り、象徴といっていい遺物だ。しかも、コパンのそれは、いずれも、ほぼ丸掘りといっていいほどの、驚くべき精緻さで、全身大の王の勇姿を彫り込んだもので、コパン芸術の精華といっていい。ただし、グラン・プラザに置かれている石碑の一部は、精巧なレプリカで、本物は石彫博物館等に展示されている。

このアクロポリスとグランプラザを見るのに、だいたい、最低でも二時間は、時間がかかるだろう。

遺跡公園への入場時間は、午前八時~午後四時（一応、五時までは見学可能ということになっているが、見学者が少ないと、時間前に追い出される公算も……）までで、入場料は二〇一二年現在、一五USドル。アクロポリスの地下トンネルの入場料は、別料金で、一五ドル。これは、トンネル入り口で、直接、購入することは出来ないので、要注意。また、石彫博物館の入場料は、これも別料金で、七ドルである。すべてのチケットは、ビジター・センターで一括して、購入する。

遺跡歩きの順路としては、グランプラザから先に回るか、アクロポリスから先に回るかだが、もちろん、どこをどう回ろうと、その人の自由だが、私としては、ビジター・センターのすぐ近くに石彫博物館があるので、まずは博物館を、じっくり見学し、その博物館の裏の道を通って、アクロポリスへ、そして、グラン・プラザへ……というルートを、お薦めしたい。

というのも、午前中に入場した人は別として、午後からの入場では、遺跡公園の閉まるのが早いので、博物館の見学を、最後に回した場合、じっくり観る時間がなくなってしまう可能性も、あるからである。というのも、実は、コパン遺跡で一番見どころは、この石彫博物館であると、私は考えているからである。

その他、「セプルトゥーラス」と呼ばれている貴族の住居跡等も、見学出来るが、遺跡公園からは二キロほど、離れている。もちろん、ハイキング・コースを歩いて行くことも可能だが、迷うこともあるので、車で行った方がよいだろう。

石彫博物館については、『THE COPAN SCULPTURE MUSEUM』という英語のガイドブックが発売されていて、博物館横のお土産物店等で、在庫を切らしていなければ、購入出来る。かなり厚手の本なので、持ち歩くと、重くて、かさばるが、カラー写真もふんだんに使われていて、とても充実した内容なので、お薦めである。

くり返しになるが、石彫博物館に展示されているものは、すべて本物で、同じものが遺跡内にもあるが、もちろん、そちらがレプリカなので、まずここで、じっくり、コパン芸術の素晴らしさを、その目に焼きつけておこう。フラッシュを使わなければ、写真撮影も可能である。

以上で、コパン遺跡公園の概要について、ザッと説明してきたが、次に、石碑等に残されたマヤ文字の解読によって、明らかになったコパン王朝の歴史についても、こちらも出来るだけ簡潔に、記しておくことにしたい。

前述した、アクロポリスの一六号神殿の前に置かれた、祭壇Qは、西暦七七六年に、コパン一六代目の王、ヤシュ・パサフ・チャン・ヨアートによって、造られたものであることが、わかっている。このあまりにも有名な石彫には、祭壇の四つの側面に、コパン王朝一六代の王全員の姿が、その名と共に彫られていて、初代の王であるキニチ・ヤシュ・クック・モが、一六代の王、ヤシュ・

パサフ・チャン・ヨアートと向かい合って座る構図になっている。これはいうまでもなく、ヤシュ・パサフ・チャン・ヨアートが、キニチ・ヤシュ・クック・モを創始者とするコパン王朝の、正統な後継者であることを、示すものである。

初代の王、キニチ・ヤシュ・クック・モが即位したのは、祭壇Qの碑文によれば、西暦四二六年九月五日のことで、この初代の王は、いずこからか、この地にやって来て、王位についたと、記されている。では、同王は一体、どこから、コパンの地にやって来たのか?

一六号神殿の地下に埋まっている、最古のフナル神殿からは、キニチ・ヤシュ・クック・モを埋葬したのではないかと考えられている王墓と王の遺体とが発見され、その遺体を調査した結果、王はティカル周辺の出身者ではないかとの結論に、達している。また、キニチ・ヤシュ・クック・モの肖像には、メキシコ中央高原風というか、テオティワカン様式の、ゴーグル状の装身具をつけたものが多いことから、一時期、テオティワカンの支配下に置かれた、ティカルからやって来た人物ではないかという説が、研究者の間では、ひとつの有力な説に、なっている。

この点については、すでに、ティカル遺跡に関する項でも、詳述した。すなわち、三七八年に、ティカルにシヤフ・カックという謎の人物が到来し、同時に、絶頂期にあったティカルの王、チャク・トク・イチャーク一世が死亡するという事件が起こり、シヤフ・カックという謎の人物は、その装束等から、テオティワカンから派遣された集団の長ではなかったかと、考えられているのである。つまり、この時、ティカルはテオティワカンの軍門に下ったのではないかという説であるが、テオティワカンとティカルの間に、何らかの軍事的な衝突があり、テオティワカン側が勝利したことは事実にしても、遠隔地のテオティワカンによる、その後のティカルの直接支配という説には、当然、疑問も残る。第一、チャク・トク・イチャーク一世の死後も、ティカルの王統は決して途絶えることなく、続いているのである。

それに、キニチ・ヤシュ・クック・モの肖像にしたところで、テオティワカン様式の装身具を身につけたものもある一方で、伝統的なマヤ様式のものもあって、テオティワカン様式の装飾は、単に、王の権威づけのためのものとも、考えられるからである。

ともあれ、キニチ・ヤシュ・クック・モが、ティカルもしくはその周辺の地から、この地にやって来て、「征服王朝」としてコパン王朝を創建した、その事実だけは、確かであろう。同王が、遅くとも四三七年までに、死亡すると、その後を継いだのは、彼の息子、キニチ・ポポル・ホルであった。こうして、王統は以降、キニチ・ヤシュ・クック・モの子孫たちに、順当に、継承されていくことになった。

五五三年に即位した、「月・ジャガー」王は、一六号神殿の地下に埋もれている、ロサリラ神殿を建設したことで、知られる王だ。同王は、初代のキニチ・ヤシュ・クック・モから数えて、一〇代目にあたる王で、ロサリラ神殿は、同王が初代のキニチ・ヤシュ・クック・モに捧げた神殿で、極めて、保存状態のよい状態で、発見されたものの、上部構造の一六号神殿を破壊せずに、取り出すことは出来ないため、その精緻なレプリカが作製され、コパンの石彫博物館に展示されているということは、前述した。

「煙・イミシュ（煙・ジャガーともいわれる）」王は、六二八年に、一二代目の王として即位し、その後、六九五年に死去するまで、実に六七年間も、王位にあった。「神聖文字の階段」で有名な二六号神殿の内部で発見された、豪華な副装品を多数伴う王墓の主が、同王ではないかと、考えられている。

そして、その息子であるワシャクラフーン・ウバーフ・カウィールが、コパン一三代目の王として、六九五年に、即位した。同王の治世下で、コパンの繁栄は絶頂期に達し、王はコパンのグラン・プラザに、「石碑A」を始め、ほとんど丸彫に近い、精緻にして、巨大な石碑を、次々に、建立する。そこに、全身大で描かれている王の勇姿は、いずれも、このワシャクラフーン・ウバーフ・カウィール自身の姿である。

その代表作といえる、七三一年の日付のある「石碑A」には、コパン王家の紋章が、ティカルやカラクムル、パレンケのそれと並んで、刻まれ、コパンが、文字通り、「古典期マヤ」を代表する都市国家のひとつであったことを、何よりも雄弁に、物語っている。

同王はコパンの都市の大幅な増改築にも、積極的に取り組み、現在、私たちが見ることの出来るコパンの姿は、ほぼ、同王の治世下に、完成したものである。王は、七三八年には、アクロポリスとグラン・プラザの間にある球技場も、建設している。

しかし、好事魔多しとはよくいったもので、その絶頂期のワシャクラフーン・ウバーフ・カウィールを、悲劇が襲う。七三八年、王は突然、コパンの一衛星都市でしかなかったキリグアの王、カック・ティリウ・チャン・ヨアート王によって、捕らえられ、斬首されてしまうのである。

同王の死が、コパンの繁栄に、極めて深刻な、暗い影を落としたことは、事実である。まず、その後、一七年間にわたって、コパンでは石碑や大きな建造物が、一切、建てられなくなる。王統自体は、とにもかくにも、存続し、ワシャクラフーン・ウバーフ・カウィールの死後、わずか三九日後に、一四代目の王、カック・ホプラフ・チャン・カウィールが、即位している。しかし、同王の事績等は、何ひとつわかっておらず、実際には、コパンはキリグアの支配下に置かれていたのかもしれない。

一代置いて、コパン一六代目の王として即位したのが、前述の、ヤシュ・パサフ・チャン・ヨアートである。即位当時は、まだ九歳という少年であったことが、わかっている。彼が造った祭壇Qは、王権の正当性を、ことさら誇示しているが、それはとりもなおさず、王権がかつてなく揺らいでいたことの証左であるのかも、しれない。セプルトゥーラスと呼ばれる、貴族の住居跡の発掘調査では、当時、貴族の力が急速に増大していた事実が、明らかになっている。

このことが示すように、王権は揺らぎ、コパン王朝は、確実に、衰亡の一途を辿りつつあったのである。ヤシュ・パサフ・チャン・ヨアートから王位を継いだ、一七代目のウキト・トークは、しかし、前王の造った祭壇Qをまねた、しかも、未完成の「祭壇L」を残したのみで、その後の消息は一切、不明である。

かくして、コパンの王統は、彼をもって、完全に途絶えたのである。その最後が、反乱の勃発だったかどうかは、わからない。「古典期マヤ」の、文字通り、連鎖的な終焉は、こうして、確実に、コパンをも、丸々、飲み込んだのだ。

コパンのロサリラ神殿(レプリカ)

中村誠一氏により発見されたコパンの王墓

草むらの中の王墓

石彫博物館を見学したあと、その二階から外に出る道を通って、森の中の道を、どこまでも歩き続けていくと、やがて、アクロポリスの巨大な、黒々とした石積みが見えてきて、基壇の上に登ると、いきなり、一六号神殿の前に出た。そこには、ちゃんと、祭壇Qもあるが、どんなに古びて、いい味を出していようと、これはレプリカに過ぎない。

その裏手に回り、一八号神殿に登れば、アクロポリスの中庭を眼下に見下ろしつつ、外周をグルリと一巡出来る、絶景ポイントである。

また、その近くから、別料金の地下トンネルに、入ることも出来る。地下トンネルは二つあって、ひとつは、一六号神殿の地下に眠っている、ロサリラ神殿を見学出来る、短いロサリラ・トンネル。もうひとつは、それよりは少し長い、神殿一七や同二二、同二一の地下を巡る、ジャガー・トンネルだ。

前者では、ロサリラ神殿の外壁のレリーフの一部などを、ごく間近に、直接、見ることが出来るが、見ることが出来るのは、その一部のみで、それだけでは、ロサリラ神殿の全体像を、脳裏に思い浮かべることは、出来ないこともまた、事実。また、トンネル内は、もの凄い暑さと湿気で、息苦しさを覚え、カメラのレンズやメガネが、曇ってしまうほどだ。

二六神殿の「神聖文字の階段」は、上から下まで、ズッポリ、テント状の覆いをかけて、保存されている。全六二段ある階段には、二〇〇〇字を超えるマヤ文字の他に、人物像や鳥や蛇のモチーフ等が刻まれているが、残念ながら、下から見上げただけでは、その詳細は判別出来ない。もっとも、覆いの下は、日陰になっているので、一息つくのには、最適だ。

グラン・プラザは、さえぎるものが何ひとつない、広々とした芝生の中に点在する石碑を、ゆっくり、歩いて見学できる、さながら野外美術館のような空間である。もちろん、その一部は、精緻なレプリカなのだが、一見、どれが本物で、どれがレプリカなのかを、見分けることは、困難だろう。さえぎるものが何もないため、イヤでも、直射日光の直撃を受ける。グラン・プラザは広大なので、途中でへばって、脱水症状を引き起こさぬよう、水分の補給には、十分、心がけよう。

グラン・プラザの、さらに北には、日本のチームが発掘調査と、建造物の修復・保存を担当した、「グループ9L-22」「同9L-23」という、小規模な遺跡群もあり、公開されている。ほとんど、建造物の基壇部分が修復されているのみの、地味な遺跡だが、見に行くことにした。

「二〇〇三年には新コパン考古学プロジェクト（PROARCO）を立ち上げて、石碑の建ち並ぶ大広間の北に位置するグループ9L-22、9L-23の調査と修復を行うとともに、発掘の過程で発見された遺物の修復・保存のための人材育成をおこなってきた。／二〇〇三年から二〇〇九年にかけての協力の結果、様々な分野のホンジュラス人技術者を専門化させる、この遺跡で行われた調査研究の成果をこの野外展示施設を通して公開する」云々と、日本語で表記された看板等も、掲げられている。

もっとも、ここまで足をのばす観光客は、誰もいないようで、同遺跡エリアは、緑の木陰に、スッカリ埋もれて、深い静寂のみが、あたりを支配していた。

二〇〇〇年、アクロポリスの外部で、「10J-45」とナンバリングされた墓が、日本の考古学者、中村誠一氏によって、発見された。その墓室の構造や、豪華な副装品などから、それが王墓であることが確認され、「世紀の大発見」と話題になった。その経緯については、中村氏の著書『マヤ文明を掘る　コパン王国の物語』（NHKブックス）に、詳述されている。

この墓に眠っていた王が、一体、誰なのかについては、中村氏はその著書の中で、「もし、10J-45巨大墓の被葬者が墓の建設期間である紀元五世紀末から六世紀前半にかけて死去した人物で、祭壇Qに彫られたコパン王朝一六人の支配者の一人であるとすれば、この被葬者はおそらく五代目から七代目のうちのだれかではないか、と思われるのである」と、記している。

すなわち、単に「支配者5」「支配者6」と名づけられた、その名も、業績も不明な王か、五〇四年に即位したと考えられている、七代目の「睡蓮・ジャガー」王の、いずれかであると、中村氏は推測するのである。ちなみに、睡蓮・ジャガー王は、月・ジャガー王の父親であると、考えられている。

この中村誠一氏の発見した王墓も、今回、出来れば、見に行きたいと考えていた。

地元のガイドに頼むと、連れて行ってくれることになった。遺跡公園から出て、車で西に約一キロほど行ったところに、その王墓はあった。道路に車を停めて、フェンスを越えて、しばらく行った草むらの中に、四角く、周辺をコンクリートで固めた穴があって、それが王墓であるという。発掘後、埋め戻され、今はただの穴である。訪れる者も、誰ひとりとしていないに、違いない。

その周辺を少しブラつくと、道路沿いに「ステラ5」と「ステラ6」と記された、石碑が二つ、ポツンと建っているのを、発見した。遺跡公園からはたいぶ離れているが、ここもまた、コパンの都市の一部だったのだろう。しかし、それはそうとして、周辺に、巨大な建造物など、何ひとつない、アクロポリスからかなり離れたこの場所に、何故、王墓はつくられたのだろう？

完全に観光地化されたコパンといえども、このように、未解明の謎は、あまりにも多い。

以上を見て、ホテルに戻った。熱いお湯のシャワーを浴びて、スッキリしたあと、ホテルのレストランに夕食を食べに行った。

驚くほど多くの白人観光客で、レストランはほぼ満席状態。団体客中心のホテルとみえて、夕食はバイキングのみという。

それはいいとして、バイキングというのに、品数が極端に少なく、しかも、食後のコーヒー一杯を飲むのも、別料金……という、せこいシステムで、おまけに、実に二〇USドルもの、お値段。

しかも、団体客ではない、個人客の私は、ほぼ満席状態とはいえ、室内にまだ空いている席もあったのに、屋外の、一番遠い席に案内され、料金の支払いも、チェック・インの際、カードも使えると聞いていたのに、こちらが「ラ・クエンタ（お勘定）」ともいわぬ前に、食後のコーヒーを頼んだ時点で、しっかり、現金払いを、要求された。白人とは違う、東洋人への見下した態度が、見え見えである。

あまりにも腹が立ったので、現金で支払うことも、もちろん、可能だったが、あくまでカードで払うと主張、すったもんだの末、ウェーターは、舌打ちこそしなかったが、モロ面倒くさそうな顔をして、それでも、渋々、カードを持って、奥に引っ込んだ。打ち出されたレシートに、サインをした時も、ありがとうの一言もなく、ブスッとした態度のまま。お前には、チップは、絶対、やらん。

翌朝、そのことで、フロントに文句をいうと、翌々日の朝だったかに、レストランに行くと、ウエーター&ウエートレスたちは、前々日とはうってかわった態度で、とってつけたような満面の笑みを浮かべ、そのひとりは、きっと誰かに、即席で教わったに違いない、片言の日本語で、挨拶まででした。前々日のウエーターもいるが、私とは目も合わそうとはしないし、決して、こちらに近づいても来ない。

あとで聞いた話だが、菊川さんが、お客のいない暇な時間に、レストランの一角でたむろしているウェーターたちに、スペイン語で文句をいった時も、悪い態度だと、一般論としては認めたものの、最後まで、私に接客した、そのウエーターが誰か、言おうとはしなかったとのことである。それが誰かは、もちろん、私にはわかっているが、それ以上言うと、そのウエーターが首にでもなったりしたら、こちらも寝覚めが悪い。

嫌なホテルだなぁ……と、つくづく、思う。いくら、施設がよくても、従業員の態度がこれでは、台なしである。きっと、遺跡のすぐ近くにあって、設備もよいので、いつも団体客で混雑するホテルなのだろうが、それに慢心して、個人客（しかも、非白人の）への接客をおろそかにするようでは、ホテルとして、最低である。以上、あくまで、個人としての感想です。ハイ。

エル・プエンテへ、その他の遺跡へ

翌日は、ホテルで、これまたバイキング・スタイルの、朝食をとって、車でエル・プエンテ遺跡に向かう。片道約一時間ほどの、距離である。

エル・プエンテ遺跡は、私がこの地に初めて来た一九九二年には、日本の調査隊によって発掘調査が行われていたが、一般公開されていなかった。その後、修復が終わり、一九九四年に、遺跡公園として、公開された。そこで、今回は、是非、行こうと、思っていた。

エル・プエンテ遺跡は、エ・エントラーダ市とコパン・ルイナスを結ぶ幹線道路から、枝分かれした道の先、六キロほどのところにあり、一九三五年、デンマーク人の探検家、ヘンズ・イーデによって、発見された。

一九八四年、前述の中村誠一氏をリーダーとする、JICA青年海外協力隊の考古学者たちが、初めて、現地に入り、以降、一九九四年まで、のべ四〇名にのぼる、協力隊員や専門家が日本から現地に派遣され、ホンジュラス政府と協力しつつ、遺跡の発掘と、修復・保存に、あたってきた。東西八五〇メートル、南北七九〇メートルの範囲内に、合計二一四基の建造物跡が、現在、確認されているという。

発掘調査の結果、エル・プエンテ遺跡は、西暦六〇〇年前後に、コパンの支配層の一部が移住してきたか、あるいは、コパンの衛星都市のひとつとして、建設されたものであろうと、いわれている。その繁栄は、約三〇〇年ほど続き、九世紀から一〇世紀にかけて、コパンとほぼ同時期に、放棄された。つまり、コパンと、文字通り、命運を共にしたのである。

一九八九年に、ホンジュラスによって、コパンに続く国立遺跡公園に指定され、敷地内では一四の建造物と二つの石碑・祭壇複合が発掘され、修復を終えて、公開されている。ただし、行く人はほとんどいないと、菊川さんはいう。

遺跡に向かう途中で、雨が降りだした。生憎、傘はホテルに置いてきてしまったが、遺跡に着くころには、幸い、雨は上がった。

遺跡公園の事務所は、ミニ博物館にもなっていて、遺跡から出土した土器や土偶、石碑、人骨、黒曜石の石斧等々が、展示されている。めずらしい、カボチャをかたどった土器やひょうたん型の壷なども、ある。その他、日本・ホンジュラス友好の証として、日本から贈られた、縄文式土器なども、展示されていた。

事務所から出て、農道のような道を通って、遺跡に向かう。黒い雲が空を覆い、今にも再び、雨が降りだしそうだ。もう、運を天にまかせるしか、ない。

遺跡の中心にあるのは、高さ一一メートルのピラミッド基壇で、「建造物1」と名づけられた、同遺跡で一番高い建物である。基壇上部の神殿が失われているため、最盛期には一五メートルほどの高さを有していたのではないかと、考えられている。

その他、その時、取ったメモを見ると、「建造物31」「同26」「同10」「同204」「同3」「同4」「同5」といった建造物が、その「建造物1」の周囲に、配置されている。

この内、「建造物4」と「同5」は、神殿ではなく、貴族の住居跡で、そこでの彼らの日常生活を想像することが出来る、石のベンチや側室、排水溝等が残っていて、大変、興味深い。

遺跡エリア内をグルッと一周し、写真を撮って、再び、農道を通って、遺跡事務所に戻った。どうにか、雨は降りださなかったが、いつ降りだしてもおかしくない、空模様である。

事務所の人が、日本語で書かれたガイドブックがありますよというので、まさかね……と思いつつ、一応、持ってきてもらうと、二〇〇三年に東京で開催された、「神秘の王朝　マヤ文明展」の図録だった。それはさすがにお断りして、英語で記された、簡単な遺跡のパンフレットもあったので、それを買った。

事務所の床に、気持ちよさそうに寝そべっていた犬に、見送られて、エル・プエンテをあとにする。

続いて、行ったのは、エル・プエンテからコパン遺跡へと戻る道の途中にある、リオ・アマリージヨという小さな遺跡だ。

「黄色い川」という意味の、リオ・アマリージョ遺跡は、やはり、エル・プエンテ同様、コパンの衛星都市のひとつだったと考えられている都市遺構で、わずか三カ月前に、一般公開されたばかりの遺跡であるという。

ピラミッド神殿基壇の一部が、発掘後、修復されているものの、未だ、その大半が未修復のままで、単なる瓦礫の山状態。

付属して、立派なミニ博物館が、その建物だけは、とにもかくにも、完成していた。中に入ると、それでも、結構、広い展示室は、ガランとして、何もなく、おそらくは、曲がった鉤鼻の神の顔のレリーフが、組み立てる前のブロックのまま、床にブルーシートを敷いて、無造作に置かれていたのと、遺跡の復元模型が、展示されているのみ。パソコンやスクリーン、プロジェクターなどの器機も、事務所には置かれていたので、今後、小さいながらも、博物館として、整備していこうという意欲だけは、あるようだ。

しかし、今は、来館者に見せることの出来るものなど、何もない。それでも、遺跡&博物館への入場料として、五USドルを、しっかり、取られた。

ここはコパン崩壊後も、人の居住の痕跡があり、明らかにマヤ系ではない、カリブ海沿岸地方の人々の住居と共通性のある住居跡や、無文様の土器などが、発掘されているのだという。それはそれで、興味深い。今後の調査の進展を待ちたい。

いったん、ホテルに戻って、昼食後、前日は時間がなく、行かなかった、コパンの貴族の住居跡「セプルトゥーラス」に、行った。

森の中の道を、どこまでも歩いていくと、突然、視野が開けて、石積みの基壇が点在する広場に出た。

そのひとつひとつは、決して大きくはないが、その数がもの凄い。かなりの距離をあけて、ポツンポツンと、建っているところもあれば、家と家の距離が、極めて密集しているところも、ある。後者はさしずめ、繁華街か。

一軒一軒の家の中に入ってみると、排水溝の跡なども残っていて、ここで貴族たちの日常的な営みが行われていたんだなぁと、実感できる。また、隣接して、墓らしき縦穴がある家も、あった。まさに、ゆりかごから墓場まで、その家人の一生を、そこに見た気がした。

かつて、マヤの都市は完全な祭祀空間で、人々の住居空間とは隔絶されていたと、考えられていたことも、あった。しかし、実際には、そんなことはなく、人々にとって、神聖な祭祀センター&王宮の出来るだけ近くに住むことは、やはり、理想だったに、違いない。まずは高位な貴族たち、そして、下層貴族、庶民の住居……という順に、人々の家が祭祀センターを、何重にも遠巻きにしつつ、拡がっていたのであろう。

貴族たちといっても、マヤの貴族たちは同時に、土器や土偶、石斧などの、神器や実用品の、専門化した製作者であり、あるいは、ある者は、石碑に、レリーフやマヤ文字を刻む芸術家であったり、また、ある者は、農耕や戦争の吉兆を占う天文学の研究に従事するなど、それぞれが手に職を持ち、働いていたことが、住居跡等の考古学的な調査から、わかってきている。そういった知識を、いわば一族で独占することで、彼らは自らの特権化を強め、庶民＝農民の上に、君臨してきたのである。

王は、そうした貴族たちを束ね、政治的・経済的・軍事的・宗教的な指導者として、絶対的な権威の中心＝カリスマであった。そして、そうした王の絶対的な権威を核に、特に「古典期」マヤの社会は、回っていたのである。

その結束力が、彼らの強みでもあり、逆に、弱みでもあった。他の都市国家との戦いで、「世界の中心」たる王が捕らえられ、斬首されてしまえば、それがたちまち、その都市国家自体の、権威の決定的な失墜＝瓦解を、招きかねなかったからである。

コパン王朝も、その衛星都市の数々も、そうして、歴史の表舞台から消えていき、石積みの廃墟のみが、あとに残ったのである。

セプルトゥーラスをあとにして、最後に、コパン・ルイナスの町まで、足を伸ばした。

小さな町だが、石畳の坂道が多いので、町中の移動には、もっぱら、トゥクトゥクが利用されている。トゥクトゥクとは、タイの三輪タクシーのことで、タイからは遠く離れたホンジュラス（や、メキシコ等）でも、何故か、トゥクトゥクと、同じ名称で、呼ばれている。町中を徒歩で、グルッと一周したあと、今回は満室で泊まれなかったマリーナ・コパンに入って、コーヒーを飲んだ。

古いが、清潔なレストランと、ただコーヒー一杯を飲むためにだけ、立ち寄った客に対しても、陽気で親切な従業員。窓から見える中庭のプールサイドでは、早めに観光を切り上げた観光客たちが、ゆったりと本を読んだりして、くつろいでいる。

ふと思いついて、夕食をここで頼んで、ランチボックスに入れて、テイクアウトすることにした。名物の串焼きを頼んで、飲んだ二人分のコーヒー代と共に支払った額は、一四ドル。

そうそう、ホンジュラスの通貨はレンピーラで、一レンピーラが約四円である。ただし、コパン・ルイナスに滞在するだけなら、観光地なので、ドル払いが可能だし、また、グアテマラのケツァルも使える。

自分のホテルに戻って、夕食はテイクアウトしたマリーナ・コパンのランチボックスと、コーラ。大ぶりの串焼きは、さめても絶妙に美味く、つけ合わせのバター・ライスも美味くて、この選択は大正解だった。

グアテマラに戻り、キリグア遺跡へ

翌朝、再び、陸路で国境を越え、グアテマラに戻った。コパン・ルイナスの町からグアテマラのキリグア遺跡までは、車で約三時間の距離。グアテマラとの国境越えについては、戻りは国境でのチェックもなく、完全にフリー状態。

ただ、グアテマラに入ったあたりから、雨が降り始め、雨脚は次第に激しくなっていった。

キリグア遺跡に、グアテマラ・シティーから行く場合は、車で約四時間ほどかかる。公共交通手段を使う場合は、グアテマラ・シティーから出ているバス（プエルト・バリオス行き、もしくは、フローレス行き）では、遺跡のすぐ近くには停まらないので、ドライバーに頼んで、一番近いバス停（それでも三キロ、離れている）で降ろしてもらい、以降は、一時間に一〜二本ほど運行している、遺跡行きのミニ・バスに乗せてもらうしかないと、『地球の歩き方』には、そう書いてある。

私はキリグアでのことではないが、あるところで、この『地球の歩き方』の記述にしたがって、バスで旅行をしていて、あるハズの乗り合いタクシーが、実際には走っていなくて、本当にこの方向でよいのかすらも、よくわからぬまま、ただただ、ひたすら、歩き続けるしかないという、ひどい目に遭ったことがあるので、あまり、お薦めは出来ないが、まぁ、挑戦したい人は、挑戦してみて下さい。

以前来た時、私はリオ・オンドのホテル・アトランティコに泊まったが、その時はまだなかった、遺跡のすぐ近くにある「ポサダ・デ・キリグア」というホテルは、日本人が経営者で、菊川さんもよく知っている人だという。小さいが、家庭的で、とてもよいホテルだというので、そこに泊まるのも、一興かもしれない。

キリグアの都市遺構は、コパンから北に五〇キロほど離れた、モタグア川の流域にある。

キリグアの創建は、石碑に刻まれた碑文によれば、西暦四二六年のことで、その王名は不明ながら、考古学者によって「トク・キャスパー」というニックネームがつけられた、初代の王の即位の儀礼を、コパンの初代の王、ヤシュ・クック・モが取り仕切ったと、記されている。つまり、キリグアは元々、コパンがモタグア川の流域を支配し、河川を交易路として活用するための、交通の要衝につくられた、衛星都市のひとつだったのである。

そうした、おそらくは、半独立の衛星都市にすぎなかったキリグアの命運を大きく転換させたのは、七二四年に即位した、カック・ティリウ・チャン・ヨアートという、ひとりの王であった。

もちろん、同王もその即位に際し、コパンのワシャクラフーン・ウバーフ・カウィールの後見を受けたことが、碑文にも明記されている。ワシャクラフーン・ウバーフ・カウィールとは、いうまでもなく、あのコパンの絶頂期に君臨した、大王である。

ところが、カック・ティリウ・チャン・ヨアートは、その治世一四年目の七三八年に、突然、宗主国のコパンに対し、反乱を起こし、ワシャクラフーン・ウバーフ・カウィールを捕獲し、斬首にしてしまうのである。

もっとも、そのことを記したキリグアの碑文には、それが「戦争」の結果であるとは記されていないため、あるいは、一種の謀殺のようなものであったのかも、しれない。しかしながら、とにかくにも、そのことが、絶頂期にあったコパン王朝の歴史に、極めて暗い影を落とし、王朝崩壊への序章となったことは、間違いない。

一方、カック・ティリウ・チャン・ヨアートは、これを機に、自らを「一四代目の王」であると、名乗っている。これは彼が殺したコパンのワシャクラフーン・ウバーフ・カウィールが、コパン一三代目の王であったことから、自らがその後継者であると宣言したに等しい、態度である。

小国キリグアの王の、この大きすぎる野心の背景には、ティカルと並ぶ、「古典期」マヤの超大国、カラクムルの陰があると考える、研究者もいる。というのも、カック・ティリウ・チャン・ヨアートは反乱の二年前の七三六年に、王名のわからないカラクムルの王と、親交を結んでいた可能性があるからである（後世に建立された石碑の記述）。もし、それが事実であるとすれば、カック・ティリウ・チャン・ヨアートは、反乱に成功した時の、カラクムルの後ろ盾を期待していたのではないかと、考えられる。

いずれにせよ、反乱に成功したカック・ティリウ・チャン・ヨアートは、コパンからの完全独立を果たしたばかりか、一時期は、そのコパンの王であるとさえ名乗り、コパンのそれをも上回る、巨大石碑を次々に、自らの王都に、建立した。特に、七七一年に建てられた石碑Eは、七・六メートルもの高さを誇り、重さは三〇トンにも達する。文字通り、マヤ最大の、巨大石碑である。こうした石碑に、コパン同様、ほぼ丸彫りに近い精緻さで刻まれているのは、もちろん、神かと見間違えるばかりの、カック・ティリウ・チャン・ヨアート王の、雲を突く全身像である。

同王はもちろん、キリグアのアクロポリスの積極的な拡張も図り、文字通り、コパンに追いつき、追い越すことを目指して、その、自らの持てる力のすべてを、投入しつくしたのである。

キリグアの遺跡公園を、文字通り、埋めつくす巨大石碑群を見ていると、王の悲しいまでの自己陶酔ぶりを、見てとることが出来る。しかし、自らをどんなに大きく見せようとも、王は人であって、神ではない。人間である以上、死は、決して、免れることの出来ない運命である。

約六〇年の長きにわたった、カック・ティリウ・チャン・ヨアートの治世も、西暦七八五年に、終わりの時を迎える。同王の後を継いだ「空・シュル」王は、それでも、一〇年ないし一五年は、王として、統治したようである。王は、石碑の建立には関心を示さず、ジャガー神などの石像を、ひたすら、造り続けた。次の「翡翠・空」王は、再び、石碑の建立に復帰したが、二つの、しかもスケールの小さな石碑を、建立しただけであった。キリグアでの最後の碑文は、建造物1B-1に刻まれたもので、八一〇年の日付が記されている。これがキリグアにとっての最後の、文字記録となった。

要は、キリグアの歴史は、カック・ティリウ・チャン・ヨアート王の治世がすべてで、王の死と共に、すべてが終わったといって、過言ではない。

現在のキリグアは、よく整備された遺跡公園になっているが、カック・ティリウ・チャン・ヨアートによる、急造のアクロポリス等は、それこそ、わずかに基壇を残すのみで、当時の面影はまったくなく、ただただ、広大なグラン・プラザに、屋根付きの巨大石碑等が、林立しているばかりである。

グラン・プラザは、陽光を遮るものが、それこそ、何もないため、炎天下にはもの凄い暑さになるが、今回は雨模様の天候のため、暑さはそれほどでもなく、回るのは楽だった。そのかわり、降雨で足下の芝生がグチャグチャになり、その上を歩くと、ズブズブ沈み込んで、靴とGパンの裾が、たちまち、泥まみれになった。

野外展示されている石碑は、A、C、D、E、F、H、I、J、Kの、全部で九つ。この内、IとKが「翡翠・空」王が建立したもので、残りはすべて、カック・ティリウ・チャン・ヨアート王建立のものである。

その他、カック・ティリウ・チャン・ヨアート王および「空・シェル」王の造った、B、G、O、Pの四つの、ジャガーや鰐、蛇等の獣型神像がグラン・プラザ内に、野外展示されている（BとGが、カック・ティリウ・チャン・ヨアート王のもの）。獣型神像の口の中からは、王もしくは神が、顔を覗かせている。

グラン・プラザの野外展示を見終わると、アクロポリスの基壇に達するが、残念ながら、これといった見どころはない。ただの廃墟である。

現人神になろうとした、カック・ティリウ・チャン・ヨアート王の野望のむなしさを、それは、何よりも雄弁に、私たちに教えてくれる。

遺跡公園の入り口にはミニ博物館もあるが、改装中であった。

キリグア遺跡を後にして、グアテマラ・シティーに、戻る。先に、車で四時間ほどの距離と記したが、途中で、最悪の交通渋滞に巻き込まれて、実に六時間以上、かかった。宿泊先のグランド・ティカル・フトゥーラにたどり着いた時は、外は真っ暗になっていた。死ぬほど疲れて、食事もソコソコに、泥のように眠った。

旅の終わり

こうして、今回の旅は、終わった。翌日は、国立考古学民族学博物館に寄ってから、午後三時のメキシコ・シティー行きの飛行機に、乗った。

国立考古学民族学博物館は、カミナルフユやティカル、ナランホ、ピエドラス・ネグラス、タカリク・アバフ等々からの石碑や石彫、土器や土偶などを、一堂に集めた、極めて充実した展示の博物館で、月曜以外は、開館している。グアテマラ・シティーの郊外にあるが、ラ・アウロラ国際空港に極めて近いので、最終日に、少し早めに出て、空港に行く途中で寄るのが、一番、時間の節約になる。隣接して、国立近代美術館もある。

空港に到着、菊川さんとも別れて、メキシコ・シティー行きのアエロメヒコ便に乗る。メキシコ・シティーの国際空港で、日本行きのアエロメヒコ便に乗り継ぐが、実に七時間近い、乗り継ぎ時間がある。

私は今回の旅を、私のメソアメリカを巡る旅の、ひとつの区切りと考えていた。これから先、メキシコや中米諸国を訪れないということは、おそらくなくて、きっと、また、いつの日か訪れることになるだろうが、多分、今年や来年ではない、何年か先の、ことである。

そう考えると、感慨深いものがあった。私も、もうすぐ、六二歳。そんなに長く、生きられるかどうか、わからない（もちろん、生きたいとは、思うが）。

さようなら、メキシコ、そして、中米の国々。一番好きなベリーズには、再訪のチャンスが、この先、あるだろうか？　そして、エルサルバドルには、ついに、行かぬままで、終わるのか？

そんなことを考えつつ、メキシコ・シティーの国際空港の出発ロビーの、ソファーにもたれかかって、目の前を通過する多数の人々を、眺め続けた。

そうだ、ドス・ピラスには、ついに行かず仕舞いだった。ピエドラス・ネグラスには、行ったことは行ったが、到底、満足できる訪問ではなかった。これは、きっと、もう一度、戻ってこいよという、メソアメリカの神々の思し召しなのかも、しれない。

そう、それは、見果てぬ夢。

第六章　メソアメリカ——その過去・現在・未来——

以下は、いくつかの媒体に、そのつど、依頼されて書いた原稿です。したがって、です・ます調のものもあれば、そうでないものもあり、また、内容的にも、一～五章との、若干の重複もあります。

石碑の森　カラクムル

私はこれまでに、マヤをはじめとするメソアメリカ文明に関する本を（二〇〇四年の時点で）二冊出していますが、それらの本を書く際に、是非、訪れたいと思いつつ、様々な事情で、ついに実現しなかったのが、カラクムル遺跡への訪問でした。

カラクムル遺跡はメキシコ・カンペチェ州の、グァテマラとの国境から約三〇キロメートルのところにある、先古典期から古典期にかけて栄えたマヤの大都市センターの遺構で、一九八四年から九四年にかけて行われたウィリアム・フォーランによる調査や、同遺跡やその周辺の他の都市遺構から出土した碑文の解読作業の進展等によって、その文字通り、マヤ有数の巨大な都市センターとしての歴史と全貌が、今ではかなり詳細に、明らかになりつつあります。

また、一九九〇年代の半ばからは、遺跡公園としての整備も進み、一般の観光客も遺跡に立ち入ることが出来るようになったとはいうものの、遺跡へのアプローチは容易ではなく、従ってこれまで日本で出版されたマヤ文明についての概説書や、写真集、ガイドブック等々で、カラクムル遺跡

を詳しく紹介するものは、つい最近まで、ほとんどなかったというのが、実情です

カラクムルの都市センターは、先古典期に建設が開始され、エル・ミラドールに匹敵する規模を有する、先古典期屈指の都市センターへと成長しました。しかも、エル・ミラドールをはじめとする先古典期の他の都市センターの多くが、古典期に移行できなかったのに対し、カラクムルは古典期に入っても引き続き繁栄し続け、これまで古典期最大のマヤ・センターと考えられてきたグアテマラのティカルの、文字通り、ライバルとして、一時はそのティカルを上回る権勢を誇ったこともあったのです。

そのことは古典期マヤの象徴ともいうべき、主に王の業績をマヤ文字で記し、精緻な浅浮き彫りを施した石碑が、カラクムルからは他のマヤ遺跡のどこよりも多く、現在判明しているだけでも実に一一七も発見されていることからも、明らかでしょう。

二〇〇二年の五月、私はついに念願の、そのカラクムル遺跡への旅に、出発しました。

カラクムルに一番近いメキシコの都市は、ベリーズとの国境の近くにあるチュトゥマルでしょう。ただし、チュトゥマルからカラクムル遺跡までの公共の交通手段はなく、車をチャーターしても片道四、五時間はかかるようです。

その途中に、シュプヒルという村があり、そこには安ホテルも数軒あることにはあるらしいのですが、むしろ、村から車で一〇分くらいのところに「チカンナ・エコビレッジ」というコテージ形式の、設備の整った高級ホテルがあるので、そこを取材の拠点にするといいのでは……というアドバイスを、私はインターネットを通じて知り合いになった同好の士から、得ていました。

ただし、最近は飛行機が飛ぶようになったとはいえ、本数が極めて少なく、しかも欠航になることも多いというチュトゥマルへではなく、メキシコ・シティーからアエロメヒコ航空の便が毎日あるカンペチェに飛んで、そこからチャーターした車で一気にカラクムルへ向かうというルートで行くことに決め、旅行社を通じて、車とドライバーを手配し、チカンナ・エコビレッジに予約を入れました。

ちなみに、チカンナ・エコビレッジは一泊一〇〇USドル近くもする観光客むけの高級ホテルで、自然のジャングルの中に点在する木造のコテージは清潔で、レストランやプールなどの施設も整った、とても気持ちのいいホテルです。ただし、私が滞在した三日間の間、宿泊客は何と私ただひとりでしたので、次に行く時、つぶれていないことを、ただただ、祈るのみです。

カンペチェはメキシコ湾岸部に位置するカンペチェ州の州都で、征服者・スペイン人によってメキシコ有数の貿易港として整備され、一七世紀には海賊から港町を守るための大要塞が建築され、その要塞に守られたコロニアル調の美しい町並みは、一九九九年に世界遺産に登録されています。私は以前、この街を起点に、ユカタン州のメリダへと向う旅をしたことがあり、大変思い出深い街でもあります。

でも、今回は一にも二にも、カラクムルへ行くことが目的ですので、午前一一時にカンペチェの空港に到着後、直ちにメリダから来たドライバー兼ガイドのカルロスさんの運転する車で、カンペチェの思い出に浸る間もなく、一路、カラクムルにむけて、車を飛ばしました。

途中、昼食を取りましたが、それを除けばカンペチェからカラクムルまでの所要時間は、おおよそ四時間半から五時間ほどでしょうか。つまり、チュトゥマルから行くのと、それほど時間的には変わりません。

また、道路は途中まではよく整備されていて、しかもすれ違う車はほとんどなく、実に快適なドライブです。

しかし、カラクムル遺跡へ近づくにつれ、道がそれに飲み込まれてしまうのでは……と思うほど、道の両サイドの雑木林の密度が増し、しかも、時々、名前のわからない尾の長い鳥が、車を恐れることなく、悠々と進路を遮って、車の速度は目に見えて落ちてしまいます。

途中、メキシコ政府軍による二度の検問があり、特に第二の検問を過ぎたあたりからは、フロントガラスにぶつかるほどの大量の蝶が舞い、さらには断続的に雨まで、降り始めてしまいました。

こう書くと、ずいぶんと神秘的な光景のようですが、それを楽しむ余裕は、実のところ、当時の私にはありませんでした。遺跡公園の閉門時間が迫っていたのです。

とにかく可能な限り車を飛ばして、ようやく辿り着いた遺跡は、しかしながらもう、閉門時間が間近で、チケット・ブースにはすでに係員の姿もありませんでした。

でも、カルロスさんがようやく捜してきた係員に、とにかく日本からはるばるカラクムル遺跡を見るためにやって来たんだと、まことに身勝手な理屈を振りかざして交渉、どうにか無事、遺跡エリアに入ることが出来ました。

カラクムルの都市遺構は、約三〇平方キロメートルもの規模で拡がっており、その最大の構築物は「建造物2」といわれるピラミッド神殿です。その基壇の底辺は一辺一二〇メートルあまり、高さは四五メートルにもおよび、建造物は先古典期に建てられ、その後、八世紀の初頭までの間に、幾度となく増改築が行われていることが、考古学的な調査で明らかになっています。

ただし、先古典期に造られた時点で、神殿の高さはすでに現在の高さに達していたといわれており、きっと近隣の先古典期の都市センターの中でも、その偉容は一際、群を抜いていた筈です。

しかし、先古典期のカラクムルの歴史を辿ることは、この時代にはまだ石碑が建てられておらず、つまり、文字資料がなく、極めて困難です。「建造物2」の基壇から発見された「石碑114」には、西暦四三五年の日付があり、これが現在発見されている、もっとも古い文字記録なのです。

カラクムルが古典期マヤの覇者・ティカルを退け、数ある都市センターの頂点に君臨することになったのは、六世紀半ばのことでした。

ベリーズにある有力都市センターであるカラコルには、五六二年にカラコルがティカル二一代目の王を捕獲・殺害したとの記録が残っており、事実、ティカルではその後、多くの主要建造物や石碑が破壊され、六九二年まで新たな石碑が建てられることはなかったのです。

このカラコルの石碑に記載されている勝利者の名前は、碑文研究者によれば通称「空をみる者」と呼ばれているカラクムルの王（五六一年に即位）の名に酷似しているといわれており、つまり、真の勝者はカラコルではなく、当時、おそらくカラコルと同盟関係にあった、カラクムルではなかったかと、考えられているのです。

五七九年に即位した「渦巻き蛇」と呼ばれているカラクムルの王は、五九九年と六一一年の二度にわたって、距離的にはかなり離れたパレンケ王都を攻略した王で、また、この王の名前はカラコルの石碑にも記されています。

つまり、カラクムルはカラコルとの同盟関係を引き続き維持しつつ、マヤ西部地域への勢力拡大を、積極的に図っていったのです。

六三六年に即位し、六八六年まで、実に五〇年間も王位にあった、ユクノーム・チェーン二世の治世は、カラクムルにとってのまさに「黄金時代」でした。

彼は多くの都市センターの王の「後見者」となり、文字通り、「王の中の王」「大王」として、絶大な権力をふるったのです。また、この王の治世にカラクムルでは大量の石碑が建立されたことも、わかっており、これも大王の権力がいかに大きかったかを、裏付けるものとなっています。

カラクムルの「黄金時代」はその後、七世紀の後半まで続きますが、六九五年、ユクノーム大王の息子であるユクノーム・イチャーク・カックの治世に、長い低迷期を脱し、完全に復興したティカルとの戦争に敗れ、以降ゆるやかな衰退への道を辿ることになります。

ティカルで発見された石板には、この六九五年の戦争でユクノーム・イチャーク・カック王が捕虜となったとの記述がありますが、その後の、王の運命については、カラクムル、ティカル双方に碑文記録がなく、よくわかっていません。

先古典期から古典期にかけて、他の都市センターに絶大な影響力を行使してきた、大カラクムルの滅亡がいつであったのかは、ハッキリしていません。ただ、八一〇年の日付のある石碑を最後に、カラクムルにおける石碑の建立は途絶えており、その石碑を建てさせた王の名前もわかっていないのです。

もっとも、グァテマラのセイバル遺跡で発見された八四九年の日付がある碑文の中には、チャン・ペトという名前のカラクムル王に関する記述が、残っています。都市センターとしてのカラクムルがこの時期まで、あるいはその後も、引き続き、細々とではあれ生き延びた可能性もあります。いずれにせよ、もしそうだとしても、過去の栄光はすでに見る影もなくなっていたことでしょう。夕暮れ時が迫っていたこともありますが、広大なカラクムル遺跡の敷地内には、観光客の姿などのまったくなく、恐ろしいほどの静寂があたりを支配していました。

その人気のない遺跡を、カルロスさんとたった二人で、歩きました。「建造物2」とその北側に拡がる中央広場が都市遺構のいわば中心部で、中央広場にはその周囲をグルリと取り巻くように、「建造物7」をはじめとする比較的小規模な神殿が配置されており、神殿の基壇の前や、その基壇上などの至るところに、石碑が建てられています。

ただし、建てられた石碑の多さでは、他の都市センターを圧倒しているカラクムルですが、その石碑には石灰岩が使用されているため、雨による浸食等によって、かすかな図像や書かれたマヤ文字のごく一部がかろうじて読み取れるだけのものが多く、残念ながらその解読によって、カラクムルの王朝史の詳細な再現を試みることは、極めて困難な状況です。

石碑は他に、「建造物2」の基壇の前や基壇上、その北東に建つ、「建造物2」との比較ではやや規模の小さいピラミッド神殿「建造物1」の周辺、さらには「西のグループ」と呼ばれている広大な建造物複合の周辺などにも、大量に建てられています。カラクムル遺跡はまさに、石碑の森なのです。

石碑は王にあらゆる権威や権力が集中していた古典期マヤを象徴する遺物であり、石碑を建てることは王にとって、その権勢の永続性を願う悲願というか、見果てぬ夢であることは、すでに書きましたね。

そうした人間の見果てぬ夢の残骸が、浸食し続ける森と静寂の中に、半ば飲み込まれるようにして林立する光景は、美しく、また、悲しいものです。

すでに夕刻とはいえ、明るかった空が急速に暗くなり始め、石碑たちは黒々としたシルエットとなって、急速に闇に溶け込んでいき、私たちもまた、遺跡を去らねばならない時間がやって来たのです。

（拙著『ミステリー&ファンタジーツアー　マヤ／アステカ』より、一部抜粋）

メソアメリカ古代遺跡への誘い

メソアメリカ史の概要

メソアメリカの「メソ」とは、中央という意味ですが、メソアメリカは必ずしも、中米と、イコールではありません。というのも、メソアメリカは実は、地理的な区分ではなく、一六世紀にスペイン人によって征服されるまで、マヤ人など先住民の独自の文化が花開いた文化圏を指す呼称だからです。具体的には、メキシコの南半分と、グアテマラ、ベリーズの全域、ホンジュラスとエルサルバドルの一部が、それにあたります。

この文化の担い手は、今から一万年以上前に、当時はまだ陸続きであったベーリング海峡を渡って、ユーラシア大陸からアメリカ大陸にやって来たモンゴロイド系の人々で、メソアメリカ各地や南米・アンデス地方などに定住し、独自の都市文明を築いていきます。

マヤ文明もまた、そうした多様な先住民文化の、バリエーションのひとつです。マヤ人とはマヤ語族に属する三〇以上の言語を話す先住民の総称で、その文明の発祥の地は、グアテマラとベリーズです。以前、マヤ文明の最盛期は、西暦二五〇年くらいから九〇〇年ごろまでの「古典期」と考えられていましたが、メキシコとの国境近くの、グアテマラ・ペテン地方で、エル・ミラドールと呼ばれる、紀元前四〇〇年ころから、紀元前後まで栄えた、大都市遺構が発見され、その歴史は大きく塗り替えられることになりました。このエル・ミラドールは、その中心部だけで一六平方キロメートルあり、中でも「ダンタ」と呼ばれるピラミッド複合は、基壇から頂部までの高さが、実に七〇メートルもあって、これは、現在、発見されているメソアメリカ最大の建造物です。

エル・ミラドールだけでなく、グアテマラやベリーズでは、セイバルやワシャクトゥン、セーロス、ラマナイ等々、古典期に先立つ「先古典期」に、すでに都市の建設が始まっていた遺跡が、次々に、発見されています。また、ベリーズのクエヨという遺跡から出土した土器の年代測定を行ったところ、紀元前二六〇〇年前後のものという驚くべき測定結果が出て、その真偽を巡って、考古学界が騒然としました。

マヤの人々は、王を中心に、都市国家を形成しましたが、マヤ地域全域をその影響下に置く統一勢力は、最後まで、生まれませんでした。我が国の歴史にたとえていえば、群雄割拠の戦国時代が最後まで続き、織田信長や豊臣秀吉による天下統一は、なかったのです。

ティカル、コパン、カラコル――三つの有力都市――

エル・ミラドール等、先古典期に栄えた都市国家の多くが滅びたあと、有力な都市国家に成長していったのは、グアテマラのティカル、ホンジュラスのコパン、ベリーズのカラコルの三つの都市と、メキシコのパレンケとカラクムルです。コパン遺跡からは、コパン王家の紋章と共に、ティカル、パレンケ、カラクムルの紋章を刻んだ石碑が発見されていて、これらの有力都市国家間に、活発な交流があったことを、知ることが出来ます。

中米にある三つの都市遺跡の内、遺跡公園としてよく整備され、かつ、交通の便もいいのは、ティカルとコパンです。カラコル遺跡へのアクセスは、サン・イグナシオの街から、相当な悪路を四駆等で、長時間かけて行くしかなく、私が一九九七年に行った時は、片道三時間もかかりました。私は個人で車をチャーターして行きましたが、一般的には、地元旅行社の主宰するツアーに参加するしかないのでは……と、思います。

ティカルは、その建設が始まったのは、紀元前三五〇年ころ、つまり、先古典期ですが、その急速な発展が始まるのは、エル・ミラドールが滅んだ後の、古典期に入ってからのことです。ところが、西暦五六二年に、ティカルはカラクムルとカラコルの連合軍に、決定的な敗北を喫し、以降、一三〇年もの長きにわたって、暗黒時代が続きます。

しかし、六六二年にハサウ・チャン・カウィールという名の王が即位すると、ティカルの復興が始まり、同王と、その息子であるイキン・チャン・カウィール王の治世に、ティカルはその最盛期を迎えることになります。事実、現在、私たちが見ることの出来る建造物の大半は、この二代の王の時代に、造られたものです。

ティカルの神殿ピラミッドは、いずれも基壇上の神殿に向かって、一直線に、登るのをあたかも拒絶しているかのような、急勾配な階段が続き、また、神殿の背面からは重厚な屋根飾りが立ち上がり、その垂直感を、より一層、際立たせています。まばゆい陽光の中、緑の地平線を突き破って伸びる、神々の世界への階段……人が神に近づきたいという思いが造らせたのが、ティカルのピラミッド群なのです。登頂禁止になっていなければ、出来るだけ頂上まで登ってみるのが、ティカルのピラミッドの壮大な意匠を、文字通り、実感出来る、一番の早道です。

古典期に栄えたコパンは、グアテマラのキリグアと、国境を挟んで、向かい合っています。キリグアはもともと、コパンの支配下にある衛星都市でしたが、七三八年、カック・ティリウ・チャン・ヨアート王の治世に、コパンの王都を奇襲、当時、「大王」といわれ、絶大な権力を行使していた、コパンのワシャクラフーン・ウバーフ・カウイール王を捕らえて処刑し、一気に歴史の表舞台に躍り出ました。一時は「コパンの王」を自称していた時期もあったようですが、その栄華は、極めて短期間で終わりました。しかし、コパンの繁栄もまた、この七三八年の大事件を境に、次第に下降線を辿り、九世紀の初頭に、滅亡の時を迎えるのです。

コパンも、キリグアも、その最大の見どころは、王の事績をマヤ文字で記した、石碑です。特に前述のワシャクラフーン・ウバーフ・カウイール王の治世に造られ、神殿の前などに建てられた、数多くの石碑には、王の全身像がほとんど丸掘りに近い状態で、精緻に施され、それ自体が一級の美術品であると同時に、コパン王朝の歴史を、その碑文の解読によって、ほぼ完全に再現することの出来る、極めて価値のあるものとなっています。

コパン遺跡は、一見、よく整備された遺跡公園であり、未発掘の場所など、どこにもないように思えますが、二〇〇〇年、そのアクロポリスから西に一キロ離れた場所で、日本人のマヤ考古学者である中村誠一さんによって、「王墓」が発見され、貴重なヒスイ製品等の副葬品も、数多く、出土しました。歴史を塗り替えるような新発見がある可能性は、今後も、常にあるのです。

カラコルは辺境の地にありますが、その大半が未発掘ながら、都市遺構の規模ではティカルのそれをはるかにしのぎ、最盛時には人口一一万五、〇〇〇～一五万人（推計）という、巨大都市でした。現在のベリーズの人口が、たかだか、二五万人弱ですから、いかに規模の大きな都市であったかが、よくわかります。

前述のように、五六二年、カラコルはメキシコの強国、カラクムルと同盟関係を結んで、ティカルを攻略、さらにナランホをも、陥落させます。その時の王、ヤハウ・テ・キニチ二世と、それに続く息子のカン二世の時代に、カラコルは一気に、巨大都市国家への道を歩むことになります。

カラコル遺跡の最大の見どころは、カアナ神殿で、巨大な基壇の上に、三つの神殿が配され、基壇から最も一番高いピラミッドの頂部までは、四二メートルあります。ゆったりしたスロープのため、神殿への登頂は楽です。是非、登って、カラコルの壮大さを実感してみて下さい。遠目には無数の自然の小山の連なりとしか思えませんが、その近くを歩くと、至る所に石材が散乱していて、それらが人工の建造物であることが、よくわかります。遺跡のほとんどが、未だ、深い密林の中です。

ペテン地方のその他の遺跡

グアテマラのペテン地方には、ティカル以外にも、実に多くの遺跡があります。前述のエル・ミラドールもそのひとつですが、残念ながら、道路がなく、五〇〇USドル近い料金の四人乗りヘリをチャーターするか、トレッキングで片道二泊三日かけて行くしか、方法がありません。その他、ティカルやエル・ミラドール同様、先古典期にその建造が始まった、考古学的に極めて重要な遺跡、ワシャクトゥンや、ティカル王家の傍系であるドス・ピラス、その第二の都市であったアグアテカ、一時期、ドス・ピラスの支配下にあったと考えられ、さらには、最近、紀元前一〇〇〇年前後の、先古典期の遺構が発見され、話題になったセイバル、ペテン地方の多くの都市が滅んだ後も、建造物の建立が続いたヤシュハ、ベリーズとの国境の近くにあり、ティカルやカラコルとの攻防をくり返し、小国故に、その支配下に甘んじたこともあるナランホ等々が、その主な遺跡です。

ワシャクトゥンとヤシュハ以外は、いずれも規模が小さく、また、交通の便も悪いので、あまり訪れる観光客は少ないのが現状です。特に、ナランホには乾季以外には、行くことが難しいでしょう。しかし、観光化されていない遺跡であるが故に、遺跡本来の神秘感を、心ゆくまで堪能することも出来ます。

ベリーズもマヤ遺跡の宝庫

日本ではあまり知られていませんが、ベリーズには考古学的に重要なマヤ遺跡が、たくさん、あります。前述のカラコルもそのひとつ。

そのカラコル観光の拠点となるサン・イグナシオの街の近くには、シュナントゥニッチという古典期の大都市遺構があります。そのシンボルともなっている高さ四〇メートルの「太陽の神殿」には、巨大な神のマスク等の壁面彫刻が残っています。また、建造物には地震による被害の痕跡も至る所に残っていて、それがこの都市が放棄された原因である可能性もあります。

セーロスは、ベリーズ最北端の街、コロサルの対岸、小さく突き出た半島の先端にあります。エル・ミラドールなどと同様、紀元前四〇〇年ころの先古典期に、その建設が始まり、古典期以前に滅んだことが、考古学的な調査によって、明らかになっている、極めて重要な都市遺構ですが、残念ながら、建造物の多くは、その基壇が残るのみであったり、完全に自然の小山と化しています。

ベリーズ・シティーとコロサルの、ちょうど中間地点にある、密林の中の大都市遺構＝ラマナイは、実は私のもっとも好きな、ベリーズのマヤ遺跡です。この都市は紀元前三〇〇年ころに、その建造が始まり、古典期を生き延びて、後古典期まで、極めて長期間にわたり、繁栄し続けました。神殿の壁面に残る巨大な漆喰の神のマスクが有名ですが、見どころはむしろ、遺跡とそれを取り囲む自然の、絶妙な調和でしょう。当然、交通の便は悪く、ツアーで行くしかないかもしれません。

その他、アルトゥン・ハ等々、素晴らしい遺跡がたくさんあり、ベリーズは文字通り、マヤ遺跡の宝庫なのです。

（『地球の歩き方／中米』09-10版）

メソアメリカ遺跡の謎と歴史

マヤやアステカに代表されるメソアメリカの古代文明には、独特の世界観がある。それは、善と悪、生と死、光と闇のような、一見、対立する概念は、実はあたかもコインの裏と表のように、対立しつつも、その一方で共存し合っているのだという二元論で、たとえば、基本的には、人々に学問と文化、豊穣をもたらす「善神」であるケツアルコアトル（マヤではククルカンと呼ばれる）が、時に、人々に災いをもたらす獰猛な戦の神になったりもするという、単純な勧善懲悪では、決して割り切ることの出来ない、ある意味、深い世界観である。

こうした世界観が、極めてミステリアスな文明を生み出し、二一世紀の今も、私たちを大いに魅了するのである。二〇一二年に世界が滅亡するという点だけが一人歩きしている感もある「マヤの大予言」なるものの正体を含め、ミステリアスなメソアメリカの遺跡を巡る旅に、さぁ、出発しよう。

チチェン・イッアー

チチェン・イッアーの象徴、エル・カスティージョ。実はこのピラミッドには秘密がある。それは神殿の四方にある階段の合計と、頂上の神殿の基壇の数を合計すると、太陽暦の一年に相当する、三六五になるのである。また、北の階段の蛇頭の欄干は年に二度、春分の日と秋分の日の午後に、降り注ぐ陽光によって、あたかも神殿から降臨する光の蛇のように、光輝く。こうした仕掛けは、天文学の知識に精通したマヤ人ならではのもの。

戦士の神殿と、ほぼ同時期の、メキシコ中央高原にあるトゥーラ遺跡の神殿Bとが、極めて酷似していること等から、トルテカによるチチェン・イツアー征服説が、長年、まことしやかに、語られてきた。しかし、近年ではこうした説を否定する研究者も多い。というのも、遺跡エリアには「トルテカ様式」とされる建造物と、それ以前のプウク様式の建物が混在しており、両者は実は、平和的に共存していたと考えられるのだ。

ウシュマル

尼僧院や総督の館など建物の、外壁の上部には、余白を残すのを恐れるかのように、雷紋などの連続する幾何学紋様や、雨の神チャックの仮面、抽象化された蛇のモチーフ等の精緻なレリーフが、びっしり、彫られている。こうした独自の神殿装飾を、プウク様式と呼んでいる。プウク様式の特徴はまた、王の権威を誇示する図像が、ほとんど見られないことだ。これは、世界は王を中心に回っていると言わんがばかりの、他のマヤ地域のそれとは、際立った相違点である。

その理由として、ウシュマルをつくったシウ族や、チチェン・イツアーをつくったイツアー族が、集団指導体制をとるプトゥン・マヤと呼ばれる貿易商の集団であったからではないかと考える、研究者もいる。彼らはメキシコ中央高原とユカタン半島を結ぶ海上交易で、富を築いた。チチェン・

イツアーに中央高原の文化が流入したのも、そうした交易に伴うものであった公算が大だ。

パレンケ

一九五二年、碑文の神殿の地下から、通称パカル王の墓が発見され、「世紀の発見」と騒がれた。というのも、それまで、マヤのピラミッドは神殿であって、墓ではないと考えられてきたからだ。パカル王の墓からは、翡翠のマスクを装着した、王の遺体を納めた石棺も出土し、その石棺の蓋に描かれていたレリーフが、一見、ロケット状の乗り物を操縦する王の姿にも見えるところから、一部の好事家の間で、評判になった。これがマヤ文明は宇宙人がつくった証拠だというのである。

しかし、それは実は、石棺の向きを縦から横に、強引に回転させた時の印象であって、正しい方向から見れば、世界の中心にある生命の樹と、そのもとに横たわるパカル王の姿であることが、わかる。さらに、生憎なことに、パレンケの王朝史は碑文の解読によって、かなり詳細に解明されている。それはあまりにも人間的な権力抗争の歴史であって、そこに宇宙人が介在する余地など、まったくない。

テオティワカン

一四世紀の初頭、その地にアステカ人がやって来た時、テオティワカンはすでに、完全な廃墟になっていた。アステカ人はその神殿都市のあまりの巨大さに圧倒され、そこはかつて、神々の住む都であったに違いないと考えた。そのテオティワカンが築かれたのは、おそらく紀元前後のことであり、以降、西暦一五〇年くらいの極めて短期間に、入念な都市計画に基づき、建設されたものである。都市遺構の周辺部からは、多くの集合住宅の跡も発見されていて、最盛期には二〇万人近くの人口を有していたとも、いわれている。

しかし、これだけ巨大な都市を築いた人々が、一体、何語を話す人々であったかすら、よくわかっていないのが実態である。テオティワカンからは文字は発見されているが、その数は極めて少なく、未解読のまま。当然、王朝史等も不明である。その都市に終焉の時が訪れたのは、六五〇年以降、七〇〇年以前のこと。建物には破壊の痕跡が残っている。

モンテ・アルバン

モンテ・アルバンは、一五〇〇年以上もの長期にわたって、その繁栄を維持した、希有の古代都市である。その象徴といえるのが、「踊る人々」と呼ばれる、レリーフを施した石板。「踊る人々」は、実は、捕らえられ、殺害された捕虜の姿を描いたものであることが、今ではわかっている。つまり、周辺都市との血なまぐさい抗争に打ち勝ったことが、モンテ・アルバンの繁栄を築いたのだ。その図像に、オルメカ文明の影響の痕跡を見る研究者もいるが、類似性では、遠く離れたアンデス地域にあるセロ・セチン遺跡の、外壁に刻まれたそれと、非常によく似ているともいえる。古代における人的・文化的交流は、想像以上に、広範囲であった可能性もある。

二〇一二年問題って何？

マヤの暦には、一年を三六五日とする「太陽暦」と、一年を二六〇日とする「祭祀暦」、そして、ある年のある日（紀元前三一一四年八月一三日と、いわれている）を起点とし、その日から何日目と数える「長期暦」の、合計三つの暦がある。マヤ人は、つまり、この三つのサイクルの違う暦を、組み合わせて、使用していたのである。では、「長期暦」のサイクルがいつ、終了するのかというと、これが二〇一二年の一二月二三日であると、されている。いわゆる、二〇一二年に世界が滅びるという「マヤの大予言」なるものは、それを根拠としているのである。

ところで、マヤやアステカの神話では、世界の象徴である太陽は、すでに四度、滅びたことになっている。最初の太陽は、ジャガーに食われて滅び、第二の太陽は風によって、第三の太陽は火によって、第四の太陽は水によって、それぞれ、滅ぼされ、現在の世界は第五の太陽の支配する世界だというのが、その創世神話の骨子である。つまり、世界は未来永劫続くものではなく、現在の太陽（世界）もいずれ滅びるだろうが、その後には、第六の太陽が生まれ、世界は再び、時を刻み始めることになるのである。そうした循環思想こそが、彼らの世界観＝暦の基本である。二〇一二年世界滅亡説を強調する人々は、そうしたマヤの世界観を直視しようとせず、あるいは、意図的に伏せ、世界の滅亡のみを叫びたてているのであり、アンフェアである。

（『地球の歩き方／メキシコ』11-12年版）

マヤの暦と「終末」のお話

二〇一二年がやってくる、やぁやぁやぁ

「その日、太陽は曇り、この世は終わる」と書くのは、『世界の超常ミステリー』シリーズなどでお馴染みの、平川陽一氏だ（『２０１２　マヤの大予言』ＫＫロングセラーズ）。その日というのは、いうまでもなく、古代マヤ人たちが、「人類滅亡の日」だと予言したという、二〇一二年一二月二三日（あるいは、その前後）のことである。

もっとも、この世が一九九九年に滅亡すると予言した（とされる）ノストラダムスの大予言なるものが、ものの見事に外れたため、この手の終末論は、何としても、世界を一刻も早く終わらせたいらしい、ごく一部の「愛好者」以外には、あまり、相手にされなくなった。きっと二〇一二年絡みで、原稿依頼が今に、どっと、来ますよぉ……という、何年か前の、某編集者（特に、名を秘す）の大予言は、ものの見事に外れ、私のところに来た原稿依頼は、たった一件のみである（それも、原稿料三万円ね……泣）。そもそも、その当の某編集者ご本人からの依頼は、とうとう、最後まで、来ないじゃないの!!

などと、愚痴をこぼしていると、私の品位が、益々、下がるばかりなので、これくらいで勘弁してやることにするが、無論、その手の本が、今も書店に、まったく並んでいない、ということでは

ない。しかし、その手の本の置いてあるのは、たいてい、「神秘思想」「精神世界」などという、極北のコーナーで、限られた愛好者以外の人が近づくことは、まず、ない。なにせ、世界を支配しているのは、人間の皮をかぶった、爬虫類人間だなどという人たちの集う場所であるので、それこそ、もう何でもあり、である。

なかには、『マヤ暦が終わるのは、2011年10月28日だった！』（VOICE）などと、自ら、わざわざ、その賞味期限を短くしてしまっている本もあるが、もっとも、著者であるカール・コールマン（医学）博士は、「暦の終焉は世界の終焉を意味せず、愛と全体性の黄金時代への幕開けを表す」というお考えのようで、それはめでたいことである（ちなみに、私は、マヤ関連の本であれば、この手の本も、すべて、買っております）。

しかし、「世界は滅びる」派にしても、「世界は滅びない」派にしても、そこに共通しているのは、古代のマヤ人を、何か、途方もなく、ものすごい人たちだと考えていることだろう。よって、果たして、古代マヤ人は、果たして、そんなに、ものすごい人たちであったのかということを、まず、考えてみなければならないだろう。

マヤ人はそんなに「すごい」のか

この点については、最近読んだ本の中では、「引きこもり」作家（自称）のさくら剛さんの『南米でオーパーツ探している場合かよ!!』（メディアファクトリー）が、もっとも、的確かつ率直に、それへの疑問を呈しているように、思われる。

すなわち、太陽（世界）はこれまで、四度、死んだというメソアメリカの神話を例に、マヤ人はすごい、きっと、宇宙人に違いない、などという人たちをおちょくって、次のように書いているのである。

「現在恐竜絶滅の原因だとほぼ断定されているのはメキシコのユカタン半島にある巨大クレーターに落ちた隕石で、マヤ文明はそのユカタン半島で栄えた文明だ。（中略）過去の4つの滅亡原因のうちの確実なひとつの上で暮らしていたにも関わらず、マヤの人々は全く気付かずに『うーん過去に4つの時代が滅びたのはなぜだろう。まぁざっと火と風と水と飢餓ってことにしておくか。わかりやすくていいでしょ？』なんて具合にマヌケに伝承を考えていたのだ。メガネをかけたままメガネを探す人みたいだな」

マヤ文明に関しては、マヤ人たちが旧石器時代の技術をもって、神殿ピラミッドを核とした、壮麗な石造都市を築いたこと、その発達した文字体系や、三六五日を一年とする「太陽暦」と、二六〇日を一年とする「祭祀暦」の併用と、その複雑な組み合わせを、日常生活で用いていたこと、はたまた、高度な天文学の知識を有していたこと等々が、これまで強調されることが多かった。もちろん、それはそれで、間違いないのだが、しかし、その一方で、マヤの人々の日常は、他の都市国家との血で血を洗う抗争に終始し、また、その都市国家の内部でも、王位継承を巡って、絶えず、骨肉の争いがくり拡げられていたこと、残酷な生け贄の儀式なども、日常茶飯で、おおよそ、平和とは無縁な社会であったことなどもまた、碑文の解読等から、明らかになってきている。

しかも、マヤの世界では、日本の歴史でいえば、群雄割拠の戦国時代が最後の最後まで続き、織田信長や豊臣秀吉による天下統一は、ついになかったのだ。複雑な暦や、高度な天文学の知識もまた、種まきなどの農耕上の必要性からという面も、もちろんあるが、戦争の時期や、その吉凶を占う意味もあって、あれほどまでに、発達したのである。

つまり、彼らは日々、生き延びるのに必死だったのであって、決して、二〇一二年などという、彼らからすれば気が遠くなるほどの未来の、地球の危機になど、夜空を見上げつつ、思いを馳せていた訳では、決して、ない。まぁ、当たり前のことだけども……ねッ。

二〇一二年の「真実」

古代マヤの人々が使っていた暦には、前述の通り、一年を三六五日とする「ハアブ暦（太陽暦）」と、一年を二六〇日とする「ツォルキン（祭祀暦）」とがある。

前者は一カ月を二〇日とする一八カ月と、「不吉な日（ウアイエブ）」と呼ばれる五日間の、計三六五日をもって、ひとつのサイクル＝一年とするが、私たちの使っている太陽暦のように、四年に一度の微調整（うるう年）をしていない。また、後者に関しては、一から一三までの数字と、たとえば、「アハウ」「カン」などと、それぞれ、神の名がつけられた、二〇の日との組み合わせで、つまり、一年は一三×二〇で、二六〇日ということになる。

マヤの人々は、この「一年」のサイクルの異なる、ふたつの暦を、通常、併用していたのだが、しかし、これだと、三六五と二六〇の最大公倍数である、（太陽暦でいえば）五二年後には、再び、ふたつの暦が同じ組み合わせの日が、巡って来ることになる。つまり、マヤ暦に基づく表記法では、たとえ「同じ日」であっても、それが、どの五二年サイクルに属する日であるのか、サッパリわからないのである。それでは、到底、長期的なスパンでの記述など、出来はしない。それは困ったということで、マヤの人々は、このハアブ暦とツォルキン以外に、さらに、もうひとつ、別の暦を編み出して、併用することにした。

それは、ある年のある日を起点として、その日から何日目と数える「長期暦」で、その「ある年のある日」が一体いつなのかについては、何故、その日を起点にしたのかという疑問は、当然、残るにしても、紀元前三一一四年八月一三日のことであると、多くの研究者によって、考えられている（当然、異論もある）。

では、その「長期暦」のサイクルがいつ、終了するのかというと、ユカタン・マヤの予言書である「チラム・バラムの書」などによれば、それは二〇一二年の一二月二三日のことであると、されている。つまり、二〇一二年に世界が滅びるという、いわゆる「マヤの大予言」なるものの、根拠となっているのが、それである。

ところで、マヤやアステカの神話では、世界の象徴である太陽は、すでに過去に四度、滅びたことになっている。最初の太陽はジャガーに食われて滅び、第二の太陽は風によって、第三の太陽は火によって、第四の太陽は水によって、それぞれ、滅ぼされ、現在の世界は第五の太陽の支配する世界だというのが、その骨子である。

つまり、世界は未来永劫続くものではなく、現在の太陽（世界）もいずれ滅びるだろうが、その後には、第六の太陽が生まれ、世界は再び、時を刻み始めることになるのである。実は、そうした循環思想こそが、古代マヤ人の世界観＝暦の基本であって、「長期暦」であれ、何であれ、ひとつのサイクルの終わりは、次の新しいサイクルの始まりに、過ぎないのである。

二〇一二年世界滅亡説を強調する人たちは、そうしたマヤの世界観を直視しようとせず、あるいは、意図的に、それをねじ曲げ、ひとつのサイクルの終わりを、あたかも世界そのものの終わりであるかのごとく、描き出す。その理由は、単純明快、そうした方がよりセンセーショナルになり、本なら本が、売れるからである。

もっとも、先日、テレビを観ていたら、世界が滅びるのは二〇一二年ではなく、二〇二〇年であるという、ヒンドゥー教の世界創世神話なるものが、紹介されていた。世界を何としても、無理矢理、滅ぼしたがる人たちが、巷には、何と、多いことか……。まぁ、福島第一原発のメルトダウンが、くれぐれも、世界の滅亡の序曲にならないよう、祈りましょう。（『中南米マガジン』VOL.24）

追記　その後、二〇一二年は、無事、終了し、当然のことながら、世界が滅びることもなかった。かくして、新しい長期暦のサイクルが、悠久の時を刻み始めたのである。

悪しき者、南より来たる——映画の中の南北問題——

『エクソシスト』にみるアメリカの姿

一九七三年、アメリカ（合州国、以下単にアメリカと記述）でつくられたある一本の映画が、七〇年代のいわゆる「オカルト・ブーム」に、火をつけた。ウィリアム・ピーター・ブラッティの原作を、ウィリアム・フリードキンが監督し、映画化した『エクソシスト』（ワーナー・ホームビデオよりDVD発売中、以下同様）がそれだ。

この映画が日本でも公開され、大ヒットした時、私は未だ大学に在学中で、いわゆる「学生運動」に明け暮れていた。当時、学生運動は六〇年代後半から七〇年代前半にかけての「高揚期」からみれば、明らかに衰退の一途を辿っており、また、それにつれ、党派間の血で血を洗う抗争（いわゆる「内ゲバ」）も激化し、沈鬱な雰囲気が漂っていた。私自身も、そうした党派抗争の渦中にいたため、映画館に映画を観に行くような余裕は、当時、まったく、なかった。『エクソシスト』はその後、公開からだいぶたってから、池袋の「文芸坐」だったか、今となっては記憶が定かではないが、どこかの名画座で、観たのである。

この映画は、一言でいうのならば、一二歳の少女に悪魔が憑依し、それを高名だが、老齢でニトログリセリン（心臓病の薬）が手放せないエクソシスト（悪魔祓い師）のメリン神父と、まだ若いが、キリスト教の信仰を失いかけているカラス神父の、いわば「窓際」コンビが、協力して悪魔祓いを行い、その命と引き替えに、少女を救うというストーリィの、オカルト・ホラー映画である。

一九四九年に、アメリカのメリーランド州で実際に行われたという悪魔祓いの儀式をもとに、ブラッティの書いた原作が全米でベストセラーになり、その映画化に際しては、ブラッティ自ら脚本を書き、製作者ともなったが、監督だけは『フレンチ・コネクション』でアカデミー監督賞を受賞した、フリードキンに依頼した。

この原稿を書くため、久しぶりにビデオで観直したが、当時、観た者に強い衝撃を与えた、リンダ・ブレア扮する悪魔に取り憑かれた少女のおぞましい表情の特殊メイクや、その少女の体が宙に浮いたり、首が三六〇度回ったり、緑の胃液をまき散らしたりする特撮の数々は、今のハリウッドの技術レベルでいえば、児戯に等しいものだ。にもかかわらず、この映画は三〇年以上たった今日の鑑賞にも、十分、堪える重厚な作品であると、思う。

実は、私がこの作品を初めて名画座で観た時、一番強く印象に残ったシーンは、前述のようなクライマックスの、少女に取り憑いた悪魔と、二人の神父との対決シーンではなく、冒頭の、上映時間にすればわずか一〇分ソコソコの、メリン神父が「初めて」悪魔と対決するシーンだった。

その舞台となるのは、イラク北部の古代遺跡発掘地。神父であると同時に、考古学者でもあるメリンは、アラーの神を称えるイスラム教の祈りがこだまする異邦の地で、心臓発作という爆弾を胸に抱えながら、また、ひとり孤独に耐えて、発掘作業に従事していたが、ついにアメリカへの帰国を決意する。そして、最後に一目見ようと、まだ人気のない発掘現場を訪れるが、そこで彼が見たものは頭巾で顔を覆ったイスラム教徒の男と、すさまじいうなり声をあげて、互いに咬み合う二匹の犬、そして、悪魔の姿をかたどった古代の石彫だったのである。

当時、アメリカはベトナム戦争の歴史的な敗北から未だ立ち直ってはおらず、アメリカ中心の世界観は、その根底から大いに揺るぎ始めていた。「非アメリカ」的＝「非西欧」的な文明への恐怖にも似た思いが、そこには確実に反映されているのではないかと、私はそう思ったのだ。

そういった「非アメリカ」的な文明のひとつの象徴が、一二歳の少女に取り憑いた悪魔で、それにいわば満身創痍な二人のエクソシストが立ち向かい、結局、二人とも死ぬが、とりもあえず、悪魔祓いには成功する、そうしたもうひとつのエピソードを、私はこの映画に重ねて観たのであるが、それはあるいは、私の単なるうがった見方、単なる思い込みに過ぎぬものなのかも、しれない。

ともあれ、『エクソシスト』公開から三〇年以上がたって、そのいわば『エクソシスト』の原点を描く『エクソシスト・ビギニング』（日活）が、二〇〇四年に公開された（シリーズとしては、四作目）。

メリン神父が、まだ若き日、アフリカのナイロビで、すでに一度、悪魔と対決して、勝利していたという設定で、『エクソシスト』のカラス神父同様、いったんはキリスト教の信仰を失いかけていたメリン神父が、今度はある女性に憑依した悪魔との戦いを通して、信仰を取り戻していくというストーリィだ。『ダイハード2』等で知られるレニー・ハーリンが監督したこの作品のメリン神父には、すでに完全に自信を回復し、「世界の盟主」への道を歩み出したアメリカの姿が、二重写しになっているように、私には思われた。

国境の「南」と「北」

昔、観たサム・ペキンパーの『ゲッタウェイ』(ワーナー・ホームビデオ)を思い出した。一九九六年に公開されたロバート・ロドリゲス監督の『フロム・ダスク・ティル・ドーン』(アミューズ)を、初めて観た時のことだ。

サム・ペキンパーはいわずと知れたバイオレンス映画の巨匠で、一九七二年に公開された『ゲッタウェイ』は、スティーブ・マックィーンとアリ・マッグロー扮する銀行強盗の男女が、国境を越えてメキシコへ無事、逃亡するまでの逃走劇を、ペキンパー特有のすさまじい銃撃シーンを随所に織り込んで描いた、アクション映画の傑作で、その後、リメークもされた。

この『ゲッタウェイ』に限らず、ハリウッド映画で、アメリカの犯罪者が目指すのは、一応に、メキシコだった。反対に、メキシコからは犯罪者だとか、悪霊だとか、それこそ、ありとあらゆる「悪しき者」が国境を越えて、アメリカへやって来るのである。こんな図式は現代ではもう陳腐ではないかと思うのだが、相も変わらず、ハリウッドでつくられた映画には、そんな図式がくり返されている。

昨年観た映画(確か『コンスタンティン』だったと思うのだが、記憶が定かではない)でも、映画の冒頭で、メキシコのテオティワカン遺跡に「激似」の遺跡で発掘作業に従事していたメキシコ人の労働者が、地中からの出土物に触れた途端、その出土物に宿っていた悪霊に取り憑かれて、アメリカとの国境を目指し、歩き出すシーンがあった。彼の歩む道では次々に牛などの動物が死に、そうした屍の山を築きつつ、彼は国境を越えて、ついにアメリカへ到達するのである。まさに悪しき者、南より来たる、である。

『フロム・ダスク・ティル・ドーン』で、反対に、メキシコとの国境を目指すのは、ジョージ・クルーニーとクエンティン・タランティーノ扮する、凶悪な強盗犯、ゲッコー兄弟である。性格異常者で、人を殺すのを何とも思っていない凶暴な弟の手助けで監獄を脱走した兄は、途中のドライインで、妻の死をきっかけに信仰を失ってしまった牧師一家を拉致し、彼らを盾にして、国境に向かう。『ゲッタウェイ』では国境近くの街で、クライマックスの銃撃戦がくり拡げられるが、『フロム・ダスク・ティル・ドーン』では彼らは難なく国境線を越えて、メキシコの砂漠のど真ん中にある巨大な酒場にたどり着く。実は、ここからが、ドラマの真の始まりである。

『キル・ビル』のクエンティン・タランティーノが、脚本を執筆、自ら性格異常のゲッコー弟を、喜々として演じる、このヴァンパイア物ホラーの怪（快？）作は、互いに「兄弟」と呼び合うロバート・ロドリゲス監督との、息もピッタリ。クライム・ムービーめいた始まりから一転、この砂漠の酒場に吸い寄せられるように集まって来た、長距離トラックの運転手や犯罪者などを餌食にして生き延びているヴァンパイア集団との、夜を徹しての食うか（吸血鬼なので、正確には、吸うかですが）食われるかの、大バトルとなる。

『レジェンド・オブ・メキシコ』に至る、一連の『デスペラード』シリーズで、ハード・アクション映画の新時代を築いたロドリゲスと、やはり『キル・ビル1』『同2』の衝撃で全世界を席巻したタランティーノが組むと、ホラー映画もこうなるという見本のような映画で、とにかく、多勢に無勢の主人公たちが、群れをなす吸血鬼どもを、ひたすら、無慈悲に殺しまくり、私などはどうしても、「か弱い」吸血鬼たちの方に同情したくなってしまうような、作品だ。

やがて、殺戮の一夜が明けて、太陽が昇り始めるころ、生き残ったのはジョージ・クルーニー扮するゲッコー兄と、牧師一家の娘の、たった二人だけになっている。吸血鬼に父と弟を殺され、ひとりぼっちになった若い娘が、ゲッコー兄に一緒につれて行ってと頼むが、「私が行くところ（つまり、メキシコね）は、君が来るようなところではない。アメリカに戻るんだ」とか何とかいって、強盗でつくったバック一杯の札束の内、ほんの一束を娘に渡して、彼女を砂漠のど真ん中に残して、去っていくゲッコー兄。な、何という終わり方なんだ。これじゃあ、血も涙もないのは、吸血鬼じゃなくて、人間の方じゃないか。

などと、憤っていると、さらに衝撃的なラストが待っている。人間どもが去って、再び、無人の廃墟となった酒場を、カメラが俯瞰するアングルで映し出すと、何と酒場の裏側はマヤの古代遺跡なのである。つまり、もともとあった古代遺跡の上に、酒場が建てられ、そこが吸血鬼たちの根城になっていたという設定である。古代マヤの「邪悪な宗教」が化け物や悪霊たちを呼び集めていたというのだから、「メキシコが大好き」というロドリゲスの「愛国心」は本当に本物なのか、疑いたくもなるラスト・シーンである。

なお、この私自身は未見だが、この『フロム・ダスク・ティル・ドーン』には一九九九年と二〇〇〇年に、その続編と続々編が出来たらしい。もちろん、ロドリゲスが監督しているわけではなく、日本では東京・銀座の「シネ・パトス」（確かに、銀座にはあるが、道路の真下にあり、頭の上を通る車の振動や、やはり近くを通る地下鉄の振動で、劇場が揺れ動くという、大変、ナイスな映画館。その後、閉館）で、ごく短期間、単館ロードショーされただけで、観る機会を逸してしまった。ビデオにも、一応、なったようであるが、私の家の近くにあるレンタル・ビデオ店には、置いていない。

ところで、これはホラー映画ではないが、ロバート・ロドリゲスの『デスペラード』シリーズの完結編である『レジェンド・オブ・メキシコ』（ソニー・ピクチャーズ）に関しても、少し触れておきたい。この映画のテーマは、結局のところ、アントニオ・バンデラス扮する主人公エル・マリアッチの、メキシコに対する「愛国心」である。しかし、メキシコの「恥部」をこれでもか、これでもかと描いた挙げ句に、でも、やっぱ、メキシコが好きやねん、といわれても、あんまりピンと来ないし、だいたい、男たち（もちろん、女たちの……でもいいのだが）の行動を「愛国心」に集約していくような映画のつくり方は、私は好きではない。えっ、もう与えられた枚数？　では、とりあえず、ここまで。

（『中南米マガジン』VOL.17）

リラ・ダウンズの世界——もうひとつの国境の北と南——

私の場合、新しい歌手との出会いはいつも、たいてい、偶然だ。たとえば先日、神田・神保町にあるアジアの本専門書店で、何故か『中南米マガジン』も置いてある「アジア文庫」へ行った時、偶然、見つけたのが、ラオスの人気アイドル歌手アレクサンドラの『ルーム　サ』というセカンド・アルバム。タイやインドネシアならまだしも、ラオスのポップ・ミュージックのアルバムが店頭に並ぶこと自体がめずらしいし、それより何より、長いストレート・ヘアーにピンクのタンクトップ、白の超ミニスカという出で立ちのアレクサンドラが、つぶらな瞳でジャケットから「ねぇ、買って、買って」とささやきかけてくる（まぁ、完全な妄想の世界ですが）ようで、即購入。それがきっかけで、アレクサンドラをはじめとするラオスのポップ・ミュージックにスッカリはまってしまい、ＣＤを買いまくっているという次第。いけない、いけない、話がのっけから、脱線しちゃってます。

このディスコグラフィー（のようなもの）で取りあげるリラ・ダウンズとの出会いもまた、同様に、まったくの偶然だったということを、要は書きたかったのである。で、ここからは本題。

このことは『トッピング充実！　メキシコ音楽タコス』（中南米マガジン発行）の中でも書いたが、当時、私はケッツアルを聴いたことがきっかけで、アメリカ（合州国）生まれのメキシコ人＝チカーノの音楽に興味を持ち、大手のＣＤ店などで、チカーノ・ミュージックのＣＤを物色していた。そんな中、忘れもしないタワーレコード渋谷店のワールド・コーナーで、偶然、見つけたのがリラ・ダウンズのセカンド・アルバム『TREE OF LIFE』（NARADA）だった。

もっとも、リラ・ダウンズはメキシコのオアハカ州で生まれ、のちにアメリカのミネソタ州に移ったので、正確に記せば、彼女はアメリカ生まれのメキシコ人ではない。でも、彼女がチカーナであるかどうか、その時点では私にはまったくわからなかったし、それよりも何よりも、このアルバムに心惹かれたのは、ジャケ写真のリラ・ダウンズのエキゾチックで知的な美貌と、その「生命の樹」というアルバム・タイトルだった。

マヤをはじめ、メキシコ先住民の神話に登場する「生命の樹」は、文字通り、世界の中心に立ち、その根を地下世界（冥界）に伸ばし、地下世界と天界とを結びつける役割を果たしている「世界の中心軸」の象徴で、その枝をしばしば四方に伸ばし、キリスト教の十字架に似た姿で描かれている。リラ・ダウンズの故郷であるオアハカにあるサントドミンゴ教会の内部には、その天井や壁を埋め尽くすかのような、見事な「生命の樹」の極彩色のレリーフが刻まれているが、それは先住民の土着文化が、征服者であるスペイン人の持ち込んだキリスト教の文化と、まさに融合した姿に他ならない。

リラ・ダウンズはこのアルバムの制作意図を、次のように語っている。

「私は母（彼女の母アニータはサポテカないしミシュテカ系メキシコ先住民の女性）の民族性を受け継いでいます。故郷の人々の心は、間違いなく、私の歌とその魂に宿っています。しかし、彼らの心と歌は、今、瀕死の状態にある。私は彼らの思いを、その嘆きの涙を、私の歌として、歌いたいと思う」

リラ・ダウンズの父はミネソタ州からやって来たアメリカ人で、娘の教育はアメリカで受けさせたいと考え、彼女をミネソタ州に連れ帰る。母はそのまま、オアハカにとどまったようである。

彼女はまだオアハカにいた時から、カンシオン・ランチェーラ（メキシコの大衆歌謡）を歌い始め、村の祭典などで、その美声を披露していたようである。しかし、アメリカに移住した彼女は、やがてミネソタ大学で文化人類学とオペラを学び、自らのルーツでもあるメキシコ先住民の伝統やその文化を踏まえた音楽活動に、次第に傾倒していくことになる。メキシコの母の元に戻った彼女は、オアハカの芸術学校で先住民の文化、とりわけその音楽を学び直し、そのいわば成果を、一枚のアルバムに結実させる（一九九八年）。それが以前はBMGから発売され、今はナラダ・レーベルから再発売されている『LA SANDUNGA』（同）である。

私はすでに本誌（中南米マガジン）一四号の「ズバリ！ 音楽評」で、同アルバムの紹介記事を書いているので、なるべく重複は避けたいが、このアルバムは彼女の生まれたオアハカ州をはじめ、メキシコ各地の古典歌謡を収録したもので、彼女のシンガー・ソング・ライターとしての才能を開花させたアルバムではない。しかし、その名曲の数々を、彼女の美しい歌声と圧倒的な歌唱力で歌い上げ、そのシンガーとしての並々ならぬ実力を広く世に知らしめた、秀作である。特にタイトル曲の「ラ・サンドゥンガ」や「ナイラ」は、様々なメキシコ音楽のコンピレーション・アルバムにも、彼女の歌で収録されている名曲だ。

また、ナラダ・レーベルからの再発売に際しては、誰でも知っている名曲「ベサメ・ムーチョ」など三曲が、新たにボーナス・トラックとして、追加され、益々、充実した一枚になった。

母の経営する軽食堂などで働きつつ、地元のメンバーと音楽活動を行っていた彼女の大きな転機になったのは、のちに彼女の曲の共同制作者ともなるアメリカのサックス奏者ポール・コーエンとの、出会いであったようだ。ポールとの共同作業のもとで、彼女は自らの作詞・作曲によるオリジナル曲の制作に取り組みはじめ、その成果が前述の『TREE OF LIFE』や、サード・アルバムの『BORDER』（同）として、次々に世に送り出されていく。

私がタワレコ渋谷店で偶然見つけたのは、その彼女のセカンド・アルバムとサード・アルバムだった。後者はそのタイトルから、アメリカとメキシコの国境を挟んで展開されている、今日の政治・社会問題を真っ向から扱っているアルバムと推測出来、前者とはずいぶん趣きが異なるアルバムだなぁとは思ったが、一緒に買って帰り、聴いて、リラ・ダウンズの驚くべき才能と歌声に、たちまち、ノックアウトされた。また、その当時ですら、彼女のファースト・アルバムはすでに、日本では入手困難であったため、タワレコでわざわざアメリカから、取り寄せてもらって、聴いた。

セカンド・アルバムとサード・アルバムでは、彼女自身の作詞・作曲曲も増え、リラ・ダウンズの世界は、先住民の伝統音楽に踏まえつつも、クンビアやヒップホップ等の現代音楽の要素も大胆に取り入れることで、また、内容的にも「瀕死の状態」の先住民文化への単なる郷愁や回帰ではなく、先住民や、彼らを含むメキシコ人の置かれた今日的情況をも踏まえることで、格段の視野の拡がりを見せていた。

また、英語やスペイン語だけでなく、ミシュテカやサポテカ、マヤ、ナワトル語等々、おそらく、アルバムの聴き手のほとんどがわからないであろう、先住民の言語であえて歌った曲もあって、彼女の目指すべき方向も、一段と、鮮明になってきた感がある。

しかし、彼女のすごさは、何といっても、その声だ。ある時は天空を飛翔するがごとき高音、また、ある時は地を這うがごとき低音を、自在に操り、一種の凄みというか、独特のオーラがある。あるいは、この彼女の持つオーラを嫌いという人もいるかもしれないが、ご安心下さい、最近のアルバムではそうした「毒」は急速に、薄まりつつある（それを彼女の後退という人もいるかも知れないが、熱心なリラ・ダウンズファンの私としては、それを彼女の成熟と、とらえたい)。

しかし、彼女の音楽活動はその時点では、未だごく限られた知識人の間で知られていたに過ぎず、アメリカのチカーノやメキシコ本国で、彼女が人々にどれほど知られていたかは、疑問である。私は以前、メキシコ・シティーのCD店で彼女のアルバムがどれほど置かれているかを、気まぐれに調べたことがあるが、ごく一部の「サヨク系」といわれる店で、それも一枚か二枚、棚に並べられていただけだった。

そんな彼女の認知度を一変させたのが、アメリカ映画『フリーダ』で、主題歌をブラジルのカエターノ・ヴェローゾとのデュエットで歌ったことだ。ちなみに、この映画のサウンドトラック盤は『FRIDA』(ユニヴァーサル・ミュージック)として発売され、彼女の歌が五曲、収録されている。彼女は映画ではスクリーンにも登場し、「ラ・ジョローナ」を熱唱している。

この『フリーダ』は隣の超大国・アメリカに対するメキシコの人々の複雑な民族感情というか、反発もあって、散々な評価だったという話もあるが、リラ・ダウンズの知名度はメキシコでもグンと高まった。映画の公開後、メキシコ・シティーで開催された彼女のコンサートは、会場の市立劇場が超満員になる入りであったと、当時、メキシコに在住されていた、ジャーナリストの上野清士さんに、そう伺ったことがあった。

最近、私はオアハカに行ったが、オアハカ文化博物館のミュージアム・ショップをのぞいたところ、彼女のアルバムがすべて置かれていた。それだけではなく、街のCDショップにも彼女のアルバムは結構揃っていて、まさに隔世の感がある。

彼女はその後、四枚目のアルバム『ONE BLOOD』(NARADA) と五枚目のアルバム『LA CANTINA』(同) と、着実に、アルバムを世に問い、欧米やメキシコ本国、ラテンアメリカ各地でのコンサートも、精力的に展開している。

リラ・ダウンズの時代が、本格的に始まった。嬉しい。

(『中南米マガジン』VOL.18)

『Tree of Life』のジャケ写真

『FRIDA』のジャケ写真

追記　その後、リラ・ダウンズは、メキシコ・オアハカに居を構え、『Ojo De Culebra』（EMI、ボーナストラック三曲の入った英語版『Shake Away』も……）『THE VERRY BEST OF EL ALMA DE LILA DOWNS』（NARADA）『LILA DOWNS Y LA MISTERIOSA EN PARIS LIVE A FIP』（WORLD VILLAGE）『Lecados y Milagros』（SONY MUSIC）と、ベスト盤やライブ盤を含むアルバムを、着実に、世に問い続けている。

フリーダ・カーロ＝ア・ラ・カルト

グアテマラとメキシコに一二年在住され、二〇〇三年に帰国されたジャーナリストの上野清士さんが、今年（二〇〇七年）の七月に新泉社から、『フリーダ・カーロ〜歌い聴いた音楽〜』という本を上梓された。

この本は昨年の三月、私もその参加者のひとりの「メキシコ学勉強会（現在はラテンアメリカ探訪に改称）」で、上野さんに報告していただいた「フリーダ・カーロが聴き歌った音楽」という発題をもとに、新たに書き下ろされた第一部のフリーダ・カーロ論と、著者がこれまで『月刊ラティーナ』等に発表してきた、一連の「フリーダが生きたメキシコ」に関する様々な原稿を集めた第二部からなる、評論集である。

これまでにも、ヘイデン・エレーラの『フリーダ・カーロ〜生涯と芸術〜』（平凡社、一九八八年）や、堀尾真紀子の『フリーダ・カーロ〜引き裂かれた自画像〜』（中公文庫、一九九九年）といった、フリーダに関する評伝が日本で出版され、また、画集や二本の映画、展覧会等で、フリーダの過酷にして、劇的な、その生涯や、見る者に必ず、強烈な印象を与える、眉毛のつながった自画像の数々を知っている人は、それほど多くはないだろうが、まったく皆無、というわけでもない筈だ。

フリーダ・カーロは一九〇七年、メキシコ・シティー郊外のコヨアカンで生まれた。父はハンガリー系のユダヤ人、母はメキシコ先住民の血を受け継ぐ女性だった。一八歳の時、交通事故で、鉄棒に背骨から骨盤を貫かれ、その重い後遺症と、子宮を損傷したが故の不妊に、生涯苦しみながら、メキシコを代表する壁画家のひとり、ディエゴ・リベラの妻として、また、その一方で、イサム・ノグチやレオン・トロツキー等、歴史にその名を刻んだ男たちとの恋愛遍歴を重ねるという、文字通り、波乱に満ちたその生涯を送った画家である。彼女が描いた絵画のほとんどは、自らの自画像で、彼女はその自画像の中に、女性としての誇りや、耐え難い苦しみ、不実で「男性優位主義」にまみれた、「大ディエゴ」に象徴される巷の男性への批判を、ある意味で、ストレートに表現し、今日では、優れた芸術家であるだけでなく、「自立」した現代女性の先駆として、評価されている。

しかし、そのあまりにもの強烈な個性と、度外れた被害者意識、そして、男性批判の激烈さ等々は、男性の評論家をして、彼女の評伝を書くのをためらわせるに十分なものだったというのもまた、偽らざる事実であるだろう（事実、前記の二冊の評伝の著者は女性）。七月二九日付の『東京新聞』の書評において、評者の小倉英敬さんが書かれているように、「その困難さに挑戦された著者（上野さん）の意気」には、まずもって、敬意を表するべきだろう。

上野さんのフリーダ・カーロ論の最大の特徴は、彼女の生涯と、その当時、メキシコにおいて聴かれ、歌われていた大衆歌謡とを結びつけて論じたところにあると、いえる。上野さん自身、七月二二日付の『日本経済新聞』において、記者のインタビューに答える形で、「多くのメキシコの庶民と同じように、フリーダにとって音楽は生活の一部だった。だから、音楽という視点でフリーダをとらえ直すことに意味があった」と、語っている。

しかし、率直な物言いをさせていただくと、その歌たちとフリーダとの関係が、きっと、彼女もその歌を聴いた筈だ、あるいは口ずさんだ筈だという、あくまで推論の域を脱していないところが、あるいは、それはないものねだりなのかもしれないが、上野版フリーダ論の、欠点といえば、欠点である。

私がフリーダ・カーロとその作品に初めて接したのは、多分、一九九〇年のことである。渋谷の「Bunkamura ル・シネマ」で、一九八四年に製作されたメキシコ映画『フリーダ・カーロ』が公開され、ほとんど何の予備知識もなく、それを観たのである。

監督はメキシコ・インディペンデント映画の旗手、ポール・ルデュク。フリーダを演じたのは、メキシコの高名な舞台女優、オフェリア・メディーナであった。

映画は、死の床に就き、苦しむフリーダが、その自らの人生を、あたかも走馬燈のように回想するという手法で、つくられていた。その回想シーンは、必ずしも時系列に沿ったものではなく、彼女の回想を、いったん、バラバラに解体し、それを再び、モザイクのように貼り合わせて、ひとつの作品に仕上げているのである。こうした手法は、観客があらかじめ、フリーダ・カーロの生涯に

ポール・ルデュク版『フリーダ・カーロ』のパンフレット表紙

ついて、ある程度の予備知識を持っていないと、少々、わかりにくい。

しかし、ポール・ルデュクはあえて、そういう手法をとることで、フリーダの強さと弱さ、弱さの裏返しとしての、彼女の攻撃的な性格、革命家でありながら、ブルジョア的でもある、そのライフ・スタイル、男性遍歴や同性愛といった奔放さと、反面、何度裏切られてもリベラを生涯愛し続けた、耐える女としての側面等々、フリーダが極めて矛盾した存在でもあることを、観客に突きつける。

「フリーダ・カーロは現代の観客、とりわけ女性に非常に関わりのある今日的人物だと思います。彼女と彼女の肉体との関係、夫との関係、政治的信条、仕事との関係、さまざまな矛盾や問題の中での、彼女の生き方など」「目的は伝記を作ることではなく、ひとりの女性の肖像を作り上げることでした」と、ポール・ルデュクは、当時、インタビューに答えて、そう語っていた。

映画『フリーダ・カーロ』を観たことがきっかけで、フリーダの画集や評伝を読み始めた私だったが、しかし、当時、日本語で書かれたフリーダに関する文献はごくわずかで、画集も輸入版しか、入手出来なかった。もっとも、これはフリーダの生まれた国メキシコでも、まったく同様であったようで、ポール・ルデュクは「映画を作ろうとした際、彼女について書かれた資料はあまりありませんでした」と、語っている。

それから、十数年後の二〇〇二年、もう一本のフリーダ映画が公開されることになった。東京でのロードショーは奇しくも、前作と同じ「Bunkamura ル・シネマ」。ミュージカル『魔笛』や『ライオンキング』の演出で知られるジュリー・テイモアが監督したハリウッド映画『フリーダ』が、それである。

『フリーダ』は彼女が『タイタス』で映画監督としてもデビュー、その監督第二作目の作品。前作『タイタス』は、シェイクスピアの時代に自動車を登場させるなど、不必要というしかない、奇をてらった演出で、私は正直、観て、しらけたので、ジュリー版の『フリーダ』の出来には、心底、心配しながら、試写会場に足を運んだが、結論的にいえば、合格点がつけられる出来だった。

この映画でフリーダを演じるのは、メキシコ出身だが、ハリウッドで、主にB級作品に数多く出演しているサルマ・ハエック。その他、メキシコ出身のスタッフを極力採用してはいるが、アメリカ資本によってつくられた映画である。

この映画は、メキシコでつくられた前作と異なり、フリーダの生涯を、あくまで時系列に沿って、描いている。そこで描かれているフリーダは、次々に襲う絶望的な状況に対し、常に前向きに立ち向かっていく、自立した女性である。しかも、悩み、苦しみながらも、リベラへの愛を貫いた女性として、描かれている。

まさに、時代の最先端を行く、理想の女性としてのフリーダ。そうした、ハリウッド的に単純化されたフリーダ像は、フリーダの実像とは少々異なっているかもしれないが、それはそれで、きっと、多くの女性の共感を呼ぶに違いないと、そう思った。事実、映画はアメリカでも、日本でもソコソコ、ヒットし、また、映画の公開に合わせて、「Bunkamura」で開催された「フリーダ・カーロとその時代」展も、盛況だった。まさに、時代が文字通り、フリーダに追いついたとの感がある。

しかし、メキシコでは、このハリウッド版の『フリーダ』は、「あまりにもハリウッド的」「フリーダの生涯における『政治』を軽視している」「人物像が薄っぺら」等々、散々な酷評にさらされたという。私の周辺でも、メキシコ好きほど、この映画を酷評する傾向が強かった。メキシコ版の『フリーダ・カーロ』と比較しても、そんなにボロクソにいわれるほど、酷い映画だとは思わないのに、それは、何故なのか。

多分、それは国境を接する超大国・アメリカで、しかも、その資本によってつくられた映画であるということに対する、メキシコ人の感情的というか、ナショナリズム的な反発が、少なからずあると、私はそう思っている。

この映画のサウンドトラック盤『FRIDA』は、ユニバーサル・ミュージックから発売されているが、主題歌をブラジルのカエターノ・ヴェローゾと共に歌ったのが、メキシコで生まれ、その後、アメリカに移り、教育を受けた、シンガー・ソング・ライターのリラ・ダウンズである。彼女もまた、フリーダ同様、その母がメキシコ先住民の血を受け継ぐ女性で、このサウンドトラック盤では五曲を担当、さらにスクリーンにも登場し、メキシコの代表的な大衆歌謡「ラ・ジョローナ」を歌っている。

映画『フリーダ』は前述のように、メキシコでは酷評されたが、この映画の音楽を担当したことで、リラ・ダウンズの知名度はメキシコでもグンと高まり、映画公開後、メキシコ・シティーの市立劇場での彼女の、いわば凱旋コンサートは、会場が超満員になる盛況であったという。

この映画のサウンドトラック盤では、もうひとり、その「ラ・ジョローナ」を歌っている歌手がいる。チャベーラ・バルガス、一九一九年生まれというから、もう九〇歳近い、しかし、現役の歌手である。二〇〇七年に発売された最新アルバム『CUPAIMA』にも、その「ラ・ジョローナ」は収録されている。彼女はコスタリカの出身で、一七歳の時にメキシコに移住、一時期、リベラとフリーダの家で、彼らと一緒に暮らしていたこともあるという。

フリーダ・カーロに関し、書きたいことはまだまだ山ほどあるが、もう与えられたスペースをオーバーしている。また、いずれ機会があれば……。

今年はフリーダ・カーロ生誕一〇〇年。前述の上野さんの本も、それに合わせて発売されたものである。

（『リプレーザ』第一期第四号）

死と踊れ、死を超えろ――メキシコ「死者の日」から骸骨の聖母まで――

「死者の日」にみる死と生＝再生

『中南米マガジン』VOL.24には、ニューヨーク州大学オーバニー校に在籍される、中米言語の研究者である松川孝祐と、オアハカ在住の現代アーティストである杉浦暖子による、「オアハカの死者の日」と題した、詳細なレポートが掲載されていて、大変、興味深く、読んだ。

「死者の日（ディア・デ・ロス・ムエルテス）」は、死者の魂が家族や友人等のもとに戻ってくるのを、墓前や家に設けられた祭壇を、花やロウソク、骸骨の形をした飾り物、パンやお菓子（砂糖で出来た頭蓋骨等）で飾り立てて、迎え入れるメキシコ古来の祭祀で、スペイン人よる征服以前は、毎年、夏に行われていたようだが、征服後はカトリックの教義によって改変され、一一月一日の「諸聖徒日」をメインに、その前後に、行われるようになったという。

ところで、その一一月一日の前日である一〇月三一日は、メキシコはもとより、世界的に広く知られている、欧州発の、死者と悪鬼夜行の一大イベント＝ハロウィンであり、そのハロウィンと「死者の日」との混在・融合・一体化もまた、年々、進行しているようである。先の松川・杉浦レポートにも、このことに関し、「10月31日といえばハロウィンだが、オアハカではハロウィンなのか死者の日なのか区別がいまいちつかない」との、表記がある。

私自身は、残念ながら、ただの一度も、メキシコで「死者の日」の祭祀に遭遇したことがないのだが、「死者の日」のイベントには以前から、並々ならぬ関心を、抱き続けてきた。というのも、元々は「死者の日」用としてつくられたものであろう、日本でも「マライカ」「チャイハネ」「チチカカ」等、中南米の民芸品を扱う店には必ず置かれていて、結構な人気アイテムにもなっている、素朴な白塗りの骸骨人形に、魅せられ、夢中になってしまった、そのひとりであったからである。

現代アートやアウトサイダーアート等に造詣の深い、編集者の都築響一もまた、おそらく、そうしたひとりであり、二〇〇一年にアスペクトから、『Dancing SKELETON～死者の日はメキシコで～』という、「死者の日」の光景と、骸骨人形のコレクションを集めた写真集を、出されている。その本文と写真の一部を担当された、ビリー・シャイアという人は、同書で、次のように書いている。

「死者の日の本質とは、生者と死者とのつどいにあると思われる。家々に祭壇が設けられ、あの世に先立った友人や親族たちが、一年にいちどこの世に還ってこられるよう供え物を飾ったり、祈りを捧げる。死者たちの墓を掃除し、花や蝋燭で飾り立て、そうして飲んだり祝ったりする家族たちで、墓地は夜遅くまで賑わう。（中略）死者の日はメキシコ各地でそれぞれ独自の発展を遂げ、また移民の流入に従ってアメリカ合衆国にも広がってきたが、その本質はかわることがない。死者の日とはなによりもまず、生を謳歌する祝祭であり、死を悼む日ではないのである」

確かに、死者（骸骨人形）たちは、とても、陽気だ。大口を開けて、笑ったり、のんびりとバスタブにつかったり、タバコを吸ったり、着飾って、気取ってポーズを決めたり、している。そこに、たとえ、人生の儚さを感じることはあったとしても、絶望はない。あの世もまたいいものさと、あたかも、死後の「生」を謳歌しているかのようである。

だから、一見、グロテスクにも、おどろおどろしく見えても、骸骨人形は恐怖の対象ではなく、そこには、誰であれ、所詮、いつかは死ぬ身の人間の、度し難い空威張りぶり、それでも、生に執着する滑稽さをすら、垣間見ることが出来て、ダメな奴だなぁ……と、つくづく、何だか、我と我が身を省みるようで、微笑ましくもあるのである。

ところで、ノーベル文学賞受賞作家の大江健三郎は、「剝きだしの死と二重性　メキシコでの経験から」（『新潮古代美術館／古代アメリカの遺産』新潮社）の中で、メキシコの詩人、オクタビオ・パスの著作（『孤独の迷宮』）を引用しつつ、次のように書いている。

「メキシコ人の性格のもっともあきらかな特質のひとつは、恐怖のおののきを観照することをかれらが進んでやるという点にある、とパスはいう。かれらはそれのあつかい方に慣れており満足しているようですらある。村の教会の血まみれキリスト像、新聞の見出しのブラック・ユーモアや、通夜や、『死者の日』の頭蓋骨のかたちをしたケーキやキャンディを食べる習慣は、インディオやスペイン人たちから受けついだ慣習だが、いまやわれわれの存在の分割不可能な一部である。われわれの死への礼讃は、また生への礼讃なのだ、愛が生への飢えであり死への渇望であるのと同じ仕方で。(中略)メキシコ人は死に慣れしたしんでおり、死について冗談をいい、それを愛撫し、一緒に寝、それを祝う。それはメキシコ人の好きな玩具であり、そのもっとも堅実な愛人なのである。事実、おそらくはメキシコ人も他国人と同様に、その態度のうちに恐れを示すだろう。しかしすくなくとも死はよそに隠されてしまってはいない。メキシコ人は死を正面から見る」

死と生は、まさに背中合わせの存在であり、死は決して、それ自体で完結するものではなく、それを通して、再生=生につながっているのだという考え方が、一体、いつごろからメキシコの人々の間に定着したのか、私にもわからないが、少なくとも、そうした考え方は、スペイン人がやって来る以前の、先住民の文化の中にも、すでに存在していたものである。

大江は、いう。「古代アズテック(アステカ)人にとって大切なことは創造の連続性を保障することであった。いけにえは彼岸での救いをもたらすものではなく、宇宙的な健康のためのものであった。個人ではなく世界が、人間の血と死によって生命をあたえられたのである」。

スペイン人による侵略と支配、そして、キリスト教文化の、有無をいわせぬ浸透によっても、それは脈々と生き続け、あるいは、形を変えて、キリスト教文化の中に定着した。そうした風土が、メキシコにはあるのである。「死者の日」と骸骨人形は、間違いなく、そのひとつの象徴であるといえる。

大江健三郎は、先の文章の中で、続けて、メキシコ・シティーに滞在する中で、「メキシコの古代の遺跡とそこからの出土品をおさめた博物館へ向けて、それもメキシコ古代人らが生きた場所としてのその場へというかたちでみちびかれ」、ずっと、「つねに死と再生の課題を考えつづけていた」という。

そして、「僕がしだいに眼を開かれることになった現地の造形芸術は、古代の遺跡におけるそれであれ、もっと周縁的な存在としての現代に生きつづけているインディオの民芸品としてのそれであれ、つねに死をくっきりと表現しているように思われたし、しかもそれにかさねて微光をはなつ暈のように、再生のヒントを呈示しているように思われたのでもあった」。

私は、生憎、大江ほどの慧眼ではないため、死の中に再生への微光をなど、感じとることは、正直、あまりなかったが、それでも、メキシコに通い始めて、その風土が放つ陽気な死の匂いに、たちまち惹きつけられてしまった、間違いなく、ひとりであった。

日本にいると、（少なくとも、三・一一以前は）あまり身近に感じることの出来ない存在である「死」が、メキシコでは、常に、非常に身近にある、そう感じられるのである。

様々な死＝骸骨の眷属たち

「死者の日」の、いわば主役である骸骨（人形）たちは、実に様々な形で、メキシコ人々の日常の中に、出没している。

大昔に観た、ロシアの映画監督、セルゲイ・エイゼンシュテインの『メキシコ万歳！』という映画でも、観たのがあまりにも大昔すぎて、もうほとんど断片的にしか、記憶が残っていないのだが、一番、強くその印象に残っているのは、骸骨人形がねり歩く「死者の日」のパレードの光景である。この映画の構想等に関しては、エイゼンシュタインの『メキシコ万歳！ 未完の映画のシンフォニー』（現代企画室）という本に詳しく、記述されているが、「死者の日」のシーンは、エイゼンシュタインによって、映画のエピローグ用として、撮影されたものであったようだ。映画はエイゼンシュタイン自身によってではなく、その遺志を受け継いだ助監督のグレゴリー・アレキサンドロフによって、実に長い年月を経た一九七九年に、完成・公開されている。

『メキシコ万歳！』は、古代メソアメリカの遺跡を映し出すプロローグで始まり、四つのパートからなる本編を経て、「死者の日」の祭祀を描いたエピローグで、終わる。古代人の築いた伝統や文化が、今日のメキシコにも、脈々として受け継がれていることを、エイゼンシュタインはきっと、そこで描きたかったのだろう。「死者の日」と骸骨人形は、その象徴として、ふさわしいものであったのだ。

ホセ・グァダルーペ・ポサダは、メキシコの現代美術に大きな影響を与えたとされる、版画家にして、挿絵画家である。彼もまた、おびただしい数の骸骨の挿絵を、描いている。私がその作品を、五〇点近くまとめて観たのは、二〇〇九年に世田谷美術館で開催された「メキシコ二〇世紀絵画展」に併設される形で開催された特別展示「名古屋市立美術館所蔵品によるホセ・グァダルーペ・ポサダ」によって、である。同展では残念ながら、特別展示の図録は発行されなかったが、伊丹市

伊丹市立美術館発行のポサダ展図録

立美術館で一九九八年に開催された、名古屋市立美術館所蔵品による「ホセ・グァダルーペ・ポサダ展　骸骨の舞踏」という展覧会の図録が、幸い、残っている。

その数一万点とも二万点ともいわれる、ポサダの膨大な版画や挿絵は、政治や宗教、災害等々を描いたものなど、内容的にも、実に多岐におよぶが、何といっても、ポサダといえば、骸骨画である。様々な事象の前で、骸骨たちは文字通り、哄笑する。ポサダは、その絵の多くに、自ら、コメントを付している。

「そこには芸術家と職人の骸骨が葬られている／この無類の煉獄における芸術家たちの姿を見よ／それは人生の始まりから悲惨な最期までを明らかにする／『今日はあなたで、明日は私』」

「イギリス人の骸骨、イタリア人の骸骨／フランス人の骸骨、マキシミリアーノの骸骨／ローマ法王、枢機卿、国王、公爵、側近そしてメキシコ首相も／墓の中ではみな同じ骸骨の山」

この世のすべてのものに向けられた、ポサダの機知と冷笑、ありとあらゆる権威を笑い飛ばす風刺画の数々。メキシコの現代美術を代表する、三大壁画家のひとり、ディエゴ・リベラはポサダについて、最大級の敬愛の念を込めつつ、次のように語っている。

「ポサダの名前は偉大であるがゆえに、おそらくいつの日にか忘れ去られるだろう！　メキシコ民衆の魂と結合するがゆえに、ポサダという個人は完全に消え去ってしまうことになるだろう」

最後に、現代のメキシコにおいて、主に格差社会の底辺部で、人々の間に、確実に拡がってきているという、骸骨の聖母（サンタ・ムエルテ）に対する信仰に関しては、中南米美術史に関する日本における第一人者である、神奈川大学教授の加藤薫が、『ラテンアメリカの民衆文化』（行路社）

に集録された論文「癒しの死神を視る　サンタ・ムエルテの図像学序説」で、おそらく初めて紹介し、私もまた、大変、関心を持った。

加藤はその後も、現地調査を続け、その成果を最近、『骸骨の聖母サンタ・ムエルテ　現代メキシコのスピリチュアル・アート』（新評論）という、一冊の本に、まとめられた。

その内容に関しては、同書を読んでいただければいいので、ここで詳しく紹介することは避けたいが、全身骸骨で、フード付きの丈の長い胴着を身に纏い、時には大鎌さえ持った、この一見恐ろしい死の神が、メキシコの底辺社会の住人によって、悪から身を守る聖母として、文字通り、熱烈に信仰されていることは、非常に、興味深い。

その原点を、「死者の日」同様、先住民文化にまで遡って、言及したくなる欲求に駆られるが、これはまた、他日を期すしかないだろう。

また、加藤も前著の中で言及されているが、骸骨の聖母と、一五〜一六世紀に、ヨーロッパ全土で盛んに描かれた「死の舞踏」との関連もまた、考察すべき事項の、ひとつである。「死の舞踏」に関しては、私は國學院大学教授の小池寿子の一連の著作、『死者たちの回廊　よみがえる「死の舞踏」』（福武書店、のち平凡社ライブラリーとして再刊）『死者のいる中世』（みすず書房）『「死の舞踏」への旅　踊る骸骨たちをたずねて』（中央公論新社）や、木間瀬精三『死の舞踏　西欧における死の表現』（中公新書）等々、わずか一〇冊足らずの本を、未だ読んだだけなので、まだ何ともいえないが、それがスペイン人のもたらしたキリスト教文化を通じて、メキシコに流入した可能性をも、その可能性がまったくゼロでない限り、当然、議論されるべきであろうと思う。

以上、「オアハカの死者の日」というレポートを出発点として、あれこれ、考えたことを、まとまりなく、書きつづってみた。もとより、完成稿ではない。いつの日にか、完成稿としてまとめることが出来ることを、願っている。

「死と踊れ、死を超えろ」

骸骨人形が、私の頭の中で、大口を開けて、そう哄笑している。（『中南米WEBマガジン』VOL.3）

メキシコ・オアハカの味を再現‼『アブラソ・ア・ラ・オアハケーニャ』

日本で（多分）唯一、メキシコはオアハカの味を堪能できるメキシコ料理店が、東京・下北沢にある『アブラソ・ア・ラ・オアハケーニャ』だ。

そのオーナー・シェフである加藤真太郎さんにお目にかかったのは、今年（二〇一三年）一月の「ラテンアメリカ探訪（旧メキシコ学勉強会）」の場でのこと。この日のテーマは「オアハカの死者の日」についてで、その勉強会に加藤さんも参加され、ちょうど、加藤さん宛に、取材依頼のメールを出した直後のことだったので、びっくりした。ということで、トントン拍子に、取材の日程が決まり、「ラテンアメリカ探訪」世話人仲間のKさんと、お店を訪問した。

お店は下北沢の駅のすぐ近くにあり、抜群の立地である。訪問した時は生憎、お店の入っているビルの工事中で、お店の入り口の周囲に鉄骨が組まれていたが、ブルーとオレンジ色を基調にした、まだ新しい、きれいなお店。店内のインテリアも、加藤さんが自ら、オアハカで買い求めた雑貨等が配され、とても居心地のよい空間だ。

加藤さんは、日本のメキシコ料理店で働き、メキシコ料理に開眼されたという。その後、現地でなければ学べない、メキシコの郷土料理を学びたいという思いが、次第に募り、スペイン語も満足にしゃべれなかったが、単身、メキシコのオアハカに渡り、一週間かけて、食べ歩いて、本当においしいと思う店に出会った。そこで、直訴して、修行した。

下北沢に今のお店を開店したのは、昨年の一二月のこと。「足かけ二二年間、ボクシングの世界にいて、トレーナーをやっていたジムの会長が、下北出身だったこともあって、下北はなじみ深い土地。お店を出すなら、下北で……という思いがあった」と、加藤さんは語る。

オアハカ料理といえば、まず思い浮かぶのがモーレ（一番ポピュラーなモーレは、チョコレートを使った、濃厚な黒色のソース）だが、「今はお店で、二種類のモーレを出しているが、今後、さらに増やしていく予定」。その後、三品目のモーレが、メニューに加わったと、聞く。次に食べに行くのが、とても楽しみだ。

私たちは、めずらしい鶏肉のアーモンドモーレを頼み、さらに、私の大好物の豚肉のサボテンソースや、おつまみとして、ワカモーレ（すり下ろして、唐辛子等を混ぜたアボガドペースト、トルティージャのチップスにつけて食す）なども、頼んだ。

ビールやテキーラ等々の品揃えも、充実している。デザートには、もちろん、濃厚なメキシカン・プリンのフラン。う〜ん、これだ、この味、旨いッ!!

月曜日が定休日で、営業時間は一二〜一六時、一八〜〇時。住所は、「東京都世田谷区北沢二-九-二辻ビル一階」。電話は〇三-六四〇七-一九七五。

（『中南米マガジン』VOL.26）

追記　メキシコ料理店は、日本でも、各地に、案外、たくさんあるが、オアハカの郷土料理を堪能出来るのは、多分、ここだけ……ということで、『中南米マガジン』に、紹介記事を書いた。

メキシコ料理の主食は、トウモロコシの生地を焼いたトルティージャで、これに肉などの具を挟んだ、いわばメキシコ風のサンドイッチが、タコスである。トルティージャを焼かずに、油で揚げたものを使用すれば、タコスではなく、トスターダスと呼ばれ、トルティージャに、肉などを挟み、ソースに浸して、その上からおろしチーズをドサッとかければ、エンチラーダスと、呼ばれる。その他、揚げたトルティージャは、砕いて、スープにも入れて、正式には何というのか、よく知らないが、通称アステカ・スープなどと、呼ばれている。

トウモロコシの粉を練って、それに肉や野菜を入れてトウモロコシの葉に包んで蒸した、チマキのようなものは、タマルと呼ばれ、古来、マヤの時代から食べられてきた食べ物であるとされる。

その他、唐辛子をベースにした、辛いサルサ・ソース（様々な種類があるが、一番ポピュラーなのは、サルサ・メヒカーナ）をかければ、ステーキなどの、ごくフツーの肉料理や魚料理は、たちまち、メキシコ風に変貌する。

ネット等で、お近くにあるメキシコ料理店を見つけ、是非是非、おいしいメキシコ料理を、堪能して下さい。

あとがきにかえて

本を出すことが、極めて難しい時代に、二〇一〇年に出した『アンコールに惹かれて　国境を超える旅人』に続き、社会評論社から本書を出していただけることに、心から感謝している。

私のメソアメリカ関連の本は、これで五冊目になるが、『写真でわかる謎への旅　メキシコ／マヤ&アステカ』は、写真家の辻丸純一さんの写真がまずあって、それに合わせて、私が文章を書いたもの、『ミステリー&ファンタジーツアー　マヤ／アステカ』は、私の最初のメソアメリカ本である『マヤ終焉　メソアメリカを歩く』における旅をベースにしつつ、それに、その後の追加取材を含めて、大幅な増補を行ったもの、そして、『マヤ・アステカの神々』は、それまでの本では、ほとんど書いて来なかった、メソアメリカの神々と神話・伝承に、話を絞って、同社の「Truth In Fantasy」シリーズの一冊として、そのいわば雛形に沿って、記述したものである。

本書は、『マヤ終焉』と『ミステリー&ファンタジーツアー　マヤ／アステカ』以降の、新たな旅の記録をまとめたものであり、したがって、極力、前著との重複を避ける意味で、人々があまり行かない辺境の地への旅と遺跡を、主に、クローズアップしている。そういった意味で、相当、マニアックな、遺跡紀行であるのかもしれない。

具体的には、第一章と第二章は、私が編集委員をしている『リプレーザ』（発売元　社会評論社）に連載した原稿に、大幅に加筆したもの、第三章はアンデス文明研究会の機関誌『チャスキ』に、依頼されて寄稿した原稿、第四章と第五章は、本書のために、新たに書き下ろしたものである。第六章については、初出は、それぞれの原稿の文末に、記した通りである。第六章は、それまでの一〜五章で書いた旅の記録を補うと共に、現在のメソアメリカ文化圏の現状について、あくまで私なりの視点で、言及した文章であると、自負している。

もちろん、不十分な原稿であることは、重々、自覚している。でも、これが今の私の、精一杯であることもまた、事実だ。いずれ、これを超える原稿を書くことが出来るかもしれないし、出来ぬまま、死を迎えるのかもしれない。私も、「映画はいつも一〇〇〇円」のシニア世代になり、不健康な生活で、結構、身体もガタがきている。まさに、いつ、「つひに行く道とはかねて聞きしかど昨日今日とは思はざりしを」（在原業平）ということになっても、少しもおかしくない、年齢である。

これが、あるいは、最後の本になるかも!?　という思いは、ないわけではない。でも、まだまだ、ドンドン、道を先に、行くつもりである。いつか、バッタリと倒れる、その日までは……。

本書を書くのには、社会評論社の松田健二様を筆頭に、実に多くの人たちの、お世話になった。あまりにも長くなるので、いちいち、その名は記さないが、『リプレーザ』『中南米マガジン』そして、ラテンアメリカ探訪（旧メキシコ学勉強会）の仲間たち、新旧の友人各位、わがままな私の旅をサポートして下さった㈱メキシコ観光の磯辺厚子様に、本当にお世話になったグアテマラのガイド、菊川明子様、そして何より、今年八八歳になる我が母裕子と、バカな父親を、いつも見捨てずにいてくれる娘悠子に、最大限の感謝の気持ちを、贈ります。

そして、本書を読んで下さる皆様、本当にありがとう。もう一歩、また一歩と、まだまだ、頑張ります。

という文章を、二〇一三年五月一〇日に書いた。それから、八カ月が経過し、その間に、私の入院・手術や、母の死など、いろいろあったが、ここでは詳述しない。ようやく、本になることになって、本当にうれしい。どうか、忌憚のないご意見・ご感想をメールか出版社経由で、お寄せ下さい。

土方美雄

二〇一四年一月七日

主な邦語・邦訳参考文献一覧

以下の主な邦語・邦訳参考文献一覧の中には、本書を書く上で、直接、参照したものもあれば、参照はしなかったものの、本書の内容をより深く理解していただくために、機会があれば、是非是非、読んでいただきたいということで、あえて、そのリストに加えたものもある。

また、出来るだけ入手しやすい本をリストアップするよう、心掛けたものの、すでに絶版になり、書店では入手出来ない本もある。日本の出版事情では、価値のある本が重版され続けるとは、必ずしもいえない状況もあり、なおかつ、本のライフサイクル自体が、年々、極端に短くなってきている。もし、その本が、残念なことに、絶版になっている場合は、ネットや古書店、図書館等で、地道に探していただくしかない。かくいう、著者自身も、長年、探していて、見つからず、半ばあきらめかけていた本を、偶然、入った古書店で見つけたことが、何度かある。アマゾンや、「日本の古書店」等の通販・検索サイトも、役に立つ。

なお、この参考文献一覧に載せた本は、筆者が実際に目を通したもののみを、リストアップしており、リストに未掲載の本が読む価値のない本だということではないことを、付記しておく。また、リスト自体がさらに長大になってしまうため、邦語・邦訳のもの以外は、掲載しなかった。外国語の文献については、たとえば、研究者の書いた本や論文の参考文献一覧等に、それこそ、うんざりするほど載っているので、それを参照下さい。

石田英一郎『マヤ文明』(新書) 中央公論社、一九六七年
石田英一郎『石田英一郎全集　七』筑摩書房、一九七一年(『マヤ文明』を含む、古代アメリカ文明関係の論文

を集成）
青木晴夫『マヤ文明の謎』（新書）講談社、一九八四年
ポール・ジャンドロ／高田勇訳『マヤ文明』（新書）白水社、一九八一年
クロード・ボーデ、シドニー・ピカソ／阪田由美子訳『マヤ文明　失われた都市を求めて』創元社、一九九一年
デイヴィド・アダムソン／沢崎和子訳『マヤ文明　征服と探検の歴史』法政大学出版局、一九八七年
八杉佳穂『マヤ興亡』福武書店、一九九〇年
八杉佳穂『マヤ文字を解く』（文庫）中央公論新社、二〇〇三年
八杉佳穂『マヤ文字を書いてみよう読んでみよう』白水社、二〇〇五年
八杉佳穂編『マヤ学を学ぶ人のために』世界思想社、二〇〇四年
菊池徹夫編『文字の考古学Ⅱ』同成社、二〇〇四年
マイケル・D・コウ／加藤泰建、長谷川悦夫訳『古代マヤ文明』創元社、二〇〇三年
マイケル・D・コウ／武井摩利、徳江佐和子訳『マヤ文字解読』創元社、二〇〇三年
マイケル・D・コウ、マーク・ヴァン・ストーン／武井摩利訳『マヤ文字解読辞典』創元社、二〇〇七年
サンモン・マーティン、ニコライ・グルーベ／長谷川悦夫、徳江佐和子、野口雅樹訳『古代マヤ王歴代誌』創元社、二〇〇二年
寺崎秀一郎『図説古代マヤ文明』河出書房新社、一九九九年
ジェレミー・A・サブロフ／青山和夫訳『新しい考古学と古代マヤ文明』新評論、一九九八年
中村誠一『マヤ文明はなぜ滅んだか？』ニュートンプレス、一九九九年
中村誠一『マヤ文明を掘る』日本放送出版協会、二〇〇七年
カタログ『特別展マヤ　歴史と民族の十字路』たばこと塩の博物館、一九九二年

JT中南米学術調査プロジェクト編『カミナルフユ（上・下）』たばこと塩の博物館、一九九五年
カタログ『神秘の王朝　マヤ文明展』TBS、二〇〇三年
マイケル・D・コウ／寺田和夫、小泉潤二訳『メキシコ　インディオとアステカの文明を探る』学生社、一九七五年
大井邦明『消された歴史を掘る　メキシコ古代史の再構成』平凡社、一九八五年
大井邦明『ピラミッド神殿発掘記』朝日新聞社、一九八五年
大井邦明、加茂雄三『地域からの世界史／ラテンアメリカ』朝日新聞社、一九九二年
青山和夫、猪俣武『メソアメリカの考古学』同成社、一九九七年
青山和夫『古代マヤ　石器の都市文明』京都大学学術出版、二〇〇五年
青山和夫『古代メソアメリカ文明』講談社、二〇〇七年
青山和夫『マヤ文明』（新書）岩波書店、二〇一二年
J・エリック・S・トンプソン／青山和夫訳『マヤ文明の興亡』新評論、二〇〇八年
伊藤伸幸『メソアメリカ先古典期文化の研究』渓水社、二〇一〇年
伊藤伸幸『中米の初期文明オルメカ』同成社、二〇一一年
カタログ『古代メキシコ・オルメカ文明　マヤへの道』京都文化博物館、二〇一〇年
ドリス・ハイデン、ポール・ジャンドロ／八杉佳穂、佐藤孝裕訳『メソアメリカ建築』本の友社、一九九七年
吉野三郎『マヤとアステカ』（文庫）社会思想社、一九六三年
増田義郎『太陽と月の神殿』（文庫）中央公論社、一九九〇年
落合一泰、稲村哲也『マヤ文明・インカ文明の謎』（文庫）光文社、一九八八年
クォーク編集部『沈黙の古代遺跡　マヤ・インカ文明の謎』（文庫）講談社、二〇〇〇年
狩野千秋『マヤとアステカ』近藤出版、一九八三年

吉村作治『マヤ・アステカ太陽の文明』平凡社、一九九八年
友枝啓泰、松本亮三編『ジャガーの足跡』東海大学出版会、一九九二年
増田義郎『古代アステカ王国』（新書）中央公論社、一九六三年
高山智博『アステカ文明の謎』（新書）講談社、一九七九年
ジャック・スーステル／狩野千秋訳『アステカ文明』（新書）白水社、一九七一年
リチャード・F・タウンゼント／武井摩利訳『アステカ文明』創元社、二〇〇四年
杉山三郎『ロマンに生きてもいいじゃないか　メキシコ古代文明に魅せられて』風媒社、二〇一二年
高山智博『古代文明の遺産』アサヒビール株式会社、二〇〇八年
狩野千秋『中南米の古代都市文明』同成社、一九九〇年
貞末尭司編『マヤとインカ　王権の成立と展開』同成社、二〇〇五年
ジョン・ロイド・スティーブンス／児嶋桂子訳『中米・チアパス・ユカタンの旅　マヤ遺跡探索行（上・下）』人文書院、二〇一〇年
サグアン、コルテス、ヘルス、カルバハル『征服者と新世界　大航海時代叢書第二期　12』岩波書店、一九八〇年
ソリス、ランダ『ヌエバ・エスパーニャ報告書／ユカタン事物記　大航海時代叢書第二期　13』岩波書店、一九八三年
ベルナール・ディーアス・デル・カスティーリョ『メキシコ征服記（一～三）　大航海時代叢書エクストラ』岩波書店、一九八六～一九八七年
サグアン、ドゥラン『神々とのたたかい（一・二）』岩波書店、一九九二年、一九九五年
モーリス・コリス／金森誠也訳『コルテス征服記』（文庫）講談社、二〇〇三年
ジョルジュ・ボド、ツヴァタン・トドロフ／菊地良夫、大谷尚文訳『アステカ帝国滅亡記』法政大学出版局、

一九九四年
石田英一郎編『世界の文化史蹟／マヤの神殿』（新装版）講談社、一九七八年
大貫良夫編『世界の大遺跡／マヤとインカ』講談社、一九八七年
マイケル・D・コウ他／寺田和夫訳『古代のアメリカ』朝倉書店、一九八九年
増田義郎編『古代アメリカ美術』学習研究社、一九七三年
増田義郎他『新潮古代美術館／古代アメリカの遺産』新潮社、一九八一年
増田義郎編『NHK大英博物館／マヤとアステカ・太陽帝国の興亡』日本放送出版協会、一九九一年
ロマン・ピニャ・チャン『世界の美術館／メキシコ国立美術館』講談社、一九六九年
増田義郎編『世界の博物館／メキシコ国立人類学博物館』講談社、一九七八年
ヨラン・ブレンフルト編、大貫良夫訳『新世界の文明／南北アメリカ・太平洋・日本(上)』朝倉書店、二〇〇五年
初期王権研究委員会編『古代王権の誕生Ⅱ／東南アジア・南アジア・アメリカ大陸編』角川書店、二〇〇三年
稲村哲也『メキシコの民族と衣装』（文庫）京都書院、一九九七年
A・レシーノス、林屋永吉訳『ポポル・ヴフ　マヤ神話』（文庫）中央公論新社、二〇〇一年
松村武雄編『マヤ・アステカ神話集』（文庫）社会思想社、一九八四年
アイリーン・ニコルソン／松田幸雄訳『マヤアステカの神話』青土社、一九九二年
カール・タウベ／藤田美砂子訳『アステカ・マヤの神話』丸善、一九九六年
クララ・ベサニーリャ／横山玲子訳『アステカ・マヤの神々』學藝書林、二〇一一年
ル・クレジオ原訳／望月芳郎訳『マヤ神話　チラム・バラムの予言』新潮社、一九八一年
ル・クレジオ原訳／望月芳郎訳『チチメカ神話　ミチョアカン報告書』新潮社、一九八七年
ル・クレジオ／管啓次郎訳『歌の祭り』岩波書店、二〇〇五年

アルフレド・ロペス・アウスティン／篠原愛人、北條ゆかり訳『月のうさぎ　メソアメリカの神話学』文化科学高等研究院出版局、一九九三年
アルフレド・ロペス・アウスティン／篠原愛人、林みどり、曽根尚子、柳沼孝一郎訳『カルプリ　メソアメリカの神話学』文化科学高等研究所出版局、二〇一三年
松川孝祐、杉浦暖子『コパラ・トリキの太陽と月の神話』パレード、二〇一〇年
野中雅代編『アステカのうた』青土社、一九九六年
萩田政之助、高野太郎編『メキシコ・インディオ古謡　チョンタルの詩』誠文堂新光社、一九八一年
松村一男、渡辺和子編『宗教史論叢　七　太陽神の研究(上)』リトン、二〇〇二年
ミゲル・レオン・ポルティーヤ／山崎真次訳『古代のメキシコ人』早稲田大学出版部、一九八五年
ジュマーク・ハイウォーター／金原瑞人他訳『滅びの符合　太陽帝国アステカの終焉』福武書店、一九九一年
ロナルド・ライト／香山千加子訳『奪われた大陸』NTT出版、一九九三年
飯島正『メキシコのマリンチェ』晶文社、一九八〇年
大沢直行編『マヤ占い』アミューズブックス、一九九八年
若林美智子『最後のマヤ民族』新潮社、一九八〇年
国本伊代『メキシコの歴史』新評論、二〇〇二年
山崎真次『メキシコ民族の誇りと闘い　多民族共存社会のナショナリズム形成史』新評論、二〇〇四年
近藤敦子『グアテマラ現代史』彩流社、一九九六年
フランソワ・ウェイミュレール／染田秀藤、篠原愛人訳『メキシコ史』(新書)白水社、一九九九年
吉田栄人編『メキシコを知るための六〇章』明石書店、二〇〇五年
国本伊代編『現代メキシコを知るための六〇章』明石書店、二〇一一年
桜井三枝子編『グアテマラを知るための六五章』明石書店、二〇〇六年

田中高編『エルサルバドル、ホンジュラス、ニカラグアを知るための四五章』明石書店、二〇〇四年
マルコス副司令官／小林致広訳『老アントニオのお話　サパティスタと叛乱する先住民族の伝承』現代企画室、二〇〇五年
小林致広『「老アントニオのお話」を読む』神戸市外語大学研究所、二〇〇四年
メアリー・ミラー、カール・タウベ／武井摩利訳『図説マヤ・アステカ神話宗教事典』東洋書林、二〇〇〇年
D・M・ジョーンズ、B・L・モリノー／蔵持不三也他訳『ヴィジュアル版世界の神話百科／アメリカ編』原書房、二〇〇二年
マリア・ロンゲーナ／月森左和訳『図説マヤ文字事典』創元社、二〇〇二年
関雄二、青山和夫『岩波アメリカ大陸古代文明事典』、岩波書店、二〇〇五年
大貫良夫、落合一泰、国本伊代他『ラテン・アメリカを知る事典』平凡社、一九九八年
増田義郎、青山和夫『古代アメリカ文明』山川出版社、二〇一〇年
杉山三郎、嘉幡茂、渡部森哉『古代メソアメリカ・アンデス文明への誘い』風媒社、二〇一一年
恩田陸『メガロマニア』（文庫）角川書店、二〇一二年
マクドナルド清子『マヤの国へ　グアテマラ遺跡紀行』文園社、二〇〇七年
土方美雄『マヤ終焉　メソアメリカを歩く』新評論、一九九九年
辻丸純一、土方美雄『写真でわかる謎への旅／メキシコ　マヤ&アステカ』雷鳥社、二〇〇一年
土方美雄『ミステリー&ファンタジーツアー　マヤ／アステカ』新紀元社、二〇〇四年
土方美雄『マヤ・アステカの神々』新紀元社、二〇〇五年

土方美雄（ひじかた・よしお）

フリーランス・ライター。古代アメリカ学会会員。ラテンアメリカ探訪(旧メキシコ学勉強会)世話人。

主な著書としては、『靖国神社 国家神道は甦るか』（社会評論社）、『京セラ その光と影』（れんが書房新社）、『検証国家儀礼』（野毛一起・戸村政博との共著、作品社）、『アンコールへの長い道』（新評論）、『北のベトナム、南のチャンパ ベトナム・遠い過去への旅』（同）、『マヤ終焉 メソアメリカを歩く』（同）、『写真でわかる謎への旅 メキシコ』（辻丸純一との共著、雷鳥社）、『ミステリー＆ファンタジーツアー マヤ／アステカ』（新紀元社）、『マヤ・アステカの神々』（同）、『アンコールに惹かれて　国境を超える旅人』（社会評論社）等がある。

メール・アドレス　hijikata@kt.rim.or.jp
個人ブログ　http://ameblo.jp/hijikata/

エル・ミラドールへ、そのさらに彼方へ—メソアメリカ遺跡紀行—

2014年2月7日　初版第1刷発行

著　者：土方美雄
装　幀：吉永昌生
発行人：松田健二
発行所：株式会社 社会評論社
東京都文京区本郷2-3-10　☎03(3814)3861　FAX 03(3818)2808
http://www.shahyo.com/
組　版：スマイル企画
印刷・製本：倉敷印刷

アンコールに惹かれて

国境を越える旅人

土方美雄著

四六判並製　定価＝本体二三〇〇円＋税

未踏査のアンコール遺跡群を行く。
すべての道はアンコールに通じる。
タイ、カンボジア、ラオス、ベトナム。
戦火をくぐりぬけたインドシナ半島を旅する人の夢と現実。